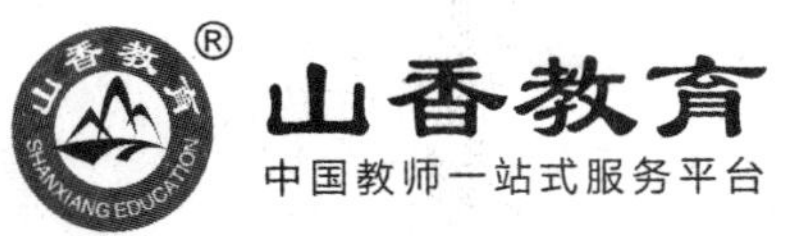

国家教师资格考试

历年真题解析及预测试卷

参考答案及解析

综合素质

中学

山香教师资格考试命题研究中心　主编

目 录

真题试卷

预测试卷

真题试卷

2021 年上半年中小学教师资格考试真题试卷(一)

一、单项选择题

1. D 【解析】本题考查素质教育的内涵。"熟练与传承"意指熟练掌握与继承知识和技能,主要强调的是重复、相同,而创新精神需要创造出一些不同于以往的内容,强调的是不同,故"熟练与传承"不是适合培养学生创新精神的方法。而"开拓""创造""想象"这些都与创新紧密相关,有利于培养学生的创新精神。

2. A 【解析】本题考查教师专业发展的阶段理论。斯德菲提出了教师的人文发展模式,又称教师更新生涯发展模式,将教师的发展分为以下五个阶段:(1)预备生涯阶段:主要包括初任教职的教师。(2)专家生涯阶段:处于这一阶段的教师已具备较高水平的教学能力与技能,对学生抱有很高的期望。同时,也能激发自我潜能,达到自我实现的目的。(3)退缩生涯阶段:包括初期退缩、持续退缩和深度退缩三个阶段。(4)更新生涯阶段:此阶段的教师致力于追求其专业成长、吸收新知,但仍需要外在的支持,更需要学校行政部门的支持与协助。(5)退出生涯阶段:到了退休年龄,或由于其他原因而离开教育岗位。张老师具有较高水平的教学能力和技巧,还注重激发自我潜能,这些都符合专家生涯阶段的特点,故选A项。

3. C 【解析】本题考查学生观。陶行知对待教育的态度是以学为主,而不是以教为主,那么其中心思想是,要求教师要培养学生自己去学习的学习态度,而不是一味地去给学生灌输知识。这体现了学生是学习的主体,教师要发展学生学会学习的能力,让学生独立自主地学习。B、D 项正确。A 项,人的发展具有整体性的需要,不仅有学习知识、发展能力的需要,也具有强烈的认知欲望和要求,有情感、有信念、有意志。在教育教学过程中,教育者若只注重培养学生的认知能力,那就弱化了对人的认识,忽略了教育的意义。陶行知先生的话就强调了要保护学生的求知欲,要教会学生学习,而不是单纯注重传授知识,重视了学生的完整性。A 项正确。"学生的发展性"强调学生是发展的人,有巨大的发展潜能,教师要以发展的眼光看待学生。C 项没有体现。

4. B 【解析】本题考查教师观。课例研究实际上就是围绕课堂教学实例所展开的研究。题干中的张老师运用诗歌《我用残损的手掌》开展课例研究,并将研究报告提供给青年教师学习,体现了张老师对青年教师在专业成长上的帮助,体现的教师角色是同侪共进的合作者。

   易错提示:考生在做题时,需要读懂题干,找出题干中的关键词。本题题干的关键词是"提供给青年教师学习",考生可根据此关键词得知教师的角色是合作者。

5. D 【解析】本题考查《中华人民共和国教师法》。根据《中华人民共和国教师法》第九条规定,为保障教师完成教育教学任务,各级人民政府、教育行政部门、有关部门、学校和其他教育机构应当履行下列职责:(1)提供符合国家安全标准的教育教学设施和设备;(2)提供必需的图书、资料及其他教育教学用品;(3)对教师在教育教学、科学研究中的创造性工作给以鼓励和帮助;(4)支持教师制止有害于学生的行为或者其他侵犯学生合法权益的行为。题干中校长批评马老师"多管闲事"的做法是不正确的,学校应当支持教师制止有害于学生的行为。

6. C 【解析】本题考查《中华人民共和国教育法》。根据《中华人民共和国教育法》第四十三条规定,受教育者享有"参加教育教学计划安排的各种活动,使用教育教学设施、设备、图书资料"的权利。第三十条规定,学校及其他教育机构应当履行"维护受教育者、教师及其他职工的合法权益"的义务。题干中学校的做法侵犯了学生的受教育权。

7. A 【解析】本题考查《中华人民共和国未成年人保护法》。根据《中华人民共和国未成年人保护法》第五十六条规定,讯问、审判未成年犯罪嫌疑人、被告人,询问未成年证人、被害人,应当依照刑事诉讼法的规定通知其法定代理人或者其他人员到场。题干中警察要求询问小华时并未通知小华的父母到场,故班主任的做法正确。

   备注:《中华人民共和国未成年人保护法》(2020年修订)第一百一十条规定,公安机关、人民检察院、人民法院讯问未成年犯罪嫌疑人、被告人,询问未成年被害人、证人,应当依法通知其法定代理人或者其成年亲属、所在学校的代表等合适成年人到场,并采取适当方式,在适当场所进行,保障未成年人的名誉权、隐私权和其他合法权益。考生在之后的考试中遇到此类型的试题时,需以2020 年修订的《中华人民共和国未成年人保护法》中的相关规定为准。

8. C 【解析】本题考查《中华人民共和国预防未成年人犯罪法》。根据《中华人民共和国预防未成年人犯罪法》第二十一条规定,未成年人的父母离异的,离异双方对子女都有教育的义务,任何一方都不得因离异而不履行教育子女的义务。

   备注:本题解析采用的是 2012 年修订的《中华人民共和国预防未成年人犯罪法》,2021 年 6 月 1 日起施行的《中华人民共和国预防未成年人犯罪法》删除了与本题相关的法条,本题答案以 2012 修订的版本为准。

9. D 【解析】本题考查侵犯学生权利的表现。隐私包括个人私生活、个人日记、照片、储蓄及财产状况和通讯秘密等。隐私权是公民生活中不愿公开或不愿为他人所知悉的个人秘密不可侵犯的人身权利。学校和教师侵犯学生隐私的表现形式有:故意隐匿、毁弃或者非法开拆学生信件,披露、宣扬学生自身及家庭成员资料,提供学生成绩的方式不适当等。题干中班主任擅自翻看学生书包的做法侵犯了学生的隐私权。

方法技巧:关于学生的权利和保护是教师资格考试笔试的常考点,针对学生的各种权利,考生可根据以下关键词句进行区分和记忆:

(1)名誉权——获得公正评价,名声不被损害污蔑;

(2)健康权——生理机能正常运作,身体功能完善发挥;

(3)身体权——身体完整,行动自由;

(4)肖像权——不得非法制作、使用、损害他人肖像;

(5)荣誉权——不得诋毁、贬损、非法剥夺或撤销学生的荣誉称号;

(6)姓名权——有权决定、更改自己的姓名,他人要尊重自己的姓名;

(7)隐私权——个人私生活秘密、个人信息(个人数据)不被披露。

10. B 【解析】本题考查《中华人民共和国宪法》。根据《中华人民共和国宪法》第九十八条规定,地方各级人民代表大会每届任期五年。

11. C 【解析】本题考查《中华人民共和国未成年人保护法》。根据《中华人民共和国未成年人保护法》第六十六条规定,营业性歌舞娱乐场所、互联网上网服务营业场所等不适宜未成年人活动的场所允许未成年人进入,或者没有在显著位置设置未成年人禁入标志的,由主管部门责令改正,依法给予行政处罚。根据《互联网上网服务营业场所管理条例》第四条规定,县级以上人民政府文化行政部门负责互联网上网服务营业场所经营单位的设立审批,并负责对依法设立的互联网上网服务营业场所经营单位经营活动的监督管理。所以,互联网上网服务营业场所的主管部门是文化行政部门,本题选C。

备注:《中华人民共和国未成年人保护法》(2020年修订)第五十八条规定,学校、幼儿园周边不得设置营业性娱乐场所、酒吧、互联网上网服务营业场所等不适宜未成年人活动的场所。营业性歌舞娱乐场所、酒吧、互联网上网服务营业场所等不适宜未成年人活动场所的经营者,不得允许未成年人进入;游艺娱乐场所设置的电子游戏设备,除国家法定节假日外,不得向未成年人提供。经营者应当在显著位置设置未成年人禁入、限入标志;对难以判明是否是未成年人的,应当要求其出示身份证件。

第一百二十三条规定,相关经营者违反本法第五十八条、第五十九条第一款、第六十条规定的,由文化和旅游、市场监督管理、烟草专卖、公安等部门按照职责分工责令限期改正,给予警告,没收违法所得,可以并处五万元以下罚款;拒不改正或者情节严重的,责令停业整顿或者吊销营业执照、吊销相关许可证,可以并处五万元以上五十万元以下罚款。

考生在之后的考试中遇到此类型的试题时,需以2020年修订的《中华人民共和国未成年人保护法》中的相关规定为准。

12. C 【解析】本题考查《中华人民共和国未成年人保护法》。根据《中华人民共和国未成年人保护法》第三十七条规定,禁止向未成年人出售烟酒,经营者应当在显著位置设置不向未成年人出售烟酒的标志;对难以判明是否已成年的,应当要求其出示身份证件。故题干中王某的做法不合法,本题选择C项。

备注:《中华人民共和国未成年人保护法》(2020年修订)第五十九条规定,学校、幼儿园周边不得设置烟、酒、彩票销售网点。禁止向未成年人销售烟、酒、彩票或者兑付彩票奖金。烟、酒和彩票经营者应当在显著位置设置不向未成年人销售烟、酒或者彩票的标志;对难以判明是否是未成年人的,应当要求其出示身份证件。

考生在之后的考试中遇到此类型的试题时,需以2020年修订的《中华人民共和国未成年人保护法》中的相关规定为准。

13. A 【解析】本题考查教师的职业行为。题干中姜老师经常资助家庭困难的学生,并有针对性地对学生进行心理辅导,这说明姜老师在教育过程中,做到了关怀学生,爱护学生,姜老师的教育行为选择是基于关怀。

14. B 【解析】本题考查《关于加强和改进新时代师德师风建设的意见》的相关内容。《关于加强和改进新时代师德师风建设的意见》提出定期开展教师思想政治轮训,使广大教师更好掌握马克思主义立场、观点、方法,认清中国和世界发展大势,增进对中国特色社会主义的政治认同、思想认同、理论认同、情感认同。

15. A 【解析】本题考查教师职业道德的范畴。教师道德荣誉,是指教师在履行教师道德义务后,社会所给予的赞扬和肯定,以及教师个人所产生的尊严与自豪感。教师道德荣誉的实质是教师对人民、对祖国、对党和对教育事业的无私奉献,是全心全意为学生服务。题干中的王老师虽然教了几十年的书,但他仍然要求与年轻教师一起参加培训,说明王老师注重自己的专业成长,具有终身学习的理念,体现了他对教育事业的热爱之情以及对教育事业的无私奉献精神。故题干的描述表明王老师重视教师道德荣誉。

16. C 【解析】本题考查教师的职业行为规范。教师的仪表行为规范的要求之一是:衣着整洁,朴实大方,服饰要符合职业特点,体现教师为人师表的好形象。题干中的中学规定教师不能穿超短裙和破洞牛仔裤等服装体现了对教师仪表得当的规范。

17. A 【解析】本题考查历史素养。法显是东晋僧人、旅行家、翻译家。东晋隆安三年(公元399年)偕慧景、道整、慧应、慧嵬等四人,从长安出发,穿行大戈壁,经西域诸国,越葱岭,遍历北、西、中、东天竺等地。公元412年回到青州长广郡牢山(今山东青岛崂山)。前后凡十四年,经千难万险,游三十余国,带回很多梵本佛经。记旅行见闻,撰成《佛国记》,为研究古代中亚、南亚各国历史和中外交通史的重要资料,已被译成多种文字出版。《法显传》又名《历游天竺记》、《昔道人法显从长安行西至天竺传》、《释法显行传》、《历游天竺记传》、《佛国记》等。

朱士行是三国时期魏国僧人。公元260年出家为僧。同年因在洛阳讲《小品》(即《道行经》),感到文句艰涩,难以贯通,决心寻找原本。从雍州出发,西渡流沙,到达于阗(今新疆和田一带),得梵本《大品般若经》。公元282年,遣弟子弗如檀等送至洛阳。朱士行是内地往西域最早的求法僧人。

竺法护是西晋僧人,8岁从竺高座出家,姓竺。随师游历古西域各地,称通三十六种语言文字,并得很多梵本经典。

玄奘是唐朝僧人,佛教学者、旅行家,中国佛教四大译经家之一,法相宗创始人。唐贞观初年起从长安西行,经姑臧出敦煌,经今新疆及中亚等地,辗转到达中印度摩揭陀国王舍城,入当时印度佛教中心那烂陀寺,师从戒贤等习《瑜伽师地论》、《顺正理论》等,兼学梵书《声明记论》。后历游印度各地,参访名师钻研佛教典籍。于贞观十九年返回长安。

18. B 【解析】本题考查科学素养。北宋末年,中国的海船上开始使用指南针。朱彧在1119年写成《萍洲可谈》一书,书中写道:“舟师识地理,夜则观星,昼则观日,隐晦则观指南针。”这是世界航海史上使用指南针航海的最早记录。

19. C 【解析】本题考查网络信息安全常识。随便接收或安装插件和不文明程序、直接运行或直接打开不明电子邮件中的附件文件等可能会对计算机网络安全造成威胁,导致个人信息泄露。

20. A 【解析】本题考查科学常识。香槟是法国的地理标志产品;帕尔玛火腿是意大利帕尔玛省特产;杜奥(Dao)产区是葡萄酒重要产区,在葡萄牙中北部,是具有潜力的葡萄酒产区;西班牙的蒙切哥乳酪是中欧地理标志协定中首批受保护的欧盟地理标志产品。

21. A 【解析】本题考查文学素养。A项,于连是《红与黑》的主人公,他靠着自己的聪明才智和坚韧不拔的毅力,为了实现自己的巨大野心而孤身一人在一个等级森严的社会里艰苦地奋斗着。B项,杜洛瓦是莫泊桑的长篇小说《漂亮朋友》中的人物。C项,莫罗,法国象征主义画家。D项,拉斯蒂涅是巴尔扎克的小说《高老头》以及整个《人间喜剧》中的人物。

22. B 【解析】本题考查传统文化素养。古语中的“桃李年华”指的是20岁左右的女性。

易错提示:古时女子的特殊称谓:

金钗之年——女孩十二岁。

豆蔻年华——女子十三四岁。

及笄之年——女子十五岁。

碧玉年华、破瓜之年——女子十六岁。

桃李年华——女子二十岁。

花信年华——女子二十四岁。

23. D 【解析】本题考查艺术素养。唐代是敦煌莫高窟彩塑发展的顶峰,这一时期的莫高窟彩塑不仅能表现大型佛像,更善于表现与真人等大的群像,代表作品为第45窟彩塑。

24. C 【解析】本题考查体育常识。高山滑雪起源于欧洲的阿尔卑斯地区,故又称阿尔卑斯滑雪,1936年起被列为冬奥会比赛项目。运动员需要使用固定后脚跟装置的滑雪板,顺着白雪覆盖的斜坡向下滑行。其图标看上去就是一个运动员踩在雪橇上,正在向下冲锋。本题选C。选项图片是2014年俄罗斯索契冬奥会的项目图标,A项是跳台滑雪,B项是冬季两项(即越野滑雪和射击),D项是越野滑雪。

25. C 【解析】本题考查教育测验常识。极端分组法计算区分度的公式:$D = P_H - P_L$,其中,D为区分度,P_H为高分组通过该题的人数比例,P_L为低分组通过该题的人数比例。则D = 85% - 25% = 60% = 0.60,本题选C。

26. B 【解析】本题考查信息处理能力。在Excel中,STDEVP()函数用于计算标准差,SUM()函数用于求和,MODE()函数用于统计众数,AVERAGE()函数用于计算平均值。

27. D 【解析】本题考查信息处理能力。在常见的网址后缀名中,“.gov”表示政府部门,“.edu”表示教育机构,“.org”表示非营利组织,“.com”表示商业机构。

28. D 【解析】本题考查类比推理。题干中“大学生”和“志愿者”是交叉关系。ABC三项均为交叉关系,D项“医生”和“护士”是全异关系,与题干逻辑关系不一致。故选D。

29. C 【解析】本题考查图形推理。题干正方体的数量依次为2、4、6,呈现公差为2的等差数列规律,故空白处正方体的数量应为8。故选C。

方法技巧:图形推理的试题难度较低,考生做题时注意观察所给图形,可从图形的状态(如重叠、相切、相交、相离)、图形形状(如三角形、四边形)、公共边的条数、图形数量等方面考虑。

二、材料分析题(答案要点)

30. 材料中李老师的做法不正确,违背了“以人为本”的学生观的理念,李老师需要反思并改正自己的教学行为。

(1)学生是发展中的人,有着巨大的发展潜能,教师要以发展的眼光看待学生。材料中,李老师为不影响公开课的教学效果,让英语“差生”坐在最后一排,导致这些学生无精打采,不认真听课,李老师的做法表明他没有认识到学生是处于发展中的人。李老师应当认识到,学生一时的落后并不意味着永远落后,教师应当尊重、赞赏学生,积极正确地引导、帮助学生成长。

(2)学生是独特的、完整的人,每个学生都有自身的独特性。材料中,李老师在公开课上对英语“差生”缺乏关注,没有因材施教,引导他们积极参与到课堂中来,这不利于学生的个性健康发展。在教学中,李老师应当帮助和引导这些学生,布置一些适合这些学生能力的学习任务,做到因材施教,促进学生发展。

(3)学生是学习的主体。材料中,李老师在公开课前安排英语“差生”坐到教室后面,并且课后对他人提出的建议不认可,这表明李老师没有认识到学生是学习的主体。李老师应当合理安排和设计教学,在教学中注重发挥学生的主体作用,充分发挥学生的主观能动性,帮助学生进步。

综上所述,李老师应当树立“以人为本”的学生观,积极反思并改正自己的教学行为。

方法技巧:考查职业理念的材料分析题,一般是给出一个教师的教学实例,要求考生结合材料评析教师的行为。“评”需要考生给出评价，“析”主要体现在作答时考生要结合材料分析教师的行为。针对此类材料分析题，可采用“总分总”的结构。

首先，表明态度和看法。如材料中教师的行为值得肯定、提倡或是不正确的或是需要辩证看待等。

其次，逐条结合材料进行分析阐述。主要分两步，第一步是点明理论，第二步是结合材料阐述教师的行为是如何体现或违背了该理论的。

最后，总结收尾。注意描述不要过长，简明扼要，一两句话即可。

如果材料中不止一位教师，考生可从两个教师的行为差异进行分析比较。

31. 材料中邹老师的行为符合教师职业道德规范的要求，值得肯定和提倡。

(1)“爱岗敬业”的师德规范要求教师忠诚于人民教育事业，志存高远，勤恳敬业，甘为人梯，乐于奉献。对工作高度负责，认真备课上课，认真批改作业，认真辅导学生。不得敷衍塞责。材料中，邹老师对工作认真负责，对学生提出的难懂的问题不厌其烦地解释，认真辅导学生，这表明邹老师做到了爱岗敬业。

(2)“关爱学生”的师德规范要求教师关心爱护全体学生，尊重学生人格，平等公正对待学生。对学生严慈相济，做学生良师益友。保护学生安全，关心学生健康，维护学生权益。不讽刺、挖苦、歧视学生，不体罚或变相体罚学生。材料中，邹老师关心那些“顽皮生”，利用课余时间了解学生的生活和学习情况，对学生的意见和要求能换位思考，对犯错学生不严厉惩罚而是给予指导，帮助他们改正，这些都体现了邹老师关爱学生。

(3)“教书育人”的师德规范要求教师遵循教育规律，实施素质教育。循循善诱，诲人不倦，因材施教。培养学生良好品行，激发学生创新精神，促进学生全面发展。不以分数作为评价学生的唯一标准。材料中，邹老师对班级里的“顽皮生”耐心引导，并答疑解惑，还带着学生到校外参观、郊游，指导有错的学生改正，促进了学生的发展，这些都体现了邹老师做到了教书育人。

(4)“为人师表”的师德规范要求教师坚守高尚情操，知荣明耻，严于律己，以身作则。衣着得体，语言规范，举止文明。关心集体，团结协作，尊重同事，尊重家长。作风正派，廉洁奉公。自觉抵制有偿家教，不利用职务之便谋取私利。材料中，邹老师不收学生送的名牌领带，将领带退还，这说明邹老师做到了廉洁奉公，不利用职务之便谋取私利，体现了为人师表。

综上所述，邹老师的行为符合教师职业道德规范的要求，做法恰当且合理，值得提倡和学习。

32. (1)①欧洲国家对非洲的殖民扩张和长达数世纪的奴隶贸易；②非洲的生态体系和社会关系被打破。

(2)①政治因素。19世纪末，帝国主义国家掀起了瓜分世界狂潮，非洲被欧洲列强瓜分殆尽，殖民征服加剧了传染病在非洲的传播。

②医学和科学技术的发展。西方医学和科学技术的发展，尤其是奎宁被用于疟疾防治，使得欧洲殖民者得以深入非洲内陆地区。

③生态、社会、经济、人口因素。殖民统治下非洲经历了前所未有的生态、社会与经济变动。殖民者在非洲进行矿山开采、橡胶采集、修筑公路和铁路以及军事招募，需要大量非洲劳动力。殖民政府通过征税、工资以及强制等手段，迫使非洲人离开农村外出务工。强制劳动以及公路和铁路交通使得非洲民众的流动更为频繁，在客观上加剧了传染病在不同地区之间的传播。

三、写作题

33. **【写作思路】**(1)从小姑娘角度：①不忘初心，奋力拼搏；②不忘初心，坚守理想(梦想)；③坚定走好自己选择的路。

(2)从社会角度：薪火相传，文化传承。

(3)从老师角度：榜样的力量；坚持。

【参考范文】

因为热爱，所以追求

高晓松说：“生活不止眼前的苟且，还有诗和远方的田野。”而那诗和远方，便是喜欢、热爱的方向。湖南留守女孩小钟高考成绩优秀，却选择北京大学冷门的考古专业，是因为她从小就喜欢历史和文物。对她来说，“敦煌的女儿”樊锦诗就是她的诗和远方！因为热爱，所以追求。

她是备受宠爱的江南闺秀，是风华正茂的北大高材生，却奉献了大半辈子的光阴守护着荒野大漠的七百三十五座洞窟。人们亲切地喊她“敦煌的女儿”，她却说，我其实也想过离开。然而，在每一个荆天棘地的人生路口，她都选择了坚守。她就是樊锦诗，1963年北京大学毕业后，进入敦煌文物研究所工作，历任敦煌研究院副院长、院长、名誉院长，为敦煌文化的研究、保护和传承坚守了数十个春秋，并且还在继续做着贡献，被评为“感动中国2019年度人物”。正是因为热爱敦煌的塑像和壁画，她才一直坚守在那里。

现在，专业选择越来越受到学生和家长的关注，不少人削尖了脑袋都想进入一些热门专业、有“钱”途的专业，而高考成绩优秀的留守女孩小钟却选择了北京大学冷门的考古专业。这件事引起了人们的热议。人们为她感到惋惜，认为她留守多年，其父母为了生活长期在外打工，一家人过得极不容易，既然高考成绩这么好，改善家庭经济条件应成为她挑选专业的首要目的。与其他热门专业相比，考古专业不仅要坐冷板凳，而且没“钱”途。但是，我国成千上万的科研工作者都在坐冷板凳、下“笨功夫”，比如“两弹一星”功臣，现在的大型飞机、航母、深海探测器、天眼、北斗系统的设计者们，以及诺贝尔奖得主屠呦呦、杂交水稻之父袁隆平、中国战略科学家黄大年等。假如他们当初带着世俗的观念来选择专业，认为选择中医、农业、地质等专业，或者整天坐在办公室画图纸，既难以出名又没“钱”途，就无法取得当前的巨大成就。即使从世俗的角度来看，追捧热门专业、看低考古等冷门专业，也是目光短浅之举。因为现在的选择可能会关涉未来人生的发展方向、职业道路,所以更需要慎重,需要冷静,需要发自内心。原因很简单,只有是自己感兴趣、热爱的专业领域,我们才能更好地投入,更好地付出。因为热爱,所以追求;因为追求,所以成功。

在自己热爱的事情面前,我们要坚守自己的本心,勇于追求。席慕蓉曾经说过:"在一回首间,才忽然发现,原来,我一生的种种努力,不过只为了周遭的人对我满意而已。为了博得他人的称许与微笑,我战战兢兢地将自己套入所有的模式、所有的桎梏。走到途中才忽然发现,我只剩下一副模糊的面目,和一条不能回头的路。"人生是自己的,不必刻意为了他人的眼光去轻易改变自己。坚守住自己的初心,才能成就自己的人生。

因为热爱,所以追求。因为热爱,所以坚守。热爱是成功的奠基石,没有任何一种成功不是以热爱为基石的。

2020 年下半年中小学教师资格考试真题试卷(二)

一、单项选择题

1. C 【解析】本题考查素质教育的内涵。素质教育的三大要义是面向全体、全面发展、主动发展。该老师量化了素质教育的目标,能够关注到学生的全面发展,但忽视了全体学生的主动发展,窄化了素质教育的内涵,是对素质教育内涵理解的偏差。故本题选 C。

2. C 【解析】本题考查教师专业发展的阶段。伯利纳将教师专业发展分为五个阶段,分别是新手阶段、熟练新手阶段、胜任阶段、业务精干阶段、专家阶段。新手阶段的教师是指刚刚从事教学工作的教师,在此阶段他们主要需求是了解与教学有关的实际情况,熟悉具体的教学情境;新手教师经过2~3年逐渐发展成为熟练新手,该阶段他们需要把实践经验与书本知识逐渐整合,开始逐步掌握教学过程的内在联系,这正是凝练教育教学经验的过程;在业务精干阶段的教师在教学机智、教学智慧、观察力、决策力方面有所增强,教学行为已经达到了灵活、流畅的程度;专家阶段的教师一般是在工作 10 年及以上,这时他们已经熟练掌握了教育教学方法,并且情感上对教育充满了热爱与责任感。系统学习基础理论知识主要是在职前期需要解决的问题。综上所述,本题选 C。

   易错提示:考生在做此类型试题时,注意和斯德菲的教师专业发展五阶段论进行区分:
   伯利纳的教师专业发展五阶段论:新手阶段、熟练新手阶段、胜任阶段、业务精干阶段、专家阶段;
   斯德菲的教师专业发展五阶段论:预备生涯阶段、专家生涯阶段、退缩生涯阶段、更新生涯阶段、退出生涯阶段。

3. D 【解析】本题考查教育公正的相关知识。教育公正体现在教育活动中就是要保证所有学生的教育机会均等,性别不应该是教师差别对待学生的理由,在教育教学活动中,教师要平等公正地对待每一个人,坚持教育公正。本题中王老师的做法不合理,有违公平待生的理念。故本题选 D。

4. A 【解析】本题考查教师成长的途径。进行教学反思是教师成长的途径,教学反思是指教师以自己的教学活动过程为思考对象,对自己所做出的某种教学行为、决策以及由此所产生的结果进行审视和分析的活动。本题中影老师在实施新的教学设计之后对自己的提问属于教学反思。故本题选 A。

5. B 【解析】本题考查《中华人民共和国宪法》的相关知识。根据我国《宪法》第三十五条规定:中华人民共和国公民有言论、出版、集会、结社、游行、示威的自由。第三十六条规定:中华人民共和国公民有宗教信仰自由。第四十七条规定:中华人民共和国公民有进行科学研究、文学艺术创作和其他文化活动的自由。第五十六条规定:中华人民共和国公民有依照法律纳税的义务。税收具有强制性特点,依法纳税是公民必须履行的基本义务,不属于公民自由。故本题选 B。

6. C 【解析】本题考查《中华人民共和国教育法》的相关知识。根据《中华人民共和国教育法》第八十条规定:任何组织或者个人在国家教育考试中有下列行为之一,有违法所得的,由公安机关没收违法所得,并处违法所得一倍以上五倍以下罚款;情节严重的,处五日以上十五日以下拘留;构成犯罪的,依法追究刑事责任;属于国家机关工作人员的,还应当依法给予处分:(1)组织作弊的;(2)通过提供考试作弊器材等方式为作弊提供帮助或者便利的;(3)代替他人参加考试的;(4)在考试结束前泄露、传播考试试题或者答案的;(5)其他扰乱考试秩序的行为。故本题选 C。

7. D 【解析】本题考查《中华人民共和国义务教育法》的相关知识。根据《中华人民共和国义务教育法》第二十四条规定:学校不得聘用曾经因故意犯罪被依法剥夺政治权利或者其他不适合从事义务教育工作的人担任工作人员。题干中,姜某因故意犯罪被剥夺政治权利,不具备从事义务教育工作的基本条件,陈校长拒绝其求职的做法是合法的。A 项,根据我国《刑法》的相关规定,依法受过刑事处罚的人,在入伍、就业的时候,应当如实向有关单位报告自己曾受过刑事处罚,不得隐瞒。剥夺政治权利属于刑事处罚附加刑的一种,陈校长了解姜某是否受过刑事处罚的做法未侵犯其隐私权。根据《中华人民共和国教育法》第二十九条规定,学校具有"聘任教师及其他职工,实施奖励或者处分"的权利,C 项不选。综上所述,本题选 D。

8. B 【解析】本题考查《中华人民共和国教师法》的相关知识。根据《中华人民共和国教师法》第三十七条规定:教师有下列情形之一的,由所在学校、其他教育机构或者教育行政部门给予行政处分或者解聘:(1)故意不完成教育教学任务给教育教学工作造成损失的;(2)体罚学生,经教育不改的;(3)品行不良、侮辱学生,影响恶劣的。本题中的何某暗示家长送礼的行为属于品行不良。故本题选 B。

   方法技巧:关于学校有权给予教师行政处分或解

聘的三项前提条件，考生可通过"固体乳"这一谐音法来记忆：(1)"固"指教师故意不完成教育教学任务给教育教学工作造成损失；(2)"体"指教师体罚学生，经教育不改；(3)"乳"指教师品行不良、侮辱学生，影响恶劣。

9. A 【解析】本题考查《学生伤害事故处理办法》的相关知识。根据《学生伤害事故处理办法》第九条规定，学校教师或者其他工作人员体罚或者变相体罚，或者在履行职责过程中违反工作要求、操作规程、职业道德或其他有关规定的造成学生伤害事故，学校应当依法承担相应的责任。体育课老师迟到，违反了工作章程，因此学校应承担相应的责任。根据该办法第十条规定，学生或者其监护人知道学生有特异体质，或者患有特定疾病，但未告知学校的造成学生伤害事故，学生或者未成年学生监护人应承担相应的责任。材料中宋某有先天性心脏病但并未事先告诉学校，因此其监护人应承担相应的责任。故本题选A。

10. D 【解析】本题考查《中华人民共和国教师法》的相关知识。根据《中华人民共和国教师法》第七条规定：教师享有按时获取工资报酬，享受国家规定的福利待遇以及寒暑假期的带薪休假的权利。本题中某中学以扣发工资强迫教师在寒假期间加班的做法是不正确的。故本题选D。

11. A 【解析】本题考查《中华人民共和国未成年人保护法》的相关知识。根据《中华人民共和国未成年人保护法》第四十三条规定：对孤儿、无法查明其父母或者其他监护人的以及其他生活无着的未成年人，由民政部门设立的儿童福利机构收留抚养。故本题选A。

备注：《中华人民共和国未成年人保护法》(2020年修订)第九十四条规定，具有下列情形之一的，民政部门应当依法对未成年人进行长期监护：(1)查找不到未成年人的父母或者其他监护人；(2)监护人死亡或者被宣告死亡且无其他人可以担任监护人；(3)监护人丧失监护能力且无其他人可以担任监护人；(4)人民法院判决撤销监护人资格并指定由民政部门担任监护人；(5)法律规定的其他情形。第九十六条规定，县级以上人民政府及其民政部门应当根据需要设立未成年人救助保护机构、儿童福利机构，负责收留、抚养由民政部门监护的未成年人。

考生在之后的考试中遇到此类型的试题时，需以2020年修订的《中华人民共和国未成年人保护法》中的相关规定为准。

12. D 【解析】本题考查《中华人民共和国教育法》的相关知识。根据《中华人民共和国教育法》第三十七条规定：受教育者在入学、升学、就业等方面依法享有平等权利。本题中周老师的做法侵犯了张晓的平等升学权，是不合法的。故本题选D。

13. B 【解析】本题考查教育机智。教育机智是教师在教育教学过程中的一种特殊定向能力，是指教师能根据学生新的特别是意外的情况，迅速而正确地做出判断，随机应变地采取及时、恰当而有效的教育措施解决问题的能力。本题中章老师面对课堂突发事件，应发挥自己的教育机智，在保证课堂正常进行的同时维护学生身心健康。在这一前提下继续上课，留待课后处理是合理的做法。故本题选B。

14. C 【解析】本题考查学生观。学生是完整的人，学生并不是单纯的抽象的学习者，而是有着丰富个性的完整的人。这要求教师在教育活动中要把学生作为完整的人来对待，反对那种割裂人的完整性的做法，还学生完整的生活世界，丰富学生的精神生活，给予学生全面展现个性力量的时间和空间。本题中范老师撤销晓月班干部职务的做法忽视了学生发展的完整性。故本题选C。

15. B 【解析】本题考查教师职业道德情感。教师职业道德情感是个体履行教书育人职责时所产生的一种内心愉悦的或是内疚不安的情感体验，它的生成需要安全感、归属感、敬畏感及自尊感四个基础性要素。其中归属感是指个体自觉被他人或被团体认可与接纳时的一种感受。王校长推荐新入职的丁老师参加学校集体活动，帮助他快速融入集体，是培养新教师归属感的表现，也是重视教师职业道德情感生成的基础性要素构建的表现。故本题选B。

16. C 【解析】本题考查教师关怀的特点。本题中乔老师从晓甜喜欢写作这一兴趣爱好入手，对她进行关怀教育，说明乔老师教育学生注重方式方法。故本题选C。

17. A 【解析】本题考查生物常识。白细胞是机体防御系统的重要组成部分，白细胞通过吞噬、产生抗体等方式来抵御与消灭入侵的病原微生物，以实现对机体的防御保护作用。红细胞是血液中数量最多的细胞，主要生理功能是运送氧气和二氧化碳，同时还具有免疫功能。血小板的主要生理功能有参与生理性止血的全过程、促进凝血、维持毛细血管壁的完整性等。蛋白质是生命的物质基础，一切有生命的地方，都有蛋白质的存在。故本题选A。

18. D 【解析】本题考查科学常识。国际奥林匹克竞赛，又称国际中学生奥林匹克竞赛，是一项面向全球各地中学生的国际性学科知识竞赛，主要包括数学、物理学、化学、生物学、信息学等。奥林匹克竞赛中没有电子奥林匹克竞赛这一项，故本题选D。

19. A 【解析】本题考查历史素养。《汉谟拉比法典》全文用楔形文字刻在黑色的玄武岩上，是世界上现存的第一部比较完备的成文法典。故本题选A。

20. C 【解析】本题考查文化素养。《抱朴子》为东晋葛洪所撰，分内、外篇，内篇主要讲述神仙方药、鬼怪变化、养生延年，禳灾却病，属于道家养生范围。该书记载的炼丹理论与方法、医学知识对我国古代化学、医学的发展有一定的贡献。A项，许逊是晋代道教人物，"净明派"创始人，著有《灵剑子》等书。B项，魏伯阳是东汉时期黄老道家、炼丹理论家，道教"丹鼎派"的理论奠基人，所著《周易参同契》是现存最早系统阐述炼丹理论的著作。D项，陶弘景是南朝齐、梁时道教学者、炼丹家、医药学家，所撰《本草经集注》是一部极具价值的药学著作。故本题选 C。

21. A 【解析】本题考查文学素养。“满纸荒唐言，一把辛酸泪。都云作者痴，谁解其中味”出自我国古典文学名著《红楼梦》的开卷。意指全书都是由血泪交融而成；人们只会说作者太痴情了，又有谁能了解作者在写作时内心的千愁万苦呢？题干中的两句诗常被写文章的人用来抒发自己不为人知的满腹悲愤。故本题选 A。

易错提示：考生易混淆中国古代四大名著的开卷词，需要重点记忆：

《红楼梦》的开卷词——满纸荒唐言，一把辛酸泪。都云作者痴，谁解其中味。

《三国演义》的开卷词——滚滚长江东逝水，浪花淘尽英雄，是非成败转头空，青山依旧在，几度夕阳红。白发渔樵江渚上，惯看秋月春风，一壶浊酒喜相逢，古今多少事，都付笑谈中！

《水浒传》的开卷词——试看书林隐处，几多俊逸儒流。虚名薄利不关愁，裁冰及剪雪，谈笑看吴钩。评议前王并后帝，分真伪占据中州，七雄扰扰乱春秋。兴亡如脆柳，身世类虚舟。见成名无数，图名无数，更有那逃名无数。霎时新月下长川，沧海变桑田古路。讶求鱼缘木，拟穷猿择木，有恐是伤弓曲木。不如且覆掌中杯，再听取新声曲度。

《西游记》的开卷词——混沌未分天地乱，茫茫渺渺无人见。自从盘古破鸿蒙，开辟从兹清浊辨。覆载群生仰至仁，发明万物皆成善。欲知造化会元功，须看《西游释厄传》。

22. B 【解析】本题考查艺术素养。A 项，爵士音乐是 20 世纪初产生于美国新奥尔良的一种舞曲性质的音乐，主要来源于黑人劳动歌曲及在婚丧仪式或社交场合所唱的歌曲。B 项，古典音乐是对过去时代具有典范意义或代表性音乐的泛指，亦是现代音乐或爵士音乐的对称。C 项，标题音乐指采用标题或说明性文字提示作品文学性、戏剧性或绘画性内容的器乐曲。D 项，主调音乐是多声部音乐的一种，整部作品的进行以其中某一个声部的旋律为主，其他的声部以和声或节奏等手法进行陪衬和伴奏。故本题选 B。

23. B 【解析】本题考查传统文化素养。“八仙”一般是指铁拐李、汉钟离、张果老、蓝采和、何仙姑、吕洞宾、韩湘子、曹国舅这八位神仙人物。在传说中，八仙各有不同的法器，铁拐李有铁杖及葫芦，汉钟离有芭蕉扇，张果老有纸叠驴，蓝采和有花篮，何仙姑有莲花，吕洞宾有长剑，韩湘子有横笛，曹国舅有玉板。综上所述，B 项剪纸画中吹横笛的是韩湘子，故本题选 B。

24. C 【解析】本题考查教育测量常识。根据难度计算公式 $P=\frac{P_H+P_L}{2}$，其中，P_H 为高分组答对某题的百分比，P_L 为低分组答对某题的百分比。故可计算出难度 $P=\frac{\frac{45}{54}+\frac{9}{54}}{2}=0.50$。

25. D 【解析】本题考查信度相关知识。影响信度的因素主要有被试的因素、测验的长度、测验的难度等。一般来说，在一个测验中增加同质的题目，可以使信度提高。故本题选 D。

26. B 【解析】本题考查 Word 的基本操作。A 选项，选中需要合并且连续的单元格，右击鼠标，选择“合并单元格”即可实现单元格的合并。B 选项，两张表格中间有换行符，无法合并成同一张表格，若在第一张表格后边直接再插入一张表格，则他们是同一张表格，而不是两张表格。C 选项，在表格内部任意地方右击鼠标，选择“拆分表格”即可对表格进行拆分。D 选项，选中表格，右击鼠标，选择“表格属性”进行设置即可。故本题选 B。

27. D 【解析】本题考查 Excel 函数的作用。选项 A 是求和函数，选项 B 是统计指定区域中符合指定条件的单元格计数函数，选项 C 是求最小值函数，选项 D 是求平均值函数。故本题选 D。

28. B 【解析】本题考查包含关系。题干中“绿茶”和“茶叶”是包含关系。A 项，“蔬菜”和“水果”是交叉关系，与题干逻辑关系不一致，排除。B 项“雨伞”和“雨具”是包含关系，与题干逻辑关系一致。C 项，“跑鞋”和“跑道”是全异关系，与题干逻辑关系不一致，排除。D 项，“面粉”是制作“面包”的一种材料，与题干逻辑关系不一致，排除。故本题选 B。

方法技巧：类比推理是常考点，考生在做题时，首先需要明晰题干所给词语之间的逻辑关系，再找准选项词语间的逻辑关系，比较异同，选择最佳选项。常见的概念间关系有以下几种：

全同关系：北京——中国的首都；

包含关系：蔬菜——茄子；

交叉关系：大学生——共产党员；

全异关系：老虎——尺子。

29. C 【解析】本题考查数字推理。分析题干可得出规律：从第三项开始，每前两项之和再加上 2 即为后一项的数值。即 $8+10+2=20$；$10+20+2=32$；$20+32+2=(54)$；$32+(54)+2=88$。故本题选 C。

二、材料分析题(答案要点)

30. 崔老师开放民主的教育理念虽然值得借鉴，但他的做法不符合素质教育观的相关要求。具体分析如下：

(1)素质教育强调教师应面向全体学生。素质教育倡导人人有受教育的权利，强调在教育中每个人都得到发展，而不是只注重一部分人，更不是只注重少数人的发展。材料中崔老师喜欢找学习好的学生进行谈话，而对于成绩不太好的学生却不加干预，说明崔老师只注重个别学生的发展，违背了素质教育面向全体学生的要求。

(2)素质教育应促进学生的全面发展。素质教育倡导的是在教育中使每个学生都得到充分的、全面的发展。实施素质教育必须坚持德育、智育、体育、美育和劳动技术教育并举，促进学生生动活泼地发展。材料中崔老师对偏科的学生以及不喜欢体育锻炼的学生过分“宽容”，不利于学生综合素质的提高，违背了素质教育促进学生全面发展的要求。

(3)素质教育应促进学生个性发展。每个人由于先天禀赋、环境影响、接受教育的内化过程等方面存在诸多差异，因此要求教师对学生进行差异性教育，做好因势利导，因材施教。材料中崔老师虽然意识到学生之间存在差异，但并没有针对学生的差异进行针对性教学，过于消极，没有促进学生的个性发展。

综上所述，崔老师没有正确落实素质教育观，没能促进全体学生的全面发展和个性发展，作为老师我们应引以为戒。

31. 材料中，毕老师一开始的做法是不当的，经过反思后的做法符合教师职业道德的要求，我们应辩证地看待毕老师反思前后的做法。

(1)为人师表的师德规范要求教师严于律己，以身作则，衣着得体，语言规范，举止文明。材料中毕老师因生气便使劲把教材往地上一摔，继而大声训斥孙涛，收到孙涛的辞职信后，又当众宣布罢免孙涛的职务，这一连串的行为都容易给学生带来消极影响，违背了为人师表的师德规范。

(2)教书育人的师德规范要求教师遵循教育规律，实施素质教育，循循善诱，诲人不倦，因材施教。材料中，毕老师反思之后，心平气和地与孙涛交谈，引导他正确看待学习和班级工作之间的关系，让他明白只要努力就一定能同时搞好学习和班级工作，符合教书育人的师德规范。

(3)爱岗敬业的师德规范要求教师对工作高度负责，不得敷衍塞责。材料中毕老师在反思之前遇到了问题就把责任推卸到孙涛身上，违背了爱岗敬业的师德规范。在反思之后，毕老师认识到自己行为的不妥当，主动找孙涛道歉并进行长谈，最终顺利解决了问题。

(4)关爱学生的师德规范要求教师关心爱护全体学生，尊重学生人格，平等公正对待学生；对学生严慈相济，做学生的良师益友。材料中毕老师刚开始严厉斥责孙涛，没有做到严慈相济，违背了关爱学生的师德规范。经过反思之后，毕老师找孙涛长谈，一起分析问题所在，最终共同解决了问题。

综上所述，作为教师我们应该正确践行职业道德规范，做一名合格的教师。

32. (1)“思想质量上的差强人意”可以从以下几个方面来分析：首先，物质价值的创造与拥有在相当大的程度上压倒了精神价值的创造与实现。其次，功利主义的价值观占据了主流，物质价值和精神价值直接的关系已经失衡，我们当下生活所出现的问题并不在现象与问题本身，而在于意义与价值出现了偏差。最后，宣泄式、怨怼式甚至破坏式写作成为潮流。

(2)不足在于：①思想上差强人意，功利主义占据主流，精神价值被物质价值所压倒，两者失衡。②地方与无名或隐名写作，还不能担起将自身转化成社会建设路径的重任。③地方与无名或隐名写作对理想与价值的探讨或肯定仍存在不足，且缺少守护传统价值以及提出新价值观的力量。

作者期望的地方性写作理想状态：①地方性写作发展状态应该具有自我调节和自我修复功能。②地方性写作应该是动态平衡的，一方面与社会生活实践及价值的变化相结合，另一方面也要融合伦理和历史。③社会应对地方性写作报以宽容鼓励的态度，促进地方性写作的蓬勃和发展。

三、写作题

33. 【写作思路】

根据材料内容，人们对“抢红包”现象大致有三类看法：(1)对红包持支持态度，认为值得发扬。这是从赞同新科技、新事物的角度来说的，新事物既然出现并能生存下去就一定有其存在的理由及空间，科技的发展也一定会改变传统的观念，红包不妨看作是继电话拜年、短信拜年后的又一发展。它同样能传递人与人之间的情感。(2)对红包持反对态度，认为这种“认钱不认情”的行为会让感情更加疏远，对社会风气也是不好的引导，故应予以摒弃。(3)第三种态度是辩证看待“红包”。“红包”形式新颖，老少同乐，但在玩的同时应注意度的把握，不可盲目沉浸其中，甚至陷入金钱的牢笼。它可以成为亲情的润滑剂，但应注意恰当的时间和场合。

【参考范文】

守护本心

“抢红包”似乎已经成为重要的社交手段以及潮流，不管是同事交流，还是亲朋相聚，动动手指，点点红包，就能让气氛热烈起来。但是，在这潮流之中，我宁愿骄傲着落伍，守护本心。

总有那么一些人守护着心灵的净土。诸葛亮坚守着“非淡泊无以明志，非宁静无以致远”的人生信条；陶渊明证明了“不为五斗米折腰”的傲然正气；林清玄保持着“身如浮木，心有沉香”的深沉之心。而现在，时代在飞速进步，人心却日渐浮躁。传统的交际转移到虚拟的网络世界，而红包，变成了简单的氛围道具，在抢与被抢的过程中，丢失了其背后的深厚传统内涵。

红包满天，趋之若鹜者与日俱增，似乎不发红包便是不近人情，不解世道。可是这样真的有用吗？逢年过节本就因手机娱乐而相距甚远的亲情，再一次被这火热的“红包革命”推向更远的角落，愈演愈烈的网络亲情似乎已经便捷到足不出户便可维系保持，可是，当你划开屏幕接收那一份份鲜红的数据时，是否有小时候双手接过长辈红包时的那种欣喜若狂？是否有在枕下藏了一夜，第二天迫不及待拆开红包的那份小心珍藏？

某公司日前发布了一项研究报告，表明人们的平均注意力时间由20秒降低到10秒，而这只花了50年，新兴事物带来了巨大的便利，同时也给予人们很大的伤害，新的文化未必都是好的，过于追求新鲜事物，会让自己处于危险之中。而传统文化，与之相比更显出了优越之处。经过几千年的沉淀与凝聚，传统文化已经成为一个民族取之不尽，用之不竭的伟大精神动力。

酒中陈酿最为甘醇，文化也如此。信息爆炸的时代，人们追求更快更迅捷，却全然不顾那些本应该慢下来的事物，如果说中国的发展是建设一座大楼，那传统就是地基，没有坚实的地基，楼房建得越高就越危险。所以，放下手机，放下抢红包的手指，好好品味我们的传统，去发现他们的朴实和高贵。

网络世界毕竟是虚拟的，真实可感的现实世界才是最动人的。暮春之落英，暖夏之素莲，深秋之红叶，严冬之飞雪，天天蜷缩在狭小居室中"抢红包"的你，多久没有身处自然之中感受四季的变换，多久没有站在日光之下倾听清风的细语了？为了手机上几分几毛的单调数字，那么多人竟然放弃了无穷无尽的自然之美，若是心系自然的古人知道了，也会唏嘘不已吧。

因此，别让红包"抢"走你欣赏自然的眼睛。"抢红包"只是这个信息时代的一段剪影。这个时代里，有太多东西混淆人们的视听，扰乱人们的心绪，只有珍惜时光，坚守本心，心向自然，才能留住真情，留住自我，留住红包内涵里传统的福韵。

2019 年下半年中小学教师资格考试真题试卷(三)

一、单项选择题

1. B 【解析】本题考查素质教育的内容。素质教育是对各级各类学校提出的要求，实施素质教育应当贯穿于幼儿教育、中小学教育、职业教育、成人教育、高等教育等各级各类教育，不仅仅适用于基础教育，故 B 选项是错误的。

2. C 【解析】本题考查教师职业的劳动特点。教师劳动的复杂性包括劳动对象的复杂性，教师的劳动对象是千差万别的人。教师不仅要经常在同一个时空条件下，面对全体学生，实施统一的课程计划、课程标准，还要根据每个学生的实际情况因材施教。题干中吴老师的话主要说明了学生的差异性，也就是教师劳动对象的差异性，进而体现了教师劳动的复杂性。

3. A 【解析】本题考查教师专业发展的途径。校本研修是基于校级研修活动的制度化规范，是在学校、教师自我反思的基础上，在教师发展共同体的相互作用下，进而在教育专家的指导与专业引领下，由学校自行设计与策划，并具体安排实施的一系列、分阶段、有层次的教师教育(包括教师培养、教师培训、教师进修、教师终身学习及教师继续教育)与教育研究(包括教学研究及常规教研、教育科研)。依据题干所述，在每周五，校内老师们定期会针对学校教学问题进行研讨与反思，并且会向校外大学教授、名师请教，这符合校本研修的内涵。

4. A 【解析】本题考查教育公正与中学生的共同发展。教育公正要求所有学生都能获得同样的教育机会，题干中学校将学习成绩好的学生单独编班，并组织优质师资对这个班进行重点辅导，这种做法违背了教育公平。

5. C 【解析】本题考查《中华人民共和国宪法》的相关知识。根据《中华人民共和国宪法》第一百二十五条规定：中华人民共和国国家监察委员会是最高监察机关。国家监察委员会领导地方各级监察委员会的工作，上级监察委员会领导下级监察委员会的工作。

6. D 【解析】学校管理中信息公开和隐私权的保护是目前还在探讨的问题，一般认为(1)当学生的隐私涉及学校教育管理公共利益时，学校的管理权具有优先性。(2)当学生的隐私与学校教育管理公共利益无关时，法律应特别保护学生的隐私权。题干中张某严重违反校纪被给予留校察看处分，根据相关学籍管理办法，可以由学校批准公布。综合考虑，该题选 D。

7. D 【解析】本题考查《中华人民共和国预防未成年人犯罪法》。《中华人民共和国预防未成年人犯罪法》第四十五条规定：对于审判的时候被告人不满十八周岁的刑事案件，不公开审理。故 D 项正确。教师不得体罚学生，A 项错误；学校不得开除未成年学生，B 项错误；父母或者其他监护人不得使接受义务教育的未成年人辍学，C 项错误。

   备注：本题解析采用的是 2012 年修订的《中华人民共和国预防未成年人犯罪法》，2021 年 6 月 1 日起施行的《中华人民共和国预防未成年人犯罪法》删除了与本题相关的法条，本题答案以 2012 修订的版本为准。

   考生在之后的考试中遇到"未成年人案件中的个人信息保护"的考题时，可参考 2020 年修订的《中华人民共和国未成年人保护法》第一百零三条规定，公安机关、人民检察院、人民法院、司法行政部门以及其他组织和个人不得披露有关案件中未成年人的姓名、影像、住所、就读学校以及其他可能识别出其身份的信息，但查找失踪、被拐卖未成年人等情形除外。

   易错提示：本题错误的原因可能是考生未认真审题。题干要求选择"没有违反相关法律规定的"，根据法条内容可知，教师罚站、学校开除义务教育阶段学生、强迫未成年学生辍学都违反了相关法律规定，本题是选非题，答案应当是 D 项。考生在做单选题时，一定要逐字阅读题干，标画出重点字眼，避免因审题不认真而失分。

8. C 【解析】本题考查《中华人民共和国未成年人保护法》。根据《中华人民共和国未成年人保护法》第二十五条规定：依法设置专门学校的地方人民政府应当保障专门学校的办学条件，教育行政部门应当加强对专门学校的管理和指导，有关部门应当给予协助和配合。

   备注：本题解析采用的是 2012 年修订的《中华人民共和国未成年人保护法》，2020 年修订的《中华人民共和国未成年人保护法》删除了与本题相关的法条，本题答案以 2012 修订的版本为准。

9. B 【解析】本题考查《中华人民共和国义务教育法》。根据《中华人民共和国义务教育法》第二十九条规定：教师在教育教学中应当平等对待学生，关注学生的个体差异，因材施教，促进学生的充分发展。教师应当尊重学生的人格，不得歧视学生，不得对学生实施体罚、变相体罚或者其他侮辱人格尊严的行为，不得侵犯学生合法权益。对于犯错的学生，教师不得歧视，应公平对待，一视同仁。因此，题干中班主任歧视犯过错误的熊某，且不让他参加班级活动的做法是不正确的。

10. B 【解析】本题考查《学生伤害事故处理办法》。《学生伤害事故处理办法》第二十八条规定：未成年学生对学生伤害事故负有责任的，由其监护人依法承担相应的赔偿责任。该事故发生在放学后，付某是过错方，因为其是未成年人，因此应由其监护人承担赔偿责任，与学校、餐馆无关。

11. C 【解析】本题考查《中华人民共和国未成年人保护法》。根据《中华人民共和国未成年人保护法》第五十八条规定：对未成年人犯罪案件，新闻报道、影视节目、公开出版物、网络等不得披露该未成年人的姓名、住所、照片、图像以及可能推断出该未成年人的资料。该电视台的行为侵犯了蒋某的隐私权。

备注:《中华人民共和国未成年人保护法》(2020 年修订)第一百零三条规定,公安机关、人民检察院、人民法院、司法行政部门以及其他组织和个人不得披露有关案件中未成年人的姓名、影像、住所、就读学校以及其他可能识别出其身份的信息,但查找失踪、被拐卖未成年人等情形除外。

考生在之后的考试中遇到此类型的试题时,需以 2020 年修订的《中华人民共和国未成年人保护法》中的相关规定为准。

12. B 【**解析**】本题考查《中华人民共和国预防未成年人犯罪法》。根据《中华人民共和国预防未成年人犯罪法》第三十五条规定:对未成年人实施本法规定的严重不良行为的,应当及时予以制止。对有本法规定严重不良行为的未成年人,其父母或者其他监护人和学校应当相互配合,采取措施严加管教,也可以送工读学校进行矫治和接受教育。对未成年人送工读学校进行矫治和接受教育,应当由其父母或者其他监护人,或者原所在学校提出申请,经教育行政部门批准。张某只有 13 岁,虽实施抢劫,但不承担刑事责任,不留案底,不进入学生档案,学校也不能将其开除。对此,可送工读学校进行矫治,故 B 项正确。

备注:《中华人民共和国预防未成年人犯罪法》(2020 年修订)第四十三条规定,对有严重不良行为的未成年人,未成年人的父母或者其他监护人、所在学校无力管教或者管教无效的,可以向教育行政部门提出申请,经专门教育指导委员会评估同意后,由教育行政部门决定送入专门学校接受专门教育。

考生在之后的考试中遇到此类型的试题时,需以 2020 年修订的《中华人民共和国预防未成年人犯罪法》中的相关规定为准。

13. D 【**解析**】本题考查现代教师角色的转变。从教师与学生的关系看,教师是学生学习的促进者。其中包括教师是学生人生的引路人,这要求教师不仅要向学生传播知识,更要引导学生沿着正确的道路前进,并不断在他们成长的道路上设置不同的路标,成为学生健康心理和健康品德形成的促进者、催化剂,引导学生学会自我调适、自我选择,引导学生向更高的目标前进。题干中,班主任孙老师在班会上对大操大办生日会的风气进行了批评,要求厉行节俭。这属于班主任老师对学生品行的引导。

14. B 【**解析**】本题考查《中小学教师职业道德规范》(2008 年)的主要内容。终身学习要求教师要崇尚科学精神,树立终身学习理念,拓宽知识视野,更新知识结构;潜心钻研业务,勇于探索创新,不断提高专业素养和教育教学水平。题干中王老师在教学中总是尝试新的教学方法,体现了终身学习的理念。“学而不已,阖棺乃止”比喻学习没有止境,到进入棺材那一刻才终止。这句话是孔子所说,但出自西汉学者韩婴的《韩诗外传》,符合终身学习的理念。“吾生也有涯,而知也无涯”出自《庄子》;“古人于为学,终生与之俱”出自清代梁启超的五言诗;“朝闻道,夕死可矣”出自《论语》,意思是早晨能够得知真理,即使当晚死去,也没有遗憾。这些都与终身学习不相符。

15. D 【**解析**】本题考查《中小学班主任工作规定》中班主任待遇与权利的相关内容。班主任在日常教育教学管理中,有采取适当方式对学生进行批评教育的权利。面对学生在教室乱扔废纸的问题,教师应该对学生进行批评教育,督促学生养成好习惯。

16. A 【**解析**】本题考查教师与同事的关系以及素质教育的内涵。素质教育要求促进学生的全面发展,不可忽视孩子的兴趣和个性。处理教师与同事之间的关系要求教师之间要做到:互相尊重,切忌嫉妒;相互学习,取长补短;平等相待,不卑不亢;乐于助人,关心同事。面对题干所述的情况,田老师应该努力取得同事的支持,继续指导学生活动。

17. A 【**解析**】本题考查天文常识。地球自转可产生昼夜变化,而四季的变化、日食、月食都是由地球公转而产生的。故该题选 A。

18. A 【**解析**】本题考查新中国的航空航天成就。北斗卫星导航系统已广泛应用于交通运输、海洋渔业、水文监测、气象预报、测绘地理信息、森林防火、通信时统、电力调度、救灾减灾、应急搜救等领域,逐步渗透到人类社会生产和人们生活的方方面面,为全球经济和社会发展注入新的活力。故 A 项错误。

19. C 【**解析**】本题考查世界近代史的地理大发现。罗阿尔德·阿蒙森是 19 世纪挪威的极地探险家,他在探险史上获得了两个“第一”:第一个航行于西北航道,第一个到达南极点。他不属于 15 世纪到 17 世纪地理大发现时期的航海家。1487 年,迪亚士带领船队航行至非洲大陆最南端并发现好望角;1492 年,哥伦布航抵“美洲”,开辟了欧美航线;1498 年,达·伽马开辟自西欧绕过非洲南端直达印度的航路;1519—1522 年麦哲伦船队首次完成环球航行。

20. B 【**解析**】本题考查外国文学。《老人与海》是美国作家海明威的作品。A、C、D 项均是马可·吐温的作品。

21. D 【**解析**】本题考查先秦文学。屈原是“楚辞”的创立者和代表人物,其作品有《天问》《九歌》等。其中《湘夫人》出自《九歌》。

A 选项,《九辩》是中国古代浪漫主义诗集《楚辞》中的一首感情深挚的长篇抒情诗,为战国时期楚国人宋玉所作。B、C 选项,《风赋》和《高唐赋》收录在《文选》中,一般认为属宋玉之作。宋玉是赋的开创性作家,传世数篇,描写细腻,构思新颖,句式富有变化,在赋史上均有深远影响。

22. A 【**解析**】本题考查《世界记忆遗产名录》的内容。《世界记忆遗产名录》收编的是符合世界意义入选标准的文献遗产,是世界记忆工程的主要名录。

23. D 【**解析**】本题考查秦朝的内容。题干中强调秦始皇统一度量衡，度指长度，量指体积，衡指重量。秦半两钱表示货币；秦铜马车是出土于秦始皇陵墓的历史文物；阳陵虎符是调动军队的兵符；商鞅方升又称商鞅量，是秦国制造的标准量器。所以本题选 D。

24. C 【解析】本题考查古罗马的内容。君主立宪是在保留君主制的前提下，通过立宪，树立人民主权、限制君主权力、实现事务上的共和主义理想，但不采用共和政体。世界上最早的君主立宪制国家是英国。

25. C 【解析】本题考查数学常识。标准差系数越小，代表性越强。故该题选 C。

26. B 【解析】本题考查 Word 的基本操作。在 Word 的编辑状态下，选择整个表格后，执行"删除行"命令，整个表格都会被删除。

27. D 【解析】本题考查 Excel 中的函数。RANK 函数用于排序，若要在单元格 F2 中求出 6 名学生的总成绩排名，输入的公式应为 = RANK（E2，＄E＄2：＄E＄7）。其中 E2 表示总成绩，使用相对地址引用，代表的是要排序的数；＄E＄2：＄E＄7 表示的是整个总成绩所在的区域，使用绝对地址引用。

28. D 【解析】本题考查概念间关系。概念间关系即集合关系，主要有全同关系、包含关系、交叉关系和全异关系四种。"教授"和"科学家"是交叉关系，所有选项中，只有 D 项是交叉关系，其余三项都是全异关系。

29. B 【解析】本题考查数字推理。根据"1 = 4""2 = 8""3 = 24"可以看出规律是：从第二个等式开始，每一个等式的前一个数字乘以前一个等式的后一个数字，构成本等式的后一个数字，即 $4\times2=8$，$8\times3=24$，$24\times4=96$，所以 4 = 96。

方法技巧：在教师资格考试笔试中，数字推理是考查考生逻辑推理能力的一种常见考法。如果题干所给各项数字相差较大，考生可从积数列与积数列变式的角度入手寻找规律；各项数字相差较小时，可从和数列及其变式、等差数列的角度思考；或者从相邻两项的和、差、积、商着手。有时，数字推理题的运算还会涉及一个常数值的加减乘除。

二、材料分析题（答案要点）

30. 材料中，徐老师的行为体现了新课程倡导的教师观的要求。

(1) 从教师与学生的关系来看，新课程倡导教师要成为学生学习的促进者。这要求教师要充分尊重学生的主体地位，在教学中激发学生的学习动机，培养学生的自主学习能力和探究能力，激发学生的潜能。材料中徐老师设计了"课前五分钟"、自编课本剧、班级读书交流会等形式多样的教学环节，激发了学生学习的积极性，尊重了学生的主体地位，培养了学生多方面的能力，激发了学生的潜能，真正体现了教师要成为学生学习和发展的促进者的要求。

(2) 从教学与课程的关系看，新课程要求教师应该是课程的建设者和开发者。这就需要教师改变学科本位的观念和被动实施课程的做法，变"教教材"为"用教材教"，创造性地使用教材。材料中徐老师针对不同教学内容运用不同的教学方法，与时俱进，重视利用现代教育技术手段，不断变换教学思路寻找新的切入口，玩转课堂，让自己的课程更加丰富多彩，符合建设者和开发者的要求。

(3) 在对待自我上，新课程强调反思。这就需要教师不断地对自己的教育教学工作进行反思，在教学前、教学中、教学后进行反思。材料中徐老师坚持每天梳理课堂，形成了二十多万字的教学日志，正是对教学深入研究、对自己不断反思的体现。

(4) 在对待与其他教育者的关系上，新课程强调合作。不同学段、不同学科之间的老师要相互配合，齐心协力地培养学生。材料中徐老师分享经验时说要舍得"折腾"自己，自己二十万多字的教学日志也提供给学校当作校本培训的资料，促进交流，共同进步，正是团结合作的体现。

材料中徐老师的做法是合理的，符合新课程倡导的教师观要求，值得其他老师借鉴。

31. 材料中"我"的教育行为符合教师职业道德的相关要求，是值得肯定的。

(1) 材料中老师的教育行为体现了关爱学生。关爱学生要求教师做到关心爱护全体学生，尊重学生人格，平等公正对待学生。材料中老师帮助晓义改变现状，让他担任体育委员，并在有家长反对时表示会对所有学生负责，体现了关爱学生。

(2) 材料中老师的教育行为体现了教书育人。教书育人要求教师在工作中循循善诱，诲人不倦，因材施教。培养学生良好品行，激发学生创新精神，促进学生全面发展，不以分数作为评价学生的唯一标准。材料中老师不仅看到晓义的缺点还看到了他的优点，让精力充沛的他当体育委员，体现了教书育人。

(3) 材料中老师的教育行为体现了爱岗敬业。爱岗敬业要求教师要甘为人梯，乐于奉献，对工作高度负责，不得敷衍塞责。材料中老师面对调皮捣蛋的晓义不仅进行家访，了解学生情况，三年内还经常与其谈话，与家长沟通，体现了爱岗敬业。

(4) 材料中老师的教育行为体现了为人师表。为人师表要求教师关心集体，团结协作，尊重同事，尊重家长。材料中老师在对晓义的教育过程中对其进行了多次家访，积极与家长进行沟通交流，体现了为人师表。

综上所述，我们应该学习材料中该老师的教育行为，促进学生全面发展。

32. (1) ①放翁这两句诗，对得很工整，其实则只是字面上的堆砌，而背后没有人。②此诗背后原是有一人，但这人却教什么人来当都可，因此人并不见有特殊的意境与特殊的情趣，诗就是死而滞的了。

(2) "雨中山果落，灯下草虫鸣"体现了王维"不著一字，尽得风流"的作诗境界。

①"落"和"鸣"这两个字中透露出天地自然界的生命气息来。这声音和景物都跑到这屋里人的视听感觉中，使其顿感山果草虫的生命，而同时又感到夜雨的凄凉。②作诗人所感觉的没讲出来，这是一种意境。而妙在他不讲，他只把这

一外境放在前边给你看,好让读者自己去领略。③读者读了这两句诗,在自己心上,也感觉出了在这两句诗中所含的意义。这是一种设身处地之体悟。亦即所谓欣赏。④摩诘诗之妙,妙在他对宇宙人生抱有一番看法,他虽没有写出来,但此情此景,却已尽在纸上,这是作诗的很高境界,也可说摩诘是由学禅而参悟到此境。

方法技巧:教师资格考试笔试考查考生阅读理解能力时,主要是从"理解关键词语或句子""筛选整合信息""归纳概括观点或内容要点"等几个角度提问,考生注意掌握答题技巧。

对于"理解关键词语或句子"的问题,考生要审清题干要求,找到题干所给概念或句子在文段中的位置,然后联系上下文进行分析。

需要"筛选整合信息"作答的问题一般出现在第二问,难度较大,考生需要依据题干表述找到阅读材料中的相关文段,对文段进行精读,标出关键词句,然后对所找信息进行加工提炼,组织好语言作答。

"归纳概括观点或内容要点"的问题通常较为简单,考生需要找到相关文段中的核心语句,阅读中注意关联词,段首、段尾的句子,段落中具有承上启下、总结、点题等作用的句子。

三、写作题

33.【写作思路】从题干可知这是一篇材料作文,考生要能从材料中提炼出自己的观点。本题的立意点有三个。第一,司机在遵守公司制度的前提下,热心帮助老人,可就"规则与情理"立意。第二,根据司机在面对无故指责时,依然遵守公司制度,可从"遵守规则"立意。第三,从乘客一味指责司机的做法,却没有真正帮助老人解决实际问题这一角度,可以立意为"己所不欲,勿施于人"。

【参考范文】

规则

没有规矩不成方圆。偌大的世界若没有规则,何来和平与发展?何谈安居与乐业?何谈健康与快乐?"规则"好比是方向盘,方向盘虽然限制了车轮,但却保证了车轮正确的前进方向,规则对我们自身也是如此。但有时候,如果方向盘转向了错误的方向,我们也可以通过正确的方法纠正。规则并不是我们生活中的掣肘,而是帮助我们创造美好生活的辅助。

面对正确的规则我们应该坚决捍卫,让规则成为我们健康生活的保障。

拜伦曾说:"如果人人都只为自己的生活去生活,那么这个世界将会冷却下来;如果一个人只纠缠于自己的私欲,那么世界就只会凝结成冰,充斥着冷漠,哪里会有未来呢?"是啊,生活中人们不光要扼杀自己的私心,还要尊重规则。我国自古以来都是一个崇尚法制的国家,依法治国基本方略的提出,使纷纷扰扰的社会变得井然有序。这难道不足以证明规则是给予我们一个赖以生活,维护自己权利的法宝吗?

有一则寓言讲述了这样一个故事:有一位骑师,训练了一匹十分温顺的好马。他想,给这样的好马加上缰绳是多余的,于是有一天骑马外出,就解掉了缰绳。马儿在原野上自由自在地奔跑,跑得越来越快。骑师无法控制,也不能重新给马儿拴上缰绳,最后竟被摔下了马背。马也冲下了幽深的山谷,摔得粉身碎骨。这则寓言告诉我们有时候规则是对我们的保护而不是限制。在现实的学习生活中,学生都渴望得到自由,希望无拘无束地生活、学习,而不是被学校、老师重重包围,禁锢在一隅之地。但是大家想一想,如果我们只要自由,不要规则,我们会不会最终像这匹好马一样,落得一个凄惨的下场。

和许多行为习惯一样,规则意识的培养不是一朝一夕的事,教师在教学过程中要保持一定的耐心,在各种生活情境中让学生了解规则,明确自己的行为。现今由于很多学校都实行住宿制,学校几乎成了学生的第二个家,因此有些学生便不顾室友的感受在寝室养宠物,他们也许是不知道学校的规则,也许是无视学校规则。这时候作为一名教师应该给予学生正确的引导,让学生明白规则的重要性,以及他的行为会给学校、学生带来的影响。

当然,如果有的规则成为生活的掣肘,我们也可以适当改变,让我们的生活更加精彩。爱迪生有一次将一个形状很不规则的灯泡交给一位平日里非常恃才自傲的研究人员,请他准确地算出灯泡的容积。那人随手接过灯泡轻飘飘地说:"太简单了。"两个小时过后,爱迪生来问他答案,只见他桌子上到处是公式,但算了半天却还没有一个结果。爱迪生就拿起一杯水倒满灯泡,然后将灯泡里的水倒入量杯中,灯泡的容积就被轻而易举地测量了出来……这个事例中,爱迪生打破了规则,放弃了几何这一愚蠢的办法,才得以求出这个问题的答案。

规则固然是重要的,但有时候我们也要根据实际情况适当改变规则。

2019年上半年中小学教师资格考试真题试卷(四)

一、单项选择题

1. A 【解析】本题考查素质教育的内涵。题目中校长把素质教育简单地当成是各式各样的课外活动,对素质教育的理解太片面。素质教育是促进学生全面发展的教育,实施素质教育必须坚持"五育"并举,促进学生生动活泼地发展。因此,素质教育不等于课外活动。

2. B 【解析】本题考查素质教育的内涵。素质教育是面向全体学生的教育,应使每一位学生都得到发展。题目中的老师并没有因为陈涛总是不会还爱举手回答问题就训斥他,而是在课后积极帮助、鼓励他,说明老师不想放弃任何一位学生。

3. B 【解析】本题考查环境对人的影响。气质是一种稳定的心理特征,不易受环境影响。

4. D 【解析】本题考查教师专业发展的阶段。处于"关注学生阶段"的教师将考虑学生的个别差异,认识到不同发展水平的学生有不同的需要,某些教学材料和方式不一定适合所有学生。题干中张老师经常考虑的问题的关注点都在学生身上,其所处的教师专业发展阶段是关注学生阶段。

5. D 【解析】本题考查《中华人民共和国宪法》的相关内容。根据《中华人民共和国宪法》第一条规定,中华人民共和国是工人阶级领导的、以工农联盟为基础的人民民主专政的社会主义国家。社会主义制度是中华人民共和国的根本制度。中国共产党领导是中国特色社会主义最本质的特征。禁止任何组织或者个人破坏社会主义制度。

6. B 【解析】本题考查《中华人民共和国教育法》。根据《中华人民共和国教育法》第三十条规定,学校及其他教育机构应当履行下列义务:(1)遵守法律、法规;(2)贯彻国家的教育方针,执行国家教育教学标准,保证教育教学质量;(3)维护受教育者、教师及其他职工的合法权益;(4)以适当方式为受教育者及其监护人了解受教育者的学业成绩及其他有关情况提供便利;(5)遵照国家有关规定收取费用并公开收费项目;(6)依法接受监督。题干中该初中未向社会公开收费项目的做法是不合法的。

7. D 【解析】本题考查教师的职业义务。提高自身的业务水平是《中华人民共和国教师法》对教师提出的一条要求,题干中黄某拒绝参加教师培训活动的做法是不正确的,不利于自身业务水平的提高。

8. A 【解析】本题考查《中华人民共和国义务教育法》。根据《中华人民共和国义务教育法》第二十四条规定,学校不得聘用曾经因故意犯罪被依法剥夺政治权利或者其他不适合从事义务教育工作的人担任工作人员。故题干中的陈某不能被学校聘用。

9. B 【解析】本题考查《中华人民共和国预防未成年人犯罪法》。根据《中华人民共和国预防未成年人犯罪法》第三十五条规定,对未成年人送工读学校进行矫治和接受教育,应当由其父母或者其他监护人,或者原所在学校提出申请,经教育行政部门批准。

备注:《中华人民共和国预防未成年人犯罪法》(2020年修订)第四十三条规定,对有严重不良行为的未成年人,未成年人的父母或者其他监护人、所在学校无力管教或者管教无效的,可以向教育行政部门提出申请,经专门教育指导委员会评估同意后,由教育行政部门决定送入专门学校接受专门教育。

考生在之后的考试中遇到此类型的试题时,需以2020年修订的《中华人民共和国预防未成年人犯罪法》中的相关规定为准。

10. D 【解析】本题考查《中华人民共和国预防未成年人犯罪法》。根据《中华人民共和国预防未成年人犯罪法》第四十四条规定,对于被采取刑事强制措施的未成年学生,在人民法院的判决生效以前,不得取消其学籍。

备注:本题解析采用的是2012年修订的《中华人民共和国未成年人保护法》,2020年修订的《中华人民共和国未成年人保护法》删除了与本题相关的法条,本题答案以2012修订的版本为准。

11. C 【解析】本题考查《学生伤害事故处理办法》。根据《学生伤害事故处理办法》第九条规定,学校组织学生参加教育教学活动或者校外活动,未对学生进行相应的安全教育,并未在可预见的范围内采取必要的安全措施的,学校应当依法承担相应的责任。第二十三条规定,对发生学生伤害事故负有责任的组织或者个人,应当按照法律法规的有关规定,承担相应的损害赔偿责任。题干所述学生伤害事故中,学校有一定的过错,有过错的学校应当依法承担相应的责任。所以,学校应当对林某依法赔偿损失。

方法技巧:学生伤害事故中责任的划分是教师资格笔试的常考点也是难点,考生注意仔细阅读题干,分清不同情况下谁应当承担责任。

事故担责情况	参考条文	
学校负责	《学生伤害事故处理办法》第9条	
学校不负责	学校职责范围内,但学校不知情或已尽相应职责,行为并无不当	《学生伤害事故处理办法》第12条
	非职责范围	《学生伤害事故处理办法》第13条
学生或未成年学生监护人负责	《学生伤害事故处理办法》第10条	
致害人负责	《学生伤害事故处理办法》第14条	

12. C 【解析】本题考查《中华人民共和国教育法》。根据《中华人民共和国教育法》第三十一条规定,学校及其他教育机构的校长或者主要行政负责人必须由具有中华人民共和国国籍、在中国境内定居、并具备国家规定任职条件的公民担任,其任免按照国家有关规定办理。所以,不具备中国国籍的外籍人士不能担任该学校的校长,该学校的做法是错误的。

方法技巧:学校及其他教育机构的校长或者主要行政负责人必须由具有中华人民共和国国籍、在中国境内定居、并具备国家规定任职条件的公民担任,其任免按照国家有关规定办理。考生需注意,以上三项条件必须同时具备才有资格担任校长或主要行政负责人。学校的教学及其他行政管理,由校长负责。

13. A 【解析】本题考查教师职业的劳动特点。教师的劳动是一种特殊的生产劳动,具有自身的特殊性,主要表现为教师劳动目的和任务的特殊性、教师劳动对象的特殊性、教师劳动工具的特殊性、教师劳动中人际关系的特殊性、教师劳动结果的特殊性等。题干中王老师发现学生抄袭了一道1分的试题,他没有简单地指责学生,而是通过打分使学生自己认识到错误,并主动改正错误。这一过程体现了教师劳动对象的特殊性、劳动任务的特殊性及劳动工具的特殊性。

14. A 【解析】本题考查《中小学教师职业道德规范》(1997 年)。廉洁从教要求教师坚守高尚情操,发扬奉献精神,自觉抵制社会不良风气影响。不利用职责之便谋取私利。具体表现为教师在整个从教生涯中都要坚持行廉操法的原则,不贪学生及家长的钱物,不贪占公共和他人的钱物,不染社会上出现的一些贪、贿、欲等恶习,始终以清廉纯洁的道德品行为学生和世人做出表率。考生需了解一点:在不影响本职工作的前提下,教师是可以兼职的。故 B、C、D 均属于廉洁从教内容。而 A 选项“不在学生面前抱怨自己的薪酬”是强调教师语言的规范,属于为人师表的内容。

15. A 【解析】本题考查教师与学生家长的关系。家长与教师的关系是平等的,是互相协作的关系。题干中的方老师要求家长完全按照自己的方法教育孩子,没有尊重家长的意见,看似认真负责,实则是把自己应该做的都全盘托付给了家长,把家长当作自己的“助教”,这种做法是不可取的。

16. C 【解析】本题考查教师的教育机智。教师也有知识的盲点和缺陷,应该和学生一样做新知识的学习者与追求者。教师要真诚面对学生,不能也不必虚伪,这样才能赢得学生的信任和爱戴。题干中王老师遇到不会的字应该及时向同学请教,这样既能达到教学相长,也能赢得学生的尊重与爱戴。

17. B 【解析】本题考查生物常识。维生素 C 能抗坏血病,是广泛存在于新鲜的水果蔬菜及许多生物中的一种重要的维生素。叶酸是一种水溶性维生素,在蛋白质合成及细胞分裂与生长过程中具有重要作用,对正常红细胞的形成有促进作用。缺乏时可致红细胞中血红蛋白生成减少、细胞成熟受阻,导致巨幼红细胞性贫血。谷氨酸是一种酸性氨基酸,医学上主要用于治疗肝性昏迷,还用于改善儿童智力发育。维生素 B 族包括维生素 B1、B2、B6、B12、烟酸(维生素 PP)及叶酸。它们不是组成机体结构的物质,也不是供能物质,但参与体内辅酶的组成,调节物质代谢。有溶于水的特性,不能在体内合成,必须由食物提供,过剩则由尿排泄,不存储体内,故须每日供给,过量无毒性,若缺乏迅速出现临床症状。

18. B 【解析】本题考查数学成就。勾股定理是一个基本的几何定理,指直角三角形的两条直角边的平方和等于斜边的平方。中国古代数学家称直角三角形为勾股形,并且直角边中较短者为勾,另一长直角边为股,斜边为弦,所以称这个定理为勾股定理,也有人称商高定理。公元前六世纪希腊数学家毕达哥拉斯证明了勾股定理,因而西方人都习惯地称这个定理为毕达哥拉斯定理。

19. C 【解析】本题考查海上丝绸之路的内容。“福船”自 1974 年在福建泉州湾后渚港出土以来,一直保存在泉州海外交通史博物馆位于开元寺的古船陈列馆中。联合国教科文组织认定泉州为“海上丝绸之路”的起点,泉州宋船就是重要物证。这条古船是当之无愧的“海上丝路”见证者。

20. B 【解析】本题考查德意志帝国的建立。19 世纪六七十年代,在俾斯麦的领导下,普鲁士通过三次王朝战争完成了德国的统一大业。1871 年,德意志帝国建立。

21. D 【解析】本题考查上古神话。嫘祖是我们先祖女性中的杰出代表,在嫘祖的倡导下,人们开始了栽桑养蚕的历史,后人为了纪念嫘祖这一功绩,就将她尊称为“先蚕娘娘”“先蚕圣母”。

22. C 【解析】本题考查现当代文学。插图中描写了一位穿长衫的老人和一群孩子在酒馆门口,桌子上放着酒和豆子。而鲁迅小说《孔乙己》中的孔乙己便是“站着喝酒而穿长衫的唯一的人”,会教小孩子们认字和给他们分茴香豆吃。故插图中的形象为孔乙己。

23. A 【解析】本题考查历史常识。甲骨四堂是指中国近代四位研究甲骨文的著名学者:罗振玉(号雪堂)、王国维(号观堂)、郭沫若(字鼎堂)、董作宾(字彦堂)。

24. B 【解析】本题考查当代作曲家。《红楼梦》插曲《枉凝眉》《红豆曲》《葬花吟》等的曲作者是王立平。谭盾曾为武侠电影《卧虎藏龙》作曲配乐,并于 2001 年获得第 73 届奥斯卡金像奖最佳原创音乐奖。苏聪,旅德作曲家,代表作为《交响序曲》《李斯特钢琴幻想曲》,1987 年,应聘为影片《末代皇帝》其中一曲作曲,获第六十届奥斯卡最佳原作音乐奖。徐沛东是我国知名的作曲家,代表作有《我热恋的故乡》《苦乐年华》《大地飞歌》《爱我中华》等。

25. B 【解析】本题考查众数。众数是一组数据中出现次数最多的数值。观察题干中试题的得分分布可知,得分为 2 的频数 489 是所有频数中最大的,因此该试题得分的众数为 2。

26. D 【解析】本题考查 Word 的基本操作中文档的编辑。在“插入”选项卡下找到“符号”功能按钮,“符号”下拉菜单中点击“其他符号”,就可以找到题干中想要添加的特殊符号。

27. A 【解析】本题考查 Excel 工作界面中功能区各选项卡的内容。点击题干所述图标可实现在工作表中插入图表。

28. D 【解析】本题考查等比数列及其变式。前四个数字形成数列:101,169,305,577。该数列的后一项减去前一项的差形成新数列:68,136,272。在新数列中,后一项是前一项的 2 倍。则空缺处应该填入的数字为 $577+272\times2=1121$。

29. C 【解析】本题考查复合命题的推理。该题要求得出“只有本地人当经理,才能把企业搞好”的否命题,即否定“本地人当经理”,也可以得出“把企业搞好”。否定“本地人当经理”,也就是不由本地人当经理。故选 C。

二、材料分析题(答案要点)

30. 材料中李老师的做法是合理的,符合新课改背景下的教师观要求,值得我们借鉴,具体表现在:

(1)从教师角色转变的角度来看:

①从教师与学生的关系看,新课程要求教师应该是学生学习的促进者。材料中,李老师通过自己的做法影响学生,引导学生认识到如果自

己把学习计算机的热情和努力用在学习其他内容上也可以学得很好，激发了学生学习的积极性。

②从教学与研究的关系看，新课程要求教师应该是教育教学的研究者。材料中，李老师以教学札记的形式记录自己教学中遇到的实际问题和解决方法、时刻总结经验，最终取得了良好的效果。

(2)从教师行为转变的角度来看：

①在对待师生关系上，新课程强调尊重、赞赏。材料中，当学生在物理方面没有兴趣，经常不及格之时，李老师并没有否定学生，而是通过现身说法的形式给予学生肯定和鼓励。在引导和鼓励中充分体现着尊重和信任，并积极肯定学生在计算机方面的成就。

②在对待教学上，新课程强调帮助、引导。材料中，李老师引导学生让学生认识到他在计算机方面的成功，并且可以通过这样的方式在其他学科上也有进步，把这种进步变成学习各个学科的方式和方法。

③教师在对待自我上，新课程强调反思。材料中，李老师通过自己的不断反思和总结，积累经验。积累面对不同学生时应采取的教育方法。

综上所述，作为新时代的教育者，我们应该像李老师一样，不断地进行教师角色的转化，不断地引导学生、帮助学生，让学生在肯定和鼓励中不断体会到学习带来的快乐。

31. 材料中"我"的教育行为符合教师职业道德规范的相关要求，是值得肯定的。

(1)"爱岗敬业"的师德规范要求教师要"忠诚于人民教育事业，志存高远，勤恳敬业，甘为人梯，乐于奉献。对工作高度负责，认真备课上课，认真批改作业，认真辅导学生，不得敷衍塞责。"材料中教师对工作高度负责，在新生入学之初就注意引导他们适应新环境，说明他做到了爱岗敬业的师德要求。

(2)"关爱学生"的师德规范要求教师要"关心爱护全体学生，尊重学生人格，平等公正对待学生。对学生严慈相济，做学生的良师益友。"材料中教师为了让进入陌生新环境的初一新生尽快适应，采取了一系列措施，同时该教师还确立了班规，引导学生树立集体观念。这些都是关爱学生的体现。

(3)"教书育人"的师德规范要求教师要"遵循教育规律，实施素质教育。循循善诱，诲人不倦，因材施教。培养学生良好品行，激发学生创新精神，促进学生全面发展。"材料中教师注意引导学生树立集体观念，并设立了各种为班级服务的"志愿者"岗位，使每一位学生都成为班级"志愿者"，班级每一项工作都有"志愿者"在服务。这样有助于培养学生的良好品行，促进学生全面发展。这符合教书育人的师德要求。

(4)"为人师表"的师德规范要求教师要"关心集体，团结协作，尊重同事，尊重家长。"材料中教师在微信群里发起讨论和交流，耐心听取家长的意见等，做到了尊重家长，体现了为人师表的师德规范。

32. (1)"见解"指来自平时生活中人与人之间的交流，或者从各种小报、娱乐媒体上得到的"思想"。

后果：影响所谓的"思想"的形成；左右日常生活观念；看待事物的角度和高度，遵循的标准，不过是取自庸常的似是而非，对社会的判断，对文学艺术的判断，对人的判断，对时事的判断，对诸多问题的判断，不可能具备更高、更清晰的思维坐标。

(2)①需要最起码的阅读，这样可以知道世界之大、历史之长、思想之多。

②了解不同的文化，掌握知识与艺术理解能力，能真正提高认识能力，帮助深入理解文学作品。

③要学会反省，反省自己是否闭塞和懒惰，是否错过了一些了不起的思想与智慧。这样能够发现一些见解、主意、方法的真正内容，提高自己的精神水准。

三、写作题

33. **【写作思路】**从题干可知这是一篇材料作文，考生要能从材料中提炼出自己的观点。本题的最佳立意观点要从丹麦队员的身上找，可以从公平竞争、体育精神、输与赢、尊重等方面立意。此外，从伊朗队员身上也可以找到正确的立意观点，即做事要一心一意等。

【参考范文】

公平竞争，才能实现真正的双赢

有时候，有比"赢"更重要的事情，也有比赢更让人铭记的事情。就像材料中的丹麦队一样，"点球"本是他们得分的绝佳机会，但在主教练的授意下，丹麦队队长故意将点球踢飞。这一举动是对对手的尊重，是对自己尊严的维护，是对公平竞技的体育精神的追求。在场球迷的掌声不是为某队竞技的胜利而响起，而是为坚持公平竞争原则的丹麦队主教练和球员响起。这启示我们：坚持公平竞争，才能实现真正的双赢。

在个人的竞争中，坚持公平竞争，才能实现真正的双赢，才会形成良性循环。在我们学校，老师与老师之间，班主任与班主任之间，既存在着合作，也存在着竞争。尽管竞争激烈，但学校一直坚持着公平原则。会通过每次的段考期考，以学生的成绩衡量教师的教学水平和业绩，也会综合衡量学生各方面的能力水平，对每个教师进行排名比较，计算业绩。同时，学校还会定期开展"三课"活动——跟踪课，同课异构，示范课。这些活动旨在让教师之间互相学习，互相竞争，取长补短，在学习与竞争中共同进步，共同成长。在这种公平竞争的氛围中，教师的教学水平将会得到锻炼与提高，学生的成绩也会相应提高，自然，学校的竞争力和影响力也会水涨船高，各方面都实现了共赢！

在企业的竞争中，坚持公平竞争，才能实现真正的双赢。商场上的竞争无处不在，其实质是彼此实力的较量。不公平的竞争会拉大差距，激化矛盾，得不偿失，甚至造成两败俱伤。当年的"3Q 大战"就是个很好的例子。奇虎 360 与腾讯之间为了各自的利益互相攻击，竞争相当激烈，乃至违背了公平竞争原则，最后双方互诉三场，通过最高法院判决才分出胜负。这场战斗持续了三年多，双方损失巨大，就算赢了也是得不偿失。在企业的发展中，树立公平竞争意识，开展良性竞争，才能扬长避短，将精力放于优化自身、提升企业竞争力上，才能有真正的赢家。

在国家的竞争中，坚持公平，才能实现真正的双赢，才会形成良性循环。清代人何启认为："公与平者，即国之基址也。"近年来，中国正在向世界展现出一个蓬勃发展的大国形象。"公平竞争"的观念深深扎根于中国的土壤，并成为助力中国现代化发展的重要精神力量。"一带一路"的倡议，不但再现了古代丝绸之路的繁华景象，而且激活了"和平合作、互学互鉴、互利共赢"的丝路精神，使之焕发出新的生机。正因如此，中国的朋友圈才能不断扩大。相反，美国曾经发起的贸易战，不但违背了公平竞争原则，而且对本国企业的发展也是不利的。这是一种两败俱伤的做法，最终只会搬起石头砸自己的脚。

公平竞争，于个人、企业和国家的发展发挥着不可替代的作用。坚持公平竞争，方能使自己成为更好的自己，使企业在竞争不断发展壮大，形成良性循环，使国家在和平发展中造就共赢。

2018年下半年中小学教师资格考试真题试卷(五)

一、单项选择题

1. A 【解析】本题考查"以人为本"的学生观。个体身心发展具有个别差异性。李老师通过研究学生做作业过程中的一些现象并据此分析学生的心理变化，以此作为依据来给学生设计、布置、批改和反馈作业，做到了关注学生发展的差异性。

方法技巧：考生注意辨别区分不同规律的教育要求。

规律	教育要求
顺序性	遵循身心发展的客观规律，循序渐进施教，不能"揠苗助长"
阶段性	根据不同年龄阶段的特点有针对性地施教
不平衡性	抓住学生发展的关键期，适时而教
互补性	长善救失，扬长避短
个别差异性	因材施教

2. B 【解析】本题考查素质教育的内涵。素质教育是促进学生全面发展的教育，实施素质教育必须坚持德智体美劳全面发展，促进学生生动活泼地发展。图中该生的心理测验成绩不及格，但由于其学习成绩优异，仍把他当作优秀学生对待，只重智育，忽视心理健康的教育，这不利于学生的全面发展。

3. A 【解析】本题考查教师观的内容。题干中桂老师对朱松说的话属于发展性评价和激励性评价，有利于激发朱松的学习动力，故选择A项。

4. D 【解析】本题考查新课程倡导的教师观。王老师为了提高教学水平，有向其他老师学习的意识，说明他具备诚恳学习的态度，但是他提高自己的方式是完全模仿李老师，说明他缺乏反思意识、忽视了学生的差异性、缺乏教学创新。

5. B 【解析】本题考查《中华人民共和国教育法》。根据《中华人民共和国教育法》第七十六条规定，学校或者其他教育机构违反国家有关规定招收学生的，由教育行政部门或者其他有关行政部门责令退回招收的学生，退还所收费用；对学校、其他教育机构给予警告，可以处违法所得五倍以下罚款；情节严重的，责令停止相关招生资格一年以上三年以下，直至撤销招生资格、吊销办学许可证；对直接负责的主管人员和其他直接责任人员，依法给予处分；构成犯罪的，依法追究刑事责任。题干要求选择的是可对学校采取的措施，故B项符合题意。

方法技巧：本题在教师资格考试中的命题率较高，考生在做题时可通过以下方法进行记忆：

人员	处理办法
违法招收的学生	责令退回，退还所有费用
违法招收学生的学校、其他教育机构	给予警告，可以处违法所得五倍以下罚款；情节严重的，责令停止相关招生资格一年以上三年以下，直至撤销招生资格、吊销办学许可证
直接负责的主管人员和其他直接责任人员	依法给予处分；构成犯罪的，依法追究刑事责任

6. A 【解析】本题考查教师的职业权利。教师具有获取报酬待遇权，获取报酬待遇权即按时获取工资报酬，享受国家规定的福利待遇以及寒暑假期的带薪休假的权利。这是教师的基本物质保障权利。产假是国家规定的福利待遇，学校的做法不合法，侵犯了教师的权利。

7. D 【解析】本题考查《中华人民共和国义务教育法》。根据《中华人民共和国义务教育法》第十四条规定，根据国家有关规定经批准招收适龄儿童、少年进行文艺、体育等专业训练的社会组织，应当保证所招收的适龄儿童、少年接受义务教育；自行实施义务教育的，应当经县级人民政府教育行政部门批准。

8. C 【解析】本题考查侵犯学生隐私权的表现。隐私权是指公民生活中不愿为他人公开或知悉的个人秘密不可侵犯的人身权利。隐私包括个人私生活、个人日记、照片、储蓄及财产状况和通讯秘密等。题干中老师检查学生的手机，以便了解学生情况的做法，侵犯了学生的隐私权。

9. A 【解析】本题考查《中华人民共和国预防未成年人犯罪法》。根据《中华人民共和国预防未成年人犯罪法》第四十五条规定，对于审判的时候被告人不满十八周岁的刑事案件，不公开审理。

备注:本题解析采用的是2012年修订的《中华人民共和国预防未成年人犯罪法》,2020年修订的《中华人民共和国预防未成年人犯罪法》删除了与本题相关的法条,本题答案以2012修订的版本为准。

10. C 【解析】本题考查《学生伤害事故处理办法》的相关内容。根据《学生伤害事故处理办法》第九条第(十)项规定,学校教师或者其他工作人员在负有组织、管理未成年学生的职责期间,发现学生行为具有危险性,但未进行必要的管理、告诫或者制止而造成的学生伤害事故,学校应当依法承担相应的责任。题干中,李老师没有对陈某的行为进行管理或制止,故学校应依法承担相应责任。根据《学生伤害事故处理办法》第十条第(一)项规定,学生违反法律法规的规定,违反社会公共行为准则、学校的规章制度或者纪律,实施按其年龄和认知能力应当知道具有危险或者可能危及他人的行为而造成学生伤害事故的,学生应当依法承担相应的责任。题干中,陈某违反课堂纪律,悄悄移开顾某的座椅,其行为直接对顾某造成了伤害,陈某应依法承担起这起伤害事故的相应责任。故本题选C。

11. D 【解析】本题考查《中华人民共和国教育法》。根据《中华人民共和国教育法》第三十六条规定,学校及其他教育机构中的管理人员,实行教育职员制度。学校及其他教育机构中的教学辅助人员和其他专业技术人员,实行专业技术职务聘任制度。

12. A 【解析】本题考查《中华人民共和国宪法》相关内容。根据《中华人民共和国宪法》第一百三十四条规定,中华人民共和国人民检察院是国家的法律监督机关。

方法技巧:考生注意识记和区分我国各国家机构的地位。

国家机构	地位
全国人大	最高国家权力机关
国务院	最高国家行政机关
最高人民法院	最高审判机关
最高人民检察院	最高法律监督机关
国家监察委员会	最高监察机关

13. D 【解析】本题考查《中小学教师职业道德规范》(2008年)。教师的职业特征决定教师在教学和工作中要认识到自己的言行对学生思想品德和个性的影响,努力做到言传身教、为人师表。题干中教师习惯性地将剩余粉笔头"潇洒地"投向教室后面的垃圾桶的行为引起了学生的争相模仿,没有给学生做出好的榜样,所以该教师应该注重道德行为的内化。

14. B 【解析】本题考查《中小学教师职业道德规范》(2008年)。《中小学教师职业道德规范》(2008年)中的"教书育人"要求教师要"遵循教育规律,实施素质教育。循循善诱,诲人不倦,因材施教。培养学生良好品行,激发学生创新精神,促进学生全面发展。不以分数作为评价学生的唯一标准"。题干中教师唯分是举,认为孩子考试成绩不好就不会有好的发展前途,这是不合理的,他应该对学生综合评价之后再与家长沟通。

15. B 【解析】本题考查教师与学生的关系。教师应尊重学生,公平公正对待学生,在不了解具体情况的前提下,班主任应该先问清缘由再行处理。

16. C 【解析】本题考查《中小学教师职业道德规范》(2008年)的内容。《中小学教师职业道德规范》(2008年)中的"关爱学生"要求教师关心爱护全体学生,尊重学生人格,平等公正对待学生。题干中老师处理问题的方式过于简单粗暴,容易伤害学生的自尊心,不利于良好师生关系的构建。

17. B 【解析】本题考查文化遗产中的八大菜系。"文思豆腐"是一道有着悠久历史的江苏传统名菜,属于淮扬菜、苏菜系。

18. C 【解析】本题考查近代天文学家及其成就。伽利略是意大利著名数学家、物理学家、天文学家和哲学家,近代实验科学的先驱者。

19. C 【解析】本题考查历史常识。欧洲国际军事法庭(又称纽伦堡审判)指的是第二次世界大战战胜国对欧洲轴心国的军事、政治和经济领袖进行的数十次军事审判。由于审判主要在德国纽伦堡进行,故总称为"纽伦堡审判"。

20. D 【解析】本题考查历史典故与人物。公元前266年,秦昭王任用范雎为相,并积极推行范雎的"远交近攻"策略。

21. B 【解析】本题考查地理常识。夏至,是二十四节气之一。夏至这天,太阳直射地面的位置到达一年的最北端,几乎直射北回归线,此时,北半球各地的白昼时间达到全年最长。

22. D 【解析】本题考查历史常识。1972年,马王堆汉墓出土保存完好的辛追夫人。这为研究历史真相提供了最为原始的资料。

23. B 【解析】本题考查外国文学。《这里的黎明静悄悄》是苏联著名作家瓦西里耶夫的代表作。米哈依尔·肖洛霍夫是苏联著名作家,1965年因作品《静静的顿河》获得诺贝尔文学奖。法捷耶夫是苏联社会主义现实主义文学的杰出代表之一,代表作品有《逆流》《毁灭》《最后一个乌兑格人》等。帕斯捷尔纳克是苏联作家、诗人、翻译家,1958年以长篇小说《日瓦戈医生》获得诺贝尔文学奖,主要作品有诗集《云雾中的双子座星》《生活是我的姐妹》等。

24. D 【解析】本题考查外国雕塑。《思想者》原为《地狱之门》组雕的一部分,后翻铸成铜像。《地狱之门》取材于但丁的《神曲》,思想者是罗丹用以象征但丁的形象。一个强有力的巨人弯腰屈膝地坐着,右手托腮,嘴咬着自己的手,他默默凝视着下面被洪水吞噬的苦难深重的人们。

25. D 【解析】本题考查信度。信度指测验结果的稳定性或可靠性,即某一测验在多次施测后所得到的分数的稳定、一致程度。影响信度的因素主要有被试的样本、测验的长度、测验的难度等。根据图中曲线可知，A、B、C 项表述正确，而 D 项中考试结果的信度是否会达到极值 1 无法确定。

26. D 【解析】本题考查 Word 基本操作中的查找与替换。在“编辑”菜单下可以找到“替换”。

27. B 【解析】本题考查 Excel 中的单元格区域。单元格区域 B3：E5 所包含的单元格的个数是 12。

28. A 【解析】本题考查等比数列及其变式。题干数列的规律是：$55-11=44=44\times1$，$187-55=132=44\times3$，$583-187=396=44\times9$，因此第五个数 $=583+44\times27=1771$。

29. C 【解析】本题考查联言命题推理。“以事实为根据，以法律为准绳”是联言判断 p 并且 q，“若想人不知，除非己莫为”是假言判断，其他选项是联言判断，故选 C 项。

二、材料分析题(答案要点)

30. 材料中陈老师的做法遵循了以人为本的学生观，是值得赞扬的。

(1)遵循了学生是发展中的人，要用发展的观点认识学生。材料中的陈老师在王春回答不出来问题时，没有批评他，反而鼓励他，最后王春克服胆怯能上台发言，体现了学生是发展中的人。

(2)遵循了学生是独特的人。每个学生都是不一样的个体，具有自身的独特性。材料中的陈老师针对王春胆怯的特点，鼓励他发言，体现了因材施教，从而体现了学生是独特的人。

(3)遵循了学生是具有独立意义的人。每个学生都是独立于教师的头脑之外，不以教师的意志为转移的客观存在，学生是学习的主体。材料中的陈老师在提出问题后，先让学生组内讨论，并且还给学生推荐很多书目等等，提高了学生学习的积极性和主动性，体现了学生是具有独立意义的人。

综上所述，陈老师践行了以人为本的学生观，促进了学生的发展。

31. 材料中于老师的教育行为符合《中小学教师职业道德规范》(2008 年)中的相关要求，是正确的。

(1)于老师的教育行为体现了关爱学生的教师职业道德规范要求。“关爱学生”要求教师要“关心爱护全体学生，尊重学生人格，平等公正对待学生”。材料中，于老师发现学生的不当行为之后没有训斥学生，而是主动缓和气氛，体现了尊重学生人格，平等公正的态度，符合关爱学生的教师职业道德要求。

(2)于老师的教育行为体现了教书育人的教师职业道德规范要求。“教书育人”要求教师要“循循善诱，诲人不倦，因材施教。培养学生良好品行，激发学生创新精神，促进学生全面发展”。材料中，于老师能够耐心地询问事件发生的过程，对学生进行有针对性的引导，体现了教书育人的教师职业道德要求。

(3)于老师的教育行为体现了爱岗敬业的教师职业道德规范要求。“爱岗敬业”要求教师“忠诚于人民教育事业，志存高远，勤恳敬业，甘为人梯，乐于奉献。对工作高度负责，认真备课上课，认真批改作业，认真辅导学生。不得敷衍塞责”。材料中，于老师能够恰当应对学生的问题，并且课后主动帮助学生解决问题，引导学生认识到自己的错误，体现了爱岗敬业的职业道德规范要求。

综上所述，材料中于老师的教育行为遵循了教师职业道德规范的要求，值得每一位老师学习。

32. (1)文章认为古典诗词意象选择的原则是思想。没有思想的指导，就没有正确的意象选择，普通人司空见惯的一些平常物，在诗人思想的指导下，就会被赋予不同寻常的意义。

(2)中国古典诗词意象是“合订本”，意指诗词中的画面都是“独立成篇”的，但是又不会让人觉得他们是独立的、支离散乱的。在读者的心神体会中，那些画面有一种血肉相连的内在联系，成为一个密不可分的有机整体。这种关系是作者阅尽世事之后的审美结果，没有崇高的审美情操，没有敏锐的审美判断和娴熟的文学技巧是不可能有这样的意象结果出现的。

三、写作题

33.【写作思路】(1)短板指不足之处，长板指长处。可以从发挥人的长处和发扬人的优点的角度进行立意，引到教育方面即可。(2)转变一种思路，就可以得到一种新的结果。可以从“转变思路”“打破传统思维”方面来立意，谈及创新思维也是可以的，但要从具体的“转变思路”引到“创新思维”的立意上来。

【参考范文】

取长补短方能久远

关于短板与长板的这个问题从初中我们便接触过，告诉我们的是整体与部分的取长补短，我认为很有道理。长板和短板都是木桶的一部分，如同我们的团队一样，团队内分工不同，各有长短，只有取长补短，才能发展得更好，走得更远。

取长补短是稳定发展的前提。“木桶原理”认为，一个木桶能装多少水，取决于最短的那个板。而“新木桶原理”认为，木桶倾斜一定角度之后装的水才是它的真正容量，木桶的长板越长，装水越多。但是，虽然木桶倾斜之后也能多装水，又要如何才能保证木桶一直保持倾斜，且倾斜角度不变呢？因此，要想保持平稳发展，只有取长补短，共同进步才是硬道理。

取长补短是团队建设的基石。在百事可乐的最初 70 多年里，它一直是一种地方性的饮料品牌。直到 20 世纪初，他发现了自身发展的“短板”——自身地方性的特点限制了市场的扩大。然后它将老牌的可口可乐作为自己的对手，并依据可口可乐的市场盲点，抢先制定出“年轻一代”的品牌策略，找到了自己市场发展的“长板”。老牌的可口可乐也从后辈身上，看到了自身的危机，发现了自己的不足之处，天下惟我独尊的意识开始改变。于是，一个新的时代开始了。这对伟大的对手，从彼此的身上找到了自己的“短板”和“长板”，并以此取长补短，造就了一场伟大的竞争。所以，只有发挥每个人的长处，弥补别人的短处，才能真正地稳定发展的基石。

取长补短是团队协作的盾牌。每一支球队

都有它的分工，足球分前卫后卫、前锋中锋、守门员；篮球有控球和得分后卫、大小前锋、中锋，只有各位置分工合作，相互配合才能发挥一支球队的最大能量。比如我们的中国女排，有主攻，有副攻，还有接应、一传二传、自由人，他们取长补短、相互配合，最终在球场上取得优异的成绩，大放异彩。对于球队的队员来说，不仅要有个人突出的能力，更要在自己的位置上发挥最大的优势，弥补他人的短板，队员之间协调合作，这样才能造就一个无坚不摧的团队。

取长补短是团队发展的助推器。我们都熟悉的京东，一直坚持自建物流，这场曾经不被业界看好的布局，现在却成为京东区别于其他电商平台的最大优势。京东快递员几万人，全国34个城市仓储中心，几千个快递站，如今又跟随智能时代的步伐，建立了无人仓、无人配送站，开启了无人机配送，引领"新一代物流"趋势。另一方面，京东与腾讯深度合作，弥补自身在移动社交和支付方面的短板。腾讯向京东提供微信、QQ入口位置和在线支付方面的支持，这些都将助力京东商城的发展，进一步提升消费者的京东网购体验。发挥物流优势，补齐移动端短板，京东的未来发展不可限量。

没有哪个人是各项全能的，人们总是在取长补短的过程中不断发展自己，提升自己；没有哪个团队的队员是均衡发展的，只有取长补短，找准每个人的长处，弥补别人的短处，才能缔造一个完美的团队。取长补短方能久远。

2018年上半年中小学教师资格考试真题试卷(六)

一、单项选择题

1. A 【解析】本题考查实施素质教育的误区。素质教育并不是说不要学生刻苦学习，"减负"也不意味着不给或少给学生留课后作业，这些都是对素质教育使学生生动、主动和愉快发展的误解。认为素质教育就是多开展课外活动、多上文体课，是对素质教育形式化的误解。题干中该校长的认识比较片面。

2. C 【解析】本题考查素质教育的内涵。素质教育的理论依据是全面发展教育。素质教育是对全面发展教育的具体落实和深化。实施素质教育必须坚持"五育"并举，促进学生生动活泼地发展。题干中周老师让学生把中考作为重要任务而忽略课外活动的做法不利于学生的全面发展。

3. B 【解析】本题考查"以人为本"的学生观。题干中老师鼓励学生进行课外阅读、开展"分享知识"活动的做法不仅充分尊重了学生的主体地位，让学生积极参与到学习活动中来，还拓展了学生的学习资源，符合现代学生观的理念。

4. D 【解析】本题考查教育公正与中学生的共同发展。在学校教育活动中，"以人为本"，必须坚持"教育公正"原则。题干中班主任以分数作为评价学生的标准，偏离了素质教育的理念，没有公平地对待所有学生。

5. C 【解析】本题考查《国家中长期教育改革和发展规划纲要(2010—2020年)》中的教育战略目标。《国家中长期教育改革和发展规划纲要(2010—2020年)》中提出的教育战略目标指出：到2020年，基本实现教育现代化，基本形成学习型社会，进入人力资源强国行列。

6. A 【解析】本题考查《中华人民共和国教育法》。根据《中华人民共和国教育法》第七十八条规定，学校及其他教育机构违反国家有关规定向受教育者收取费用的，由教育行政部门或者其他有关行政部门责令退还所收费用；对直接负责的主管人员和其他直接责任人员，依法给予处分。

7. B 【解析】本题考查《中华人民共和国教师法》。根据《中华人民共和国教师法》第三十九条规定，教师认为当地人民政府有关行政部门侵犯其根据本法规定享有的权利的，可以向同级人民政府或者上一级人民政府有关部门提出申诉，同级人民政府或者上一级人民政府有关部门应当作出处理。

易错提示：关于教师申诉，考生做题时要仔细阅读题干，辨明受理教师申诉的部门。

申诉主体	情况	被申诉人	受理申诉机关
教师	认为学校侵犯自己合法权益或对其所作决定不服	学校	主管学校的教育行政部门
	认为教育行政部门侵犯自己合法权益或者对其所作决定不服	教育行政部门	与教育行政部门同级的人民政府或上一级教育行政部门

8. D 【解析】本题考查《中华人民共和国义务教育法》。根据《中华人民共和国义务教育法》第五十六条规定，学校以向学生推销或者变相推销商品、服务等方式谋取利益的，由县级人民政府教育行政部门给予通报批评；有违法所得的，没收违法所得；对直接负责的主管人员和其他直接责任人员依法给予处分。D项不属于法律规定的处理此事的方式。

9. A 【解析】本题考查《中华人民共和国未成年人保护法》。根据《中华人民共和国未成年人保护法》第五十七条规定，对羁押、服刑的未成年人，应当与成年人分别关押。羁押、服刑的未成年人没有完成义务教育的，应当对其进行义务教育。解除羁押、服刑期满的未成年人的复学、升学、就业不受歧视。题干中梁某15岁，正在上初二，还没有完成义务教育，所以在梁某服刑期间应当对其进行义务教育。

备注：《中华人民共和国未成年人保护法》于2020年10月17日修订通过，《中华人民共和国预防未成年人犯罪法》在2020年12月26日修订通过，两部法律均自2021年6月1日起施行。本题涉及法条内容在2020年修订的《中华人民共和国未成年人保护法》中已删除，但出现在

2020年修订的《中华人民共和国预防未成年人犯罪法》第五十三条，对被拘留、逮捕以及在未成年犯管教所执行刑罚的未成年人，应当与成年人分别关押、管理和教育。对未成年人的社区矫正，应当与成年人分别进行。对有上述情形且没有完成义务教育的未成年人，公安机关、人民检察院、人民法院、司法行政部门应当与教育行政部门相互配合，保证其继续接受义务教育。参加2021年6月1日之后的教师资格考试笔试的考生，需要依据新法作答。

10. C 【解析】本题考查《中华人民共和国预防未成年人犯罪法》。根据《中华人民共和国预防未成年人犯罪法》第四十九条规定，未成年人的父母或者其他监护人不履行监护职责，放任未成年人有本法规定的不良行为或者严重不良行为的，由公安机关对未成年人的父母或者其他监护人予以训诫，责令其严加管教。

备注：《中华人民共和国预防未成年人犯罪法》(2020年修订)第六十一条规定，公安机关、人民检察院、人民法院在办理案件过程中发现实施严重不良行为的未成年人的父母或者其他监护人不依法履行监护职责的，应当予以训诫，并可以责令其接受家庭教育指导。

考生在之后的考试中遇到此类型的试题时，需以2020年修订的《中华人民共和国预防未成年人犯罪法》中的相关规定为准。

11. C 【解析】本题考查《中华人民共和国义务教育法》。根据《中华人民共和国义务教育法》第二十二条规定，县级以上人民政府及其教育行政部门应当促进学校均衡发展，缩小学校之间办学条件的差距，不得将学校分为重点学校和非重点学校。学校不得分设重点班和非重点班。

12. B 【解析】本题考查《学生伤害事故处理办法》。根据《学生伤害事故处理办法》第三十六条规定，受伤害学生的监护人、亲属或者其他有关人员，在事故处理过程中无理取闹，扰乱学校正常教育教学秩序，或者侵犯学校、学校教师或者其他工作人员的合法权益的，学校应当报告公安机关依法处理；造成损失的，可以依法要求赔偿。

13. D 【解析】本题考查教师的教育机智。"教育机智"需要教师能根据学生新的特别是意外的情况，迅速而正确地做出判断，随机应变地采取及时、恰当而有效的教育措施解决问题。题干中刘老师在处理学生恶作剧的突发状况时缺乏"教育机智"，没有积极引导学生，而是对学生不闻不问，这样会对学生造成伤害，因此这种惩罚不恰当。

14. B 【解析】本题考查教师与同事的关系。教师之间要做到：互相尊重，切忌嫉妒；相互学习，取长补短；平等相待，不卑不亢；乐于助人，关心同事。题干中夏老师工作很努力、教学能力强，这些优点是值得赞扬的，但他对教学能力差的同事不屑一顾，没有做到尊重理解、团结互助。夏老师应该反思"一些老师不愿意搭理他"的原因，改善与同事的关系。

15. D 【解析】本题考查《中小学教师职业道德规范》(2008年)中的终身学习。"终身学习"要求教师要潜心钻研业务，勇于探索创新，不断提高专业素养和教育教学水平。题干中段老师通过向其他老师取经，反思自己的教学方法，以达到提高教育教学水平的目的，体现了段老师不断学习、积极追求进步的意识。

16. A 【解析】本题考查《中小学教师职业道德规范》(2008年)中的关爱学生。"关爱学生"要求教师要关心爱护全体学生，尊重学生人格，平等公正对待学生。题干中班主任"不问过去，只看现在"是关爱学生的表现。

17. D 【解析】本题考查新中国的航空航天成就。北斗卫星导航系统是中国自主研发、独立运行的全球卫星导航系统，与美国"GPS"、俄罗斯"格洛纳斯"、欧盟"伽利略"系统并称为全球四大卫星导航系统。

18. A 【解析】本题考查西方近代物理学成就。量子是现代物理的重要概念，最早是由德国物理学家普朗克在1900年提出的。洛伦兹是荷兰著名的物理学家和数学家，创立了经典电子论。爱因斯坦是美籍犹太人物理学家，现代物理学的开创者、奠基人，他提出了狭义相对论和广义相对论，为现代物理学奠定了理论基础。麦克斯韦是英国物理学家、数学家，他建立了完整的电磁场理论并预言了电磁辐射的存在。

19. D 【解析】本题考查世界古代史。公元395年，罗马帝国正式分裂为以君士坦丁堡为都城的东罗马帝国和以罗马为都城的西罗马帝国。

20. D 【解析】本题考查春秋时期的内容。《左传·昭公七年》："天有十日，人有十等，下所以事上，上所以共神也。故王臣公，公臣大夫，大夫臣士，士臣皂，皂臣舆，舆臣隶，隶臣僚，僚臣仆，仆臣台。马有圉，牛有牧，以待百事。"由以上内容可知，最高等级为王，王下面是公，公下一级是大夫，大夫下一级是士。

21. B 【解析】本题考查传统文化素养的相关内容。国家文物局将四川成都金沙遗址出土的黄金饰品"太阳神鸟(四鸟绕日)"的金饰图案作为中国文化遗产标志。

22. B 【解析】本题考查宋代文学。词最初称为"曲词"或者"曲子词"，别称有：近体乐府、长短句、曲子、曲词、乐章、琴趣、诗余等，是配合宴乐乐曲而填写的歌诗，词牌是词的调子的名称，不同的词牌在总句数、段数，每句的字数、平仄上都有规定。

23. D 【解析】本题考查现当代文学。代表新诗创始期成就最高的是创造社主将郭沫若，他的诗集《女神》表现了"五四"时期狂飙突进的时代精神，诗风雄浑豪放，具有典型的浪漫主义风格。A、B、C三项是正确的。

24. C 【解析】本题考查外国绘画。意大利画家达·芬奇钻研科学、工程领域就像他的艺术作品般令人难忘与突出。手稿中约13000页的笔记与绘画全是混合艺术与科学所组成的纪录。他把科学知识和艺术想象有机地结合起来，使当时绘画的表现水平发展到一个新的阶段。

25. C 【解析】本题考查上古神话。1999年，为了反映我国汉代丰富多彩的石刻艺术，展示这一珍贵的文化遗产,国家邮政局发行了《汉画像石》特种邮票,全套6枚,有牛耕、纺织、舞乐、车马出行、荆轲刺秦王和嫦娥奔月。图中左方刻一圆月,内有蟾蜍。人首蛇躯的嫦娥腾然升空,周围云气缭绕,繁星点点,表现了嫦娥奔入月宫的壮观景象。

26. B 【解析】本题考查 Word 基本操作中的段落设置。题干中的功能图标为段落对齐方式中的右对齐。

方法技巧:在 Word 中,段落的对齐方式一般有五种:左对齐、居中对齐、右对齐、两端对齐和分散对齐。考生在遇到此类试题时,可根据图标中的对齐方向进行区分。

27. D 【解析】本题考查 Excel 中的函数。在 Excel 中,SUM 为求和函数,括号中表示 A1 到 A4 相加,所以 D 选项与题干中的公式等值。

28. C 【解析】本题考查概念间关系。题干中"教授"和"科学家"是交叉关系,即有的教授是科学家,有的科学家是教授,而与此关系一致的是 C 选项。A 项是种属关系,即图书包含英文书;B 项为对应关系,昆明又被称为"春城";C 项属于交叉关系,即有的学生是运动员,有的运动员是学生;D 项是并列关系。

29. C 【解析】本题考查图形推理。题干图形的规律是在原来各图形位置不变的基础上加入一个新图形。只有 C 项符合此规律。

二、材料分析题(答案要点)

30. 材料中"我"的教育行为符合现代"以人为本"的学生观,是值得学习和借鉴的。

(1)学生是发展中的人,要用发展的观点认识学生。教师绝不能依据学生的一时表现来断言学生没有发展的可能,而应该坚信每一个学生都具有巨大的可供挖掘和开发的资源和潜能,应该看到学生的未完成性,并给学生创造发展的良好环境和机会。材料中"我"对说话不流畅,不敢站起来回答,内向、声音小的学生没有直接放弃,而是以发展的眼光看待他们,采取相应的教育措施,相信他们能够变好,体现了"以人为本"的学生观。

(2)学生是独特的人。每个学生都有自身的独特性。教师在教育过程中应重视学生的独特性,培养具有独立个性的人。材料中,针对说话不流畅的同学,"我""引导他组织语言";针对不敢站起来回答问题的学生,"我""让他先坐着说";针对内向、声音小的学生,"我""到他身边听清楚之后再复述给大家"……"我"能够针对不同学生采取不同的引导方式,尊重了学生的独特性,符合"以人为本"的学生观。

(3)学生是具有独立意义的人。学生是学习的主体。教师主导对学生主体的教育与改造,只是学生发展的外部条件和外因,学生的主体活动才是学生获得发展的内在机制和内因。材料中"我"通过"为老师出主意"的班会活动,详细记录大家的想法;还请大家通过打电话、发信息、发邮件等形式继续给我提建议;尝试让学生参与组织教学,共同探索出了"辩论教学""说书教学""戏剧教学"等以前没有尝试过的形式。这些都发挥了学生的主观能动性,体现了"我"对学生主体性、主动性的尊重,符合"以人为本"的学生观。

材料中的"我"在教育教学中充分践行了"以人为本"的学生观,把学生看成具有独立意义的人,用发展的观点认识学生,尊重学生自身的独特性,促进学生的全面发展。

31. 材料中"我"的行为符合《中小学教师职业道德规范》(2008 年)中的相关要求,是值得肯定和借鉴的。

(1)"我"的教育行为体现了关爱学生的教师职业道德要求。关爱学生要求教师要关心爱护全体学生,尊重学生人格,平等公正对待学生;对学生严慈相济,做学生的良师益友;保护学生安全,关心学生健康,维护学生权益;不讽刺、挖苦、歧视学生,不体罚或变相体罚学生。材料中赵强在课堂上突发奇问,引起了学生"哄堂大笑","我"并没有因此而批评他,而是因势利导,表明了"我"对学生的关心爱护,也表现了"我"的教育机智;家访时赵强请求"我"不要告状,"我"尊重赵强,改变过去的家访方式,对赵强进行鼓励表扬,以此获得学生的信任。这些都表明"我"践行了关爱学生的要求。

(2)"我"的教育行为体现了爱岗敬业的教师职业道德要求。爱岗敬业要求教师对工作高度负责;认真备课上课;认真批改作业;认真辅导学生;不得敷衍塞责。材料中的"我"积极进行家访,以便了解学生,更好地开展教育教学工作,体现了"我"对工作的高度负责。

(3)"我"的教育行为体现了教书育人的教师职业道德要求。教书育人要求遵循教育规律,实施素质教育;循循善诱,诲人不倦,因材施教;培养学生良好品行,激发学生创新精神,促进学生全面发展;不以分数作为评价学生的唯一标准。材料中的"我"面对课堂上赵强的突发奇问,不仅引导、鼓励学生勤于思考,激发学生的创新精神和发散性思维,还引导学生对赵强表示感谢,帮助赵强树立自信,从而促进了赵强和其他同学的全面发展,体现出"我"践行了"教书育人"的要求。总之,材料中"我"的行为践行了教师职业道德规范的要求,真正促进了学生的健康发展。

32. (1)中心观点:①艺术具有普遍性,它超越了时间与空间而诉之于那永久的情操,各不相关而有一个更深的一致;②一首诗可以离开一个人而存在,虽然这一首诗是针对荆轲说出来的,却属于每一个人,诗可以赋予人永生的意味,在狭小的人生中可以将一些事情忘记,但是在文艺上又认识了它。

(2)"诗人创造了诗,同时也创造了自己"的含义:①每个诗人作诗都会融入自己的情绪,在诗里表现雄壮的情绪之难,在于令人心悦诚服,而不在于嚣张夸大,在于能表现出那暂时的感情后面蕴含着的更永久更普遍的情操,而不在于那一时的冲动。②不同的诗人对于同样的词有自己不同的理解。就像文中的"萧萧"二字,"风萧萧兮易水寒"和"萧萧愁杀人"便是两种不同的情感。

"它属于荆轲,也属于一切的人们"的含义:①我们每个人即使并非壮士，也必有壮士的胸怀，所以这首诗便离开了荆轲而存在。虽然是针对荆轲说出来的，却属于每一个人。②我们已经忘掉了专诸，而怀念和赞美着荆轲，是因为诗人创造的诗句。

综上，由于艺术具有普遍性，所以不同的人对于相同的字词理解有所不同，所创造出来的诗句也不尽相同；而也正是由于人有普遍共通的情感，使得尽管一首古诗所描写的是某一个人物，但是也能使阅读古诗的人们产生共鸣，所以“诗人创造了诗，同时也创造了自己，它属于荆轲，也属于一切的人们”。

三、写作题

33.【写作思路】(1)审题：文体——论说文；题型——材料作文；要求——字数要求。

(2)立意：分析材料可知，女排精神不是因为成功的结果而存在，而是一直贯穿于努力的过程始终。精神是需要的、必不可少的，但是单有精神是远远不够的，更需要坚持不懈的努力和过硬的技术。考生可以从“教师不仅要有爱岗敬业、无私奉献的精神，还要有高超的业务能力，才能做好教育教学工作”角度进行阐述。

(3)确定主题后，考生可从举例子、援引观点等方面搜索材料。

(4)布局：论说文结构。

【参考范文】

“新”女排精神——用实力说话

2016年里约奥运会，中国女排在前期战局不利、对手强大的情况下，艰苦拼搏，最终登上了世界女排的顶峰。这一切是偶然吗？郎平的话给出了答案，她说：“不要因为我们赢了一场就谈女排精神，也要看到我们努力的过程。女排精神一直在，单靠精神不能赢球，还必须技术过硬。”是的，没有努力与拼搏，哪里会有成功。每一次成功的背后，都是一次次技术与能力的提升。在我看来，这就是一种“新”女排精神，即扎实的基础、纯熟的技能和努力、拼搏的精神，这是硬实力与软实力相结合而凝聚成的一种精神。

“新”女排精神需要扎实的基础。著名小提琴演奏家马思聪先生11岁时去法国求学，开始他的音乐生涯。年仅11岁的孩子在国外刻苦练琴，从6点琴房开门开始，练习长达10小时，无论是公休还是校庆，从不间断，练就了扎实的基础。倘若没有从小练就的扎实基础，马思聪先生怎能在日后的创作上灵感迸发，写下《绥远组曲》这样的名作？梦想是要有的，但总是要靠努力来实现，总要从扎实的基础出发。

“新”女排精神需要纯熟的技能。中国女排的阵营里拥有世界上最好的主攻手，同时也拥有最好的一传、二传、接应和自由人。她们都拥有过硬的团体战术和个人技术，这是她们可以连克强敌的根本。倘若女排的姑娘们技术素质差，纵使再强大的意志也无法在强敌如林的系列赛中连续取胜。正如郎平所言：“单靠精神不能赢球，还必须技术过硬。”

“新”女排精神需要努力与拼搏的精神。著名舞蹈表演艺术家刀美兰以其质朴、自然、纯真、甜美的独特风格，给人们留下了难忘的印象。我国新舞蹈奠基人吴晓邦曾为之赞叹：这哪里是人在舞蹈？分明是神从天上降临！她之所以取得这样高的造诣，与她平时苦练硬功分不开。刀美兰在中央东方歌舞团工作时，住在一个仓库里，夏天热、冬天冷，生活环境十分艰苦，但她每天练十几个小时的基本功，累得有时连饭都不想吃，瘦得只有四十几公斤。年复一年，日复一日，持之以恒。这也为她的成功奠定了坚实的基础。没有谁能随随便便成功，每一次成功的背后都有无数的汗水与泪水堆积，都有坚持、努力、拼搏的精神做支柱。

没有了硬实力，在赛场上一打就垮，而没有了软实力，则会不打自垮。软硬相济，共铸精神。女排过硬的赛场实力来自不懈的坚持与顽强拼搏的精神。若中国女排没有每天长达十个小时的坚持训练，就不会拥有过硬的技术。若没有过硬的赛场技术，中国女排在赛场上就不会有夺冠的机会。软硬相济，铸就女排辉煌。

从基础到技能，再到精神，这是我们每个人都需要的“女排精神”。女排的成功源于实力，技术的硬实力和心理的软实力铸就了中国女排。女排精神，用实力说话。

2017年下半年中小学教师资格考试真题试卷(七)

一、单项选择题

1. A 【解析】本题考查现代教师教学行为的转变。在对待教学关系上，新课程强调帮助、引导。题干中韩老师完全按照事先准备好的题目引导学生学习，事实上这种引导并不能真正地促进学生学习或反思，在这里韩老师对于引导的理解错误，教学理念偏失。

2. D 【解析】本题考查新课程倡导的教师观。题干中段老师在指导大家完成主题为“社会旅游资源”的调查报告后，又指导对古塔的建筑材料、风格产生兴趣的同学确定了新课题，这体现了段老师尊重学生的学习需要和兴趣，并鼓励学生进行自主探究。题干中没有提及段老师对学生研究方法的纠正。

3. B 【解析】本题考查现代教师教学行为的转变。在对待师生关系上，新课程强调尊重、赞赏；在对待教学关系上，新课程强调帮助、引导。选项A、C、D体现了教师对学生的尊重、赞赏、引导。选项B中的教师说话太直接，容易伤害学生的自尊心，打消学生学习的积极性，不利于促进学生的学习。

4. D 【解析】本题考查“以人为本”的学生观。题干中曾老师坚持让学生采用多种方法记录学习过程，并指导学生不断优化记录方法的教学行为充分体现了对学生主动性的尊重。

5. B 【解析】本题考查《国家中长期教育改革和发展规划纲要(2010—2020年)》。在《国家中长期教育改革和发展规划纲要(2010—2020年)》提出的指导思想和工作方针中明确指出，各级党委和政府要把优先发展教育作为贯彻落实科学发展观的一项基本要求，切实保证经济社会发展规划优先安排教育发展，财政资金优先保障教育投入，公共资源优先满足教育和人力资源开发需要。

6. B 【解析】本题考查侵犯学生财产权的主要表现。题干中王老师有权批评和管教学生，其课后归还手机的做法是正确的，但不能删除邹某的游戏账号和所购装备，这侵犯了邹某的财产权，因此王老师的做法不合法。

7. C 【解析】本题考查《中华人民共和国义务教育法》。根据《中华人民共和国义务教育法》第二十二条规定，县级以上人民政府及其教育行政部门不得以任何名义改变或者变相改变公办学校的性质。题干中，将较为薄弱的公办学校交给民办教育集团承办，并按市场价格收费，属于将公立学校转为民办，改变了学校的性质，违反了《中华人民共和国义务教育法》的规定，是不合法的。

8. D 【解析】本题考查《中华人民共和国教师法》。根据《中华人民共和国教师法》第二十三条规定，对教师的考核应当客观、公正、准确。学校把教师参加教研活动的主动与否作为晋升的优先依据，缺乏客观、公正。

9. C 【解析】本题考查《学生伤害事故处理办法》。根据《学生伤害事故处理办法》第二十八条规定，未成年学生对学生伤害事故负有责任的，由其监护人依法承担相应的赔偿责任。李某碰到了酒精灯造成了其他同学的烧伤，因此应承担主要责任。因其为中学生，是未成年人，因此应由李某的监护人承担赔偿责任。根据第九条规定，学校组织学生参加教育教学活动或者校外活动，未对学生进行相应的安全教育，并未在可预见的范围内采取必要的安全措施的，学校应承担相应责任。因此，学校也要承担此次事故的次要责任。

10. A 【解析】本题考查《中华人民共和国未成年人保护法》。根据《中华人民共和国未成年人保护法》第五十三条规定，父母或者其他监护人不履行监护职责或者侵害被监护的未成年人的合法权益，经教育不改的，人民法院可以根据有关人员或者有关单位的申请，撤销其监护人的资格，依法另行指定监护人。

备注：《中华人民共和国未成年人保护法》(2020 年修订)第一百零八条规定，未成年人的父母或者其他监护人不依法履行监护职责或者严重侵犯被监护的未成年人合法权益的，人民法院可以根据有关人员或者单位的申请，依法作出人身安全保护令或者撤销监护人资格。被撤销监护人资格的父母或者其他监护人应当依法继续负担抚养费用。

考生在之后的考试中遇到此类型的试题时，需以 2020 年修订的《中华人民共和国未成年人保护法》中的相关规定为准。

11. D 【解析】本题考查《中华人民共和国预防未成年人犯罪法》。根据《中华人民共和国预防未成年人犯罪法》第九、十条规定，学校应当聘任从事法制教育的专职或者兼职教师。学校根据条件可以聘请校外法律辅导员。未成年人的父母或者其他监护人对未成年人的法制教育负有直接责任。学校在对学生进行预防犯罪教育时，应当将教育计划告知未成年人的父母或者其他监护人，未成年人的父母或者其他监护人应当结合学校的计划，针对具体情况进行教育。选项 A 中聘任律师、选项 B 中聘任派出所干警、选项 C 中要求家长的配合，都是提高学生法制意识的正确做法。选项 D 中，未成年学生的监护人应为其父母，而非班主任，因此说法错误，符合题干要求。

备注：《中华人民共和国预防未成年人犯罪法》(2020 年修订)第十八条规定，学校应当聘任从事法治教育的专职或者兼职教师，并可以从司法和执法机关、法学教育和法律服务机构等单位聘请法治副校长、校外法治辅导员。

第十九条规定，学校应当配备专职或者兼职的心理健康教育教师，开展心理健康教育。学校可以根据实际情况与专业心理健康机构合作，建立心理健康筛查和早期干预机制，预防和解决学生心理、行为异常问题。学校应当与未成年学生的父母或者其他监护人加强沟通，共同做好未成年学生心理健康教育；发现未成年学生可能患有精神障碍的，应当立即告知其父母或者其他监护人送相关专业机构诊治。

考生在之后的考试中遇到此类型的试题时，需以 2020 年修订的《中华人民共和国预防未成年人犯罪法》中的相关规定为准。

12. B 【解析】本题考查《学生伤害事故处理办法》。根据《学生伤害事故处理办法》第九条规定，(1)学校的校舍、场地、其他公共设施，以及学校提供给学生使用的学具、教育教学和生活设施、设备不符合国家规定的标准，或者有明显不安全因素；(2)学校的安全保卫、消防、设施设备管理等安全管理制度有明显疏漏，或者管理混乱，存在重大安全隐患，而未及时采取措施，造成的学生伤害事故，学校应当依法承担相应的责任。题干中学生受伤是由于学校教学楼没有采取防雷措施，即学校存在过错，学校应承担此次事故的过错责任。

13. C 【解析】本题考查《中小学教师职业道德规范》(2008 年)。“关爱学生”要求教师关心爱护全体学生，尊重学生人格，平等公正对待学生。对学生严慈相济，做学生的良师益友。保护学生安全，关心学生健康，维护学生权益。题干中苏老师“注意观察张刚，跟他聊天”“经常开导他，帮助他从悲伤中走了出来”等都体现了苏老师细心观察适时捕捉教育契机以及关爱学生的教师职业道德规范。

14. A 【解析】本题考查《中小学教师职业道德规范》(2008 年)。终身学习要求教师要崇尚科学精神，树立终身学习理念，拓宽知识视野，更新知识结构。潜心钻研业务，勇于探索创新，不断提高专业素养和教育教学水平。题干中李老师“多次得过全省教学比赛一等奖”“35 岁就评上了高级职称”“在学校里还是其他年轻老师的‘师傅’”，“但他坚持学习，积极参加教学研讨”等都充分体现了教师需要不断提高教育教学水平。

15. D 【解析】本题考查教师与学生的关系。教师应热爱学生，尊重学生；耐心教导，循循善诱。

夏老师的做法不仅不能缓和师生间的矛盾，反而会使师生关系加剧恶化。

方法技巧：教师与学生、学生家长、同事之间的关系是常考点，考生应当掌握、理解教师处理不同人际关系的基本要求。

对象	教师处理不同人际关系的基本要求
学生	爱学生、尊重学生、对学生负责、公平公正、保护学生、杜绝伤害
学生家长	教师自己尊重家长、教育学生尊重家长、教师与家长相互协作
同事	互相尊重、彼此理解、团结协作

16. C 【解析】本题考查《中小学教师职业道德规范》(2008 年)中关爱学生的内容。题干中班主任的行为违背了“关爱学生”的教师职业道德规范，没有平等公正对待学生，这样不利于其他学生的学习和成长。

17. D 【解析】本题考查时间计量。由题干可知，时刻是指物质运动的某一瞬间。选项 A、B、C 表示的都是时间间隔，如 10 秒、45 分钟、2 小时。D 选项表示的是某个时刻。

18. C 【解析】本题考查地理常识。魏格纳是德国气象学家、地球物理学家、大陆漂移说的创始人，被称为“大陆漂移学说之父”。弗朗西斯·培根是英国文艺复兴时期的唯物主义哲学家，实验科学的创始人，著有《培根随笔》《新工具》等。洪堡是德国著名自然科学家、地理学大师、近代地理学奠基人、近代气候学、植物地理学、地球物理学的创始人之一。达尔文是英国生物学家，进化论的奠基人，发表了《物种起源》，提出了生物进化论。

19. B 【解析】本题考查世界历史。圣女贞德，是法国的军事家，天主教圣人，被法国人视为民族英雄。在英法百年战争(1337 年～1453 年)中，她带领法国军队对抗英军的入侵，最后被捕并被处决。

20. B 【解析】本题考查外交代表机构。外交代表机关通常分为三级，即大使馆、公使馆和代办处。领事馆是一国政府派驻对方国家某个城市并在一定区域执行领事职务的政府代表机关，不属于三个等级的外交代表机构。

21. B 【解析】本题考查天文常识。太阳系八大行星，距太阳由近到远依次是水星、金星、地球、火星、木星、土星、天王星、海王星。所以，海王星距离太阳最远。

22. D 【解析】本题考查英国文学。莎士比亚的四大喜剧为《威尼斯商人》《第十二夜》《仲夏夜之梦》《皆大欢喜》。《雅典的泰门》《奥赛罗》和《麦克白》都是莎士比亚的悲剧作品。

方法技巧：考生在记忆莎士比亚的作品时，可分为悲剧和喜剧进行区分记忆：

四大悲剧：《哈姆雷特》《奥赛罗》《麦克白》《李尔王》；

四大喜剧：《仲夏夜之梦》《威尼斯商人》《第十二夜》《皆大欢喜》。

需要注意的是《罗密欧与朱丽叶》不是莎士比亚的四大悲剧作品之一。

23. B 【解析】本题考查清代及近代其他文学家。王国维在《人间词话》中指出：“古今之成大事业、大学问者，必经过三种之境界：‘昨夜西风凋碧树。独上高楼，望尽天涯路。’此第一境也；‘衣带渐宽终不悔，为伊消得人憔悴。’此第二境也；‘众里寻他千百度，蓦然回首，那人却在，灯火阑珊处。’此第三境也。”“境界”说是《人间词话》的核心，王国维不仅把它视为创作原则，也把它当作批评标准，论断诗词的演变，评价词人的得失，词品的高低，均从“境界”出发。

24. A 【解析】本题考查音乐的内容。宣叙调，是和咏叹调对应的一种“朗诵”式的歌曲，相当于戏剧中的“对白”，必须依附于歌剧情节，咏叹调可以单独演唱。A 项错误。

25. A 【解析】本题考查民族风俗传统。傣族女子服饰因地域不同而有明显的差异。如西双版纳女子上身穿紧身窄袖短衫、下身穿长及脚面的筒裙，束银腰带，喜欢留长发，并挽髻于顶，插上梳子或鲜花，显得典雅大方。故 A 选项的图片为傣族形象。

苗族男子的装束比较简单，上装多为对襟短衣或右衽长衫，肩披织有几何图案的羊毛毡，头裹青色包头，冬天腿上多缠裹腿。苗族人民能歌善舞，舞蹈有芦笙舞、板凳舞、铜鼓舞等，以芦笙舞最为普遍。B 选项的图片中男子头裹青色包头，且手中拿有芦笙，故为苗族形象。

朝鲜族服饰最鲜明的特点是斜襟，无钮扣，以长布带打结系之。朝鲜族女装最大特点为短衣长裙，多采用丝绸或柔软面料制成。C 选项的图片中女子上衣有长布带打结，且下身为长裙，故为朝鲜族形象。

藏族服饰中女式藏袍的用料同男袍，冬袍有袖，夏袍无袖，腰前围一块毛织的彩色横条“帮典”，风格独特。故 D 选项图片的形象为藏族。

26. C 【解析】本题考查 Word 的工作界面。在 Word 文档中，文字下方的红色波浪线代表该文字出现“拼写和语法”错误。

27. D 【解析】本题考查 PowerPoint 窗口界面的内容。幻灯片放映模式用于播放幻灯片。大纲模式用于批量编辑幻灯片；幻灯片模式用于编辑具体幻灯片单页；幻灯片浏览模式用于快速查找定位幻灯片。

28. D 【解析】本题考查概念间的关系。通过分析可知题干中的“教师”和“戏剧爱好者”是交叉关系。选项 A“军人”和“军医”是包容关系；选项 B“杨树”和“柳树”是并列关系；选项 C“蛋糕”和“面包”是并列关系；选项 D“作家”和“画家”是交叉关系。

29. C 【解析】本题考查图形推理中的叠加类图形的推理。题干前三个图示中体现的是顺时针叠加关系，是在原来各图形位置不变的基础上添加一个新图形。只有 C 项符合此规律。

二、材料分析题(答案要点)

30. 在这段材料中，该老师的行为体现了以下几点内容：

(1)学生是发展中的人，要用发展的眼光看待学生，学生具有巨大的发展潜能，学生是处于发展过程中的人。材料中，学生一开始无法谈出对丝竹图的体会时,老师并没有因此对学生失望,而是积极地引导学生从熟悉的角度去谈论竹子,并最终引导到“丝竹图”。

(2)学生是独特的人,每个学生都有自身的独特性。教育的生机和活力,就在于促进学生的个性健康发展。该教师尊重学生的独特性,引导学生从个人实际出发,展开丰富的想象,而学生们的踊跃发言也印证了这一点。

(3)学生是独立意义的人,是学习的主体。该老师设置多个环节让学生参与,尊重了学生的主体地位,促进了学生的发展。

31. (1)孙老师的行为违背了爱岗敬业的教师职业道德规范。爱岗敬业要求教师对工作高度负责,认真备课上课,认真批改作业,认真辅导学生,不得敷衍塞责。但是孙老师却认为自己的能力足以应付教学,没有必要深入钻研,这是不正确的。孙老师应该虚心学习,认真备课,做好教师工作。

(2)孙老师的行为违背了为人师表的教师职业道德规范。为人师表要求教师要作风正派,廉洁奉公;自觉抵制有偿家教,不利用职务之便谋取私利。而孙老师却通过开辅导班向学生收取费用、售卖学习资料,获取私利,这违背了为人师表的教师职业道德规范。

(3)孙老师的行为违背了终身学习的教师职业道德规范。终身学习要求教师要崇尚科学精神,树立终身学习理念,拓宽知识视野,更新知识结构;潜心钻研业务,勇于探索创新,不断提高专业素养和教育教学水平。而孙老师认为,自己没有必要钻研教学,这是一种自我满足和不思进取,违背了终身学习的教师职业道德规范。

32. (1)首先,清楚自己了解的所谓的知识,也就是知道的东西;其次,清楚自己未知的领域,如未解决的难题,没有证明的猜想,还没有达到的技术水平;再次,清楚自己还有很多未曾探索的领域,如很多不知道不知道的东西;最后,将所有不知道的不知道变成知道,这是最高层次的创新,最重要的创新。

(2)我们怎么继续往前发展,我们如何做研究,如何进行思考?这是科学创新所要面对的挑战。首先,继续往前发展方面,要清楚科技创新是没有目标,没有方向的。但是对于未知的事物我们既要善于给这些目标和方向起名字,也要善于发明描写新知识的语言和数学,只有这样我们才能在创新结束之后将其表述出来。其次,在研究方面,作为一个进行创新的科学家,要有明确的目标和方向,要坚持自己的看法,拥有善于发现和创新的精神,尽量使自己的看法成为被大家认可和接受的美的标准,并不断地接受实验的检验,只有经得起实验的检验的才是真正的创新。最后,在思考方面,要善于去观察生活中的点滴,善于发现,善于思考,并为之去探索、去钻研,只有这样,创新才会真正地诞生。

三、写作题

33.【写作思路】(1)审题:文体——论说文;题型——材料作文;要求——字数要求。

(2)立意:对材料立意进行分析,从“是什么”“为什么”“怎么办”等方面进行分析,如针对“共享单车”出现的问题,要想出解决办法。考生可以结合教师这一职业进行阐述。

(3)选材:从阐述原因、举例子、援引观点等方面搜索材料。

(4)布局:论说文的结构。

【参考范文】

让共享单车走好“共享路”

随着共享单车在大中城市的普及,越来越多的问题也暴露出来了。有人说,这是面照妖镜,照出的是国民素质。共享单车在大中城市的迅速走红,为市民出行“最后一公里”难题提供了解决方案。然而,共享单车也引来了不少争议。不仅有乱停乱放,还有定位不准、高峰时段找不到车的情况;不仅有停放不便,还有恶意损坏等情况。究其原因,主要还是管理上存在漏洞,使用人员素质参差不齐。因此,共享单车要继续走好共享路,必须要政府、企业、市民三方合力,共建良好秩序。

让共享单车走好“共享路”,政府要做好监督者。打造优质的城市交通系统,政府具有义不容辞的责任,对于共享单车发展,政府的监管大有可为的空间。从广东深圳出现大面积人为破坏的共享单车,数百辆共享单车堆积成两座“小山”,一片狼藉;到上海相关部门集体收集了近5000辆单车,因为严重影响了城市的交通、形象等问题;再到成都共享单车频频再现“占道”尴尬局面,让共享单车饱受诟病。这些问题的背后,反映出的是政府对于市场单车投放和使用者使用行为监管的缺失,最终造成共享单车从受人追捧到令人头疼的残局。因此,要化解这一难题,让共享单车走好共享路,离不开政府对于企业和个人行为的监督把控。

让共享单车走好“共享路”,企业要做好权利与义务共担的运营者。企业是共享单车的投放主体,对于当前过剩的共享单车,企业显然难逃其咎。共享单车平台应肩负起社会责任,不能只管投放与赚钱。联手政府、同行、研究机构出台相应的行业规范,并通过媒体或 APP 等进行宣传引导,提醒用户自觉将车停到合适的地方。此外,还可以提升技术手段,通过大数据等加强监管,创新运营方式,让用户更乐于遵守规则。在共享单车市场竞争激烈的今天,数量求胜固然重要,但其管理服务水平也需要进一步提高,对于共享资源的供给也要更加科学有效。唯有如此,共享单车的经济价值和社会价值才能真正彰显。

让共享单车走好“共享路”,个人要做好有素质的使用者。共享单车的用户既然享受了随骑随停的便捷,自己也就要有停好和善待的素养。使用者素质的高低对于共享单车走好“共享路”起着至关重要的作用。当前,在共享单车的使用发展中乱停乱放现象越来成为城市管理者的烦恼,褪去“共享”外衣据为己有的现象也不断出现。因此,要规范共享单车使用,就必须提升公民素质,注重对道德品质的培养,以品质之弦奏响共享和谐的华章!只有每位用户都遵循用车规则,共享单车才能实现持续共享。

共享单车的共享路走好与否,犹如一盏指向标,预示着未来共享经济发展的优劣。而走好共享路,政府监管是保障、企业责任是条件、个人素质是根本,需要三方合力各司其职,各尽其责。

2017年上半年中小学教师资格考试真题试卷(八)

一、单项选择题

1. C 【**解析**】本题考查教育公正与中学生的共同发展。教育公正在教育活动中的体现,就是所有的学生都能够获得同样的教育机会,或者说教育机会对所有的学生来说是均等的。快慢班把学生分成三六九等,违背了“教育公正”原则,不利于教育公平。

2. B 【**解析**】本题考查素质教育的内涵。素质教育是以培养创新精神和实践能力为重点的教育。刘老师的做法得当,能够激发学生的创新精神,有利于培养学生的创新意识。从马老师的言语中可以看出,马老师重视考试,禁锢了学生的创造性。

3. D 【**解析**】本题考查素质教育的内涵。素质教育是面向全体学生,促进学生全面发展的教育。石老师将综合实践活动课用于补数学,只注重学生的数学成绩的做法是错误的,不利于学生的全面发展。

   方法技巧:关于素质教育的内涵,考生可通过“两全一个一重点”来记忆:(1)“两全”即面向全体学生和促进全面发展;(2)“一个”即促进个性发展;(3)“一重点”即以创新精神和实践能力为重点。

4. A 【**解析**】本题考查教师职业素养。教师的能力素养包括语言表达能力、组织教育和教学的能力、组织管理能力、自我调控和自我反思能力(较高的教育机智)。此外,教师还应该具备教育科研能力、学习能力、观察学生的能力、创新能力以及运用现代教育技术手段的能力。题干中吴老师针对课堂教学中出现的问题进行研究,并发表自己的研究成果,这体现了吴老师具有良好的教学研究能力。

5. B 【**解析**】本题考查《国家中长期教育改革和发展规划纲要(2010—2020年)》。《国家中长期教育改革和发展规划纲要(2010—2020年)》提出,加快缩小城乡差距。建立城乡一体化义务教育发展机制,在财政拨款、学校建设、教师配置等方面向农村倾斜。

6. A 【**解析**】本题考查《中华人民共和国教育法》。根据《中华人民共和国教育法》第七十八条规定,学校及其他教育机构违反国家有关规定向受教育者收取费用的,由教育行政部门或者其他有关行政部门责令退还所收费用;对直接负责的主管人员和其他直接责任人员,依法给予处分。

7. A 【**解析**】本题考查《中华人民共和国教师法》。根据《中华人民共和国教师法》第三十七条规定,教师故意不完成教育教学任务给教育教学工作造成损失的,由所在学校、其他教育机构或者教育行政部门给予行政处分或者解聘。

8. C 【**解析**】本题考查《中华人民共和国预防未成年人犯罪法》。根据《中华人民共和国预防未成年人犯罪法》第十九条规定,未成年人的父母或者其他监护人,不得让不满十六周岁的未成年人脱离监护单独居住。

   备注:本题涉及法条内容在2020年修订的《中华人民共和国预防未成年人犯罪法》中已删除,但出现在2020年修订的《中华人民共和国未成年人保护法》第二十一条,未成年人的父母或者其他监护人不得使未满八周岁或者由于身体、心理原因需要特别照顾的未成年人处于无人看护状态,或者将其交由无民事行为能力、限制民事行为能力、患有严重传染性疾病或者其他不适宜的人员临时照护。未成年人的父母或者其他监护人不得使未满十六周岁的未成年人脱离监护单独生活。参加2021年6月1日之后的教师资格考试笔试的考生,需要依据新法作答。

9. C 【**解析**】本题考查侵犯学生受教育权的表现。我国《教育法》规定,受教育者享有“参加教育教学计划安排的各种活动”的权利。这是学生在学校中享有的最基本的权利。在教育教学中,学生有权参加教学计划安排的授课、讲座、课堂讨论、观摩、实验、实习和考试等活动。题干中李老师剥夺未完成作业的学生听课的权利,是不合法的,属于侵犯学生受教育权的表现。

10. B 【**解析**】本题考查《中华人民共和国预防未成年人犯罪法》。根据《中华人民共和国预防未成年人犯罪法》第四十九条规定,未成年人的父母或者其他监护人不履行监护职责,放任未成年人有本法规定的不良行为或者严重不良行为的,由公安机关对未成年人的父母或者其他监护人予以训诫,责令其严加管教。

    备注:《中华人民共和国预防未成年人犯罪法》(2020年修订)第六十一条规定,公安机关、人民检察院、人民法院在办理案件过程中发现实施严重不良行为的未成年人的父母或者其他监护人不依法履行监护职责的,应当予以训诫,并可以责令其接受家庭教育指导。

    考生在之后的考试中遇到此类型的试题时,需以2020年修订的《中华人民共和国预防未成年人犯罪法》中的相关规定为准。

11. D 【**解析**】本题考查《学生伤害事故处理办法》。根据《学生伤害事故处理办法》第二十八条规定,未成年学生对学生伤害事故负有责任的,由其监护人依法承担相应的赔偿责任。题干中16岁的学生王某放学途中不慎将同学孙某眼部戳伤,该事故是王某的过错,但因其是未成年人,因此应由其监护人承担赔偿责任。该事故发生在放学途中,学校不承担赔偿责任。

12. C 【**解析**】本题考查侵犯学生财产权的内容。个人的财产所有权是指公民对个人所有的财产依法进行占有、使用、收益和处分的权利。学生的合法财产受到法律保护,教师不得侵占、破坏或非法扣押、没收等。教师侵犯学生财产权的表现形式有:损坏学生财物、非法没收学生物品、乱罚款、乱摊派、推销商品等。学校、教师没有罚款的权利。班主任张某让学生程某缴纳

"违纪金"的做法侵犯了学生程某的财产权。

方法技巧:侵犯学生的财产权是教师资格考试中的重要考点,教师侵犯学生财产权的表现形式有:损坏学生财物、非法没收学生物品、乱罚款、乱摊派、推销商品等。此外,考生在做题时,如果看到题干有强调非法占有他人作品的奖金、收益等,一般也是侵犯财产权。学生的知识产权、专利等某些智力成果带来的财产收益,如果被侵犯,也属于侵犯财产权。

13. B 【解析】本题考查教师与同事的关系。教师之间要做到:互相尊重,切忌嫉妒;相互学习,取长补短;平等相待,不卑不亢;乐于助人,关心同事。题干中吴老师经验丰富,应主动指导蒋老师,让其迅速掌握教学技能,不能等着蒋老师来请教,也不能任由蒋老师自己探索。推门听课必须取得蒋老师的同意,在课堂上直接指出不妥之处不仅会打断课堂教学,也是对蒋老师的不尊重。

14. D 【解析】本题考查现代教师教学行为的转变。在对待师生关系上,新课程强调尊重、赞赏。尊重学生同时意味着不伤害学生的自尊心。教师应努力做到:不体罚学生,不辱骂学生,不大声训斥学生,不冷落学生,不羞辱、嘲笑学生,不随意当众批评学生。题干中高老师在班级内当众批评两个传纸条的学生,伤害了学生的自尊心,并且在没弄明白事情原因之前,就判定两个人在谈恋爱,行事武断,故该题选 D。

15. D 【解析】本题考查《中小学教师职业道德规范》(2008 年)。终身学习要求教师要崇尚科学精神,树立终身学习理念,拓宽知识视野,更新知识结构。潜心钻研业务,勇于探索创新,不断提高专业素养和教育教学水平。漫画中教师的脑袋是留声机,讲台上摆着课本,说明该教师只是将课本内容直接复述给学生,没有做到对知识的更新以及对知识的探索创新。

方法技巧:综合素质试题有时会结合图片进行考查,考生在遇到此类试题,要学会抓住图片中的关键信息,理解图片所要传达的意思,从而选出最符合图片含义的选项。

16. A 【解析】本题考查《中小学班主任工作规定》对班主任职责与任务的规定。班主任的职责和任务之一是认真做好班级的日常管理工作,维护班级良好秩序,培养学生的规则意识、责任意识和集体荣誉感,营造民主和谐、团结互助、健康向上的集体氛围。A 项有利于营造团结互助的集体氛围,是正确的做法。B 项以成绩排名编排座位,有损教育公平,也不利于学生全面发展;C 项没有做到尊重学生人格,且侵犯了学生的隐私权;D 项没有做到实事求是地评定学生操行。

17. B 【解析】本题考查传统文化素养的相关内容。A 项,"破釜沉舟"指的是项羽的故事;C 项,"三顾茅庐"指的是刘备和诸葛亮的故事;D 项,"草木皆兵"指的是秦王苻坚的故事。

18. B 【解析】本题考查世界历史。17 ~ 18 世纪,成立"东印度公司"的主要国家是英国、荷兰和法国。

19. A 【解析】本题考查近代科学家及其成就。凯库勒是德国有机化学家,他提出了有机分子的结构理论,并且发现了苯的结构简式。拉瓦锡是法国化学家,他否定了"燃素说",揭示了燃烧的本质,正式确立了质量守恒定律。诺贝尔是瑞典化学家、发明家,诺贝尔奖创始人,尤其在炸药方面成就卓越。法拉第是英国物理学家、化学家。他首次发现电磁感应现象,进而得到产生交流电的方法,发明了人类第一台发电机——圆盘发电机。

20. D 【解析】本题考查化学常识。食品添加剂中的山梨酸钾、苯甲酸钠属于防腐剂。

21. C 【解析】本题考查唐代文学。《江雪》的作者是唐代诗人柳宗元。

A 选项,王维是唐朝诗人,世称"诗佛",代表作有《相思》《山居秋暝》《送梓州李使君》。名句"空山新雨后,天气晚来秋。明月松间照,清泉石上流"出自《山居秋暝》。

B 选项,韩愈是唐朝散文家,代表作有《师说》《祭十二郎文》。名句"师者,所以传道受业解惑也"出自《师说》。

D 选项,李商隐是晚唐诗人,独创"无题诗",代表作有《锦瑟》《贾生》《夜雨寄北》。名句"何当共剪西窗烛,却话巴山夜雨时"出自《夜雨寄北》。

22. C 【解析】本题考查中国文学。C 项出自曹植的《洛神赋》,"悼良会之永绝兮,哀一逝而异乡。无微情以效爱兮,献江南之明珰"。

23. C 【解析】本题考查古代地理称谓。古代的临安是指临安府,即今杭州市,是南宋首都,有"临时安家"之意。西安,简称"镐",古称长安、镐京、西京,历史上先后有十多个王朝在此建都,是世界四大古都之一,是中国历史上建都朝代最多、时间最长、影响力最大的都城之一。

易错提示:考生易混淆古代的一些地理称谓,需重点记忆。

洛阳:简称"洛",别称洛邑、洛京。
西安:简称"镐",古称长安、镐京、西京。
开封:简称"汴",古称汴州、汴梁、汴京。
杭州:简称"杭",古称临安、钱塘。
北京:简称"京",古称燕京、大都、蓟城、北平等。
南京:简称"宁",古称金陵、建康。
安阳:简称"殷"或"邺",古称相、殷、邺、邺城、邺都、邺郡、相州、彰德等。

24. C 【解析】本题考查历史常识。岳飞,字鹏举,谥武穆,宁宗时追封为鄂王,改谥忠武,所以史称岳武穆。

A 选项,籍贯是指祖居或个人出生所在地,古时会以其出生地或族望地或为官地来称呼,统称为地望称,如称柳宗元为柳河东或柳柳州,称王安石为王临川。

B 选项,表字是指除本名外另取一个与本名有所关联的名字,又叫"字",如孔丘,字仲尼。

D 选项,古时对某人既不称其名,也不称其字,而以所任或曾任官职称呼,这就是官称。如常称杜甫为杜工部、杜拾遗,称王维为王右丞。

25. A 【解析】本题考查西方著名音乐家。约翰·塞巴斯蒂安·巴赫是巴洛克时期的德国作曲家,杰出的管风琴、小提琴、大键琴演奏家,被普遍认为是音乐史上最重要的作曲家之一，并被尊称为“西方近代音乐之父”，也是西方文化史上最重要的人物之一。

26. B 【解析】本题考查 Excel 基本操作中的数据处理。数据筛选就是将不符合特定条件的行隐藏起来，这样可以更方便查看数据。

27. A 【解析】本题考查 PowerPoint 的设计模板。PowerPoint 的设计模板只限定模板的类型，对于版式则不设限定。

28. D 【解析】本题考查概念间的关系。题干中“重庆——直辖市”的逻辑关系为：重庆是直辖市，二者为属性对应关系。A 项，“法国”和“法兰西”是全同关系；B 项，“华盛顿”和“纽约”是并列关系；C 项，“联合国”是一个国际组织，“英国”是其中一个成员，二者是组成关系；D 项，北京是中国首都，二者为属性对应关系，与题干逻辑关系一致。故本题选 D。

29. A 【解析】本题考查数字推理。从题干可以看出前面三位数字与后面六位数字的对应关系规律为③×①+(①+②)×③+②×③。据此对各项分析后可得 A 项正确，具体如下：

$4\times7+(7+6)\times4+6\times4$

28　　　52　　　24

二、材料分析题（答案要点）

30. 素质教育是依据人的发展和社会发展的实际需要，以全面提高全体学生的基本素质为根本目的，以尊重学生主体性和主动精神，注重开发人的智慧潜能，形成人的健全个性为根本特征的教育。材料中李老师的做法很好地践行了素质教育理念。

(1)素质教育是促进学生全面发展的教育。素质教育倡导的是在教育中使每个学生都得到充分的、全面的发展。材料中，李老师常常说：“美术课堂不仅要教会学生画画，还应该培养学生更多的能力。”表明李老师认识到素质教育不仅要教会学生某方面的知识和能力，还要培养学生更多的能力，促进学生全面发展。

(2)素质教育是促进学生个性发展的教育。每一个学生都有其个别性，有不同的欲望需求、不同的兴趣爱好、不同的创造潜能，这些不同点铸造了一个个千差万别的、个性独特的学生。材料中有的学生将旧衣服改成符合时尚潮流又具有独特魅力的新衣服；有的学生将旧衣物裁剪成布条、布块，制作成灯笼、小布娃等布艺饰品……体现了学生不同的个性和潜能，李老师的教育方式促进了学生的个性发展。

(3)素质教育是以培养创新精神和实践能力为重点的教育。材料里，在李老师组织的创意大赛中，学生们动脑动手，给旧衣物赋予了新的功能和价值，制作出缤纷多彩的作品。李老师在教育中培养了学生的创新精神和实践能力。

(4)课程与教学，学校教育活动中的管理活动，课外、校外教育活动等都是素质教育实施的重要途径。在教学中，李老师经常运用绘图技术进行视觉教学，听音乐作画、古诗词意境配画等。这表明李老师能够利用课程教学对学生进行素质教育。他还带学生去郊外写生。每年市里举办美术展览，他都带学生去参观，引导学生仔细观察，用心体会。这些体现了李老师能够在课外、校外教育活动中践行素质教育。

31. (1)杨老师的教育行为体现了关爱学生的教师职业道德要求。关爱学生是教师处理其与学生的关系时所应遵循的原则要求。关爱学生的范围是全体学生，而不是某一部分。关爱学生的核心是尊重学生人格。关爱学生的关键是做到对学生平等公正。材料中的“我”面对学生的打闹等，厉声斥责，摔粉笔盒，还抓过几个捣蛋头罚站，让他们写检查，打扫卫生……而杨老师却不是这样做的，她不说一句话，就在那里看书。这是杨老师尊重学生的人格、关爱学生的体现。

(2)杨老师的教育行为体现了教书育人和为人师表的教师职业道德要求。教书育人是教师在处理其与职业劳动的关系时所遵循的原则要求，是教师的天职。倡导“教书育人”就是要求教师以育人为根本任务。教师必须遵循教育规律，实施素质教育，以培养学生良好品行，激发学生创新精神，促进学生的全面发展。为人师表是教师在处理其与自己的关系时应遵循的原则要求，是教师职业的内在要求。材料中，当学生嬉闹的时候，杨老师就一个人安静地看书，学生看她安安静静的，就不好意思再嬉闹了。杨老师以自己的行为为示范，来培养学生自习课上安静学习的习惯，体现了她教书育人和为人师表的师德规范。

32. (1)①作家通过写作来寻求理解，寻觅知音，而读者则通过阅读，来发现作者并与他们建立认同。②作家通过区分不同的读者类型，针对特定的阅读对象，使用相应的语言和叙事策略，为他们提供读物，从而获得读者和市场的认同。③真正意义上的文学写作，不仅考虑现实的读者，同时也在向未来和可能的读者寻求认同。

(2)文末的“开放的写作”，在内涵上是与文首的文学的多层“认同”遥相呼应的。作者最后得出这一结论是从三个方面展开的：①要向未来敞开，坚持文学本身就具有某种“待访”的性质。②“开放的写作”也是在跟自己内心的目标进行对话，心中要有一个隐秘而清晰的目标。读者和社会的认同、商业上的成功是一回事，而能否接近和达到这个目标，则是另一回事。③与先驱者所确立的文学标准对话，有价值的写作，是对传统的某种回应，无论是对传统的继承、质疑还是挑战，都是一种重要的回应。

三、写作题

33. 【写作思路】在这则材料里面出现了“上山的人”“下山的人”“山上的人”“山下的人”四类人。其中“上山的人”指的是处于人生上升阶段的人，“下山的人”指的是从人生巅峰滑下来的人，“山上的人”指的是正处在人生巅峰的人，“山下的人”是处于人生低谷但可能会爬上来的人。通过分析可以知道，文中的“山”即是人生这座高山，文中不同的人就是现实中不同的人生。“上山的人永远不要瞧不起下山的人，因为他们曾经风光过”就是说当你处于上升阶段时要保持平稳的心态，不能骄傲，因为每个人都有自己辉煌的时刻，只有保持平稳的心才能维持自己的态势。“山上的人不要瞧不起山下的人，因为他们不定什么时候就能爬上来”就是说我们要时刻保持谦虚谨慎的心，不要小看任何一个人。整体来说就是不因胜利而骄纵，不因名节而倨傲，不因失利而沉沦，不因落后而浮躁，我们要不断努力、追求，保持一颗向上的心。

【参考范文】

以发展的眼光看学生

中国有句老话叫：“三岁看小，七岁看老。”这种说法其实是不对的。因为不管是人还是世间万物，总是在发展着的，总是在不停地变化着的，此时的样子肯定不同于彼时的模样。就像上山的人总会爬到山顶，下山的人总会从山顶下来；山上的人总会下到山脚，山下的人也总会爬到山顶。所以，我们不能用静止的眼光看人看事。而对于处在成长期的学生，他们可塑性强，潜力大，爆发力惊人，就更不能用静态的眼光来对待，而应秉持“发展才是硬道理”的观念。

以发展的眼光看学生，就要以一种动态的眼光看待他们。植物学先祖林奈在大学预科学习成绩极差，以致校长劝他及早退学；达尔文读初中时，因成绩不良而被教师家长视为智力低下；霍金上学时成绩不好被同学们讥讽为“爱因斯坦”；德国诗人海涅是学校人人皆知的差生，教师骂他一窍不通；其他如轮船发明家富尔顿、哲学家休谟、科学家牛顿、数学家华罗庚等上学时成绩都不佳。但事实证明，这些小时候被判定为“差生”的人，在之后都有自己的一番作为。学生就像一颗种子，正在经历着成熟前的萌芽、生长和壮大。他们的身心发展是呈阶段性的、持续性的，中间必会存在不完美的因素。我们要正确看待这种不完美，给予他们完善的机会，而不要急于给他们戴上“坏学生”的帽子。要知道，“士别三日，即更刮目相待”。学生好比一个气球，你给他多大空间，他就会有多大体积。

以发展的眼光看学生，就要以一种独特的眼光看待他们。就像世界上不可能有完全相同的两片树叶，一个学生定有异于另一个学生的地方。每一个学生都是一块金子，他们的品质不同，闪光点自然也不同。所以，我们的教学中才会分文理科，才会有特长生，这是为了充分发挥每个学生身上的闪光点，让他们能在自己擅长的领域绽放光芒，做出贡献。现今社会，并不需要一成不变的模式化人才，因此，我们要尊重每个学生的这种个性差异，善于捕捉和发现每一个学生身上的亮点，并加以引导、开发，让他们充分地散发出属于自己的光芒，为多彩的社会添砖加瓦。

以发展的眼光看学生，就要以一种全面的眼光对待他们。学生一生发展的评价标准不仅有学习成绩，还有身心健康、品德修养、实践创新等众多因素，我们不能只看重学生的成绩，而忽视对他们进行其他方面的培养和提升。在当今社会，多得是利用自己高超的技术或出色的头脑进行犯罪的人，相比于这些能力出色却用来做恶事的人，还是那些平平无奇却坚守道德底线的人为社会发展做出的贡献更大，也更为人尊敬。学生的发展也应是德智体美劳的全面发展，是知行合一的发展，不是纸上谈兵的发展，不要让学生成为“思想上的巨人，行动上的矮子”。

每一个学生都是一个含苞待放的花蕾，在它绽放之前，我们要用心浇灌、倾力引导，用发展的眼光看待每一个学生，不能因为一时的观念，让他们错失了开出属于自己的色彩的机会，我们要让学生拥有盛放五颜六色的可能，拥有香气满人间的机会。

2016 年下半年中小学教师资格考试真题试卷(九)

一、单项选择题

1. B 【解析】本题考查素质教育的内涵。从题干中的校训可知，卓越、精专的关键是全面和广博，这体现的是全面发展的教育理念。故该题选 B。
2. A 【解析】本题考查素质教育的内容。图中某些学校强调应试教育的做法，抑制了学生想象力的发挥，抑制了学生的创造能力，这不可能提高学生的竞争能力，也不可能提升学生的综合素质。
3. B 【解析】本题考查“以人为本”的学生观。学生是发展中的人，教师绝不能依据学生的一时表现来断言学生没有发展的可能，而应该坚信每一个学生都具有巨大的可供挖掘和开发的资源和潜能，应该看到学生的未完成性，并给学生创造发展的良好环境和机会。题中班主任的说法忽视了学生的发展性。
4. A 【解析】本题考查现代教师教学行为的转变。教学反思被认为是“教师专业发展和自我成长的核心因素”。新课程非常强调教师的教学反思，依据教学进程，教学反思分为教学前、教学中、教学后三个阶段。教学反思有助于教师形成和培养自我反思的意识和自我监控的能力。邱老师在工作日志中总结教研会上的问题，并且决心把这个问题弄清楚，这说明邱老师有问题意识，能够自我反思。
5. C 【解析】本题考查侵犯学生财产权的表现。学生的合法财产受法律保护，教师不得侵占、破坏或非法扣押、没收等。题干中手机属于学生王某的合法财产，李某拒绝归还手机的做法侵犯了学生的财产权。
6. C 【解析】本题考查《中华人民共和国教师法》。根据《中华人民共和国教师法》第三十七条规定，教师有下列情形之一的，由所在学校、其他教育机构或者教育行政部门给予行政处分或者解聘：(1)故意不完成教育教学任务给教育教学工作造成损失的；(2)体罚学生，经教育不改的；(3)品行不良、侮辱学生，影响恶劣的。C 项不属于以上情形，学校不能给予行政处分或者解聘。
7. D 【解析】本题考查《学生伤害事故处理办法》。根据《学生伤害事故处理办法》第九条第十款规定，学校教师或者其他工作人员在负有组织、管理未成年学生的职责期间，发现学生行为具有危险性，但未进行必要的管理、告诫或者制止的。由此造成学生伤害事故，学校应依法承担相应的责任。赵某是在上课期间经班主任默许离开教室的，班主任未能对学生的危险行为进行管理、告诫或制止，所以打人者李某和学校都应承担赔偿责任。

8. D 【解析】本题考查教师与学生之间的法律关系。教师与学生之间的法律关系包括:(1)教育和被教育的关系;(2)管理和被管理的关系;(3)保护和被保护的关系;(4)互相尊重的平等关系。所以,D项说法不正确。

9. A 【解析】本题考查《中华人民共和国预防未成年人犯罪法》。题干中钱某的行为属于严重不良行为,根据《中华人民共和国预防未成年人犯罪法》第三十五条规定,对有严重不良行为的未成年人,其父母或者其他监护人和学校应当相互配合,采取措施严加管教,也可以由其父母或者其他监护人,或者原所在学校提出申请,送工读学校进行矫治和接受教育。根据《中华人民共和国义务教育法》第二十七条规定,对违反学校管理制度的学生,学校应当予以批评教育,不得开除。所以,A项正确。

备注:《中华人民共和国预防未成年人犯罪法》(2020年修订)第四十三条规定,对有严重不良行为的未成年人,未成年人的父母或者其他监护人、所在学校无力管教或者管教无效的,可以向教育行政部门提出申请,经专门教育指导委员会评估同意后,由教育行政部门决定送入专门学校接受专门教育。

考生在之后的考试中遇到此类型的试题时,需以2020年修订的《中华人民共和国预防未成年人犯罪法》中的相关规定为准,但可参考《中小学教育惩戒规则(试行)》第十条规定,对违规违纪情节严重,或者经多次教育惩戒仍不改正的学生,学校可以给予警告、严重警告、记过或者留校察看的纪律处分。对高中阶段学生,还可以给予开除学籍的纪律处分。

10. C 【解析】本题考查学生的公民权利。隐私权是指公民生活中不愿为他人公开或知悉的个人秘密的不可侵犯的人身权利。题干中该中学公布学生自身及家庭成员的资料的做法,侵犯了学生的隐私权。

11. D 【解析】本题考查学生的权利及其保护。名誉权是指自然人、法人和非法人组织就其品德、声望、才能、信用等的社会评价,所享有的保有和维护的权利。任何组织或者个人不得以侮辱、诽谤等方式侵害他人的名誉权。题干中李某给王某起外号并在同学中广而告之,侵犯了王某的名誉权。我国《民法通则》中规定,人格权包含名誉权,故李某侵犯了王某的人格权。

备注:2020年5月28日,十三届全国人大三次会议表决通过了《中华人民共和国民法典》,自2021年1月1日起施行。《民法总则》同时废止。《民法典》中规定名誉权属于人格权的一种,故本题答案不变,在之后的考试中,考生需以《民法典》中的相关规定为准。

12. A 【解析】本题考查《国家中长期教育改革和发展规划纲要(2010—2020年)》中的教育公平。根据《国家中长期教育改革和发展规划纲要(2010—2020年)》规定,教育公平是社会公平的重要基础,教育公平的关键是机会公平。

方法技巧:《国家中长期教育改革和发展规划纲要(2010—2020)》自2018年下半年以来,就不再考查。鉴于真题不再考查和此项文件的时效范围等因素,考生在做题时了解即可。

13. B 【解析】本题考查《中小学教师职业道德规范》(2008年)中的爱岗敬业。教师批改学生作业,是教学活动的重要环节。教师没有认真地批改作业,学生就不能得到准确的学习信息反馈,教学环节就有缺失。此外,《中小学教师职业道德规范》(2008年)中的爱岗敬业对教师提出的具体要求是:教师要对工作高度负责,认真备课上课,认真批改作业,认真辅导学生。不得敷衍塞责。因此,题干中曾老师只核对课后作业答案的做法是不合理的。

14. B 【解析】本题考查教师与同事的关系。题干中方老师只重视教学而忽视与同事的关系的做法是不正确的。处理教师与同事关系的基本要求包括:互相尊重、彼此理解、团结协作。方老师应该反思自我,加强与同事的沟通。

15. C 【解析】本题考查教师职业的劳动特点。教师劳动具有长期性,长期性是指人才培养的周期比较长,教育影响具有滞后性。题干中毛泽东给他二十年前的老师写信,并说这位老师将一直是他老师,这体现了教师对学生影响的深远性。

16. D 【解析】本题考查《中小学教师职业道德规范》(1997年)。教师应为人师表、廉洁从教,不利用职务之便谋取利益。题干中余老师不接受家长送礼的做法符合廉洁从教的要求。

17. A 【解析】本题考查历史典故与人物。"图穷匕见"源自荆轲刺秦王的故事,与秦始皇有关。

B选项,"指鹿为马"意为公然歪曲事实,颠倒是非,以愚弄他人,语出秦二世时期赵高专擅政事的故事。

C选项,"望梅止渴"出自《世说新语·假谲》:魏武行役失汲道,军皆渴,乃令曰:"前有大梅林,饶子,甘酸可以解渴。"士卒闻之,口皆出水,乘此得及前源。魏武即魏武帝曹操。

D选项,"三顾茅庐"出自《三国志·蜀志·诸葛亮传》,讲的是刘备为了请躬耕南阳的诸葛亮出山,三次到草庐中去拜访他的故事。后世用此成语,表示处于尊位的人欲让处身草野中的人才为己所用,恭恭敬敬地登门拜访。

18. A 【解析】本题考查法国资产阶级革命。由题干"1848年""法国"可知,该共和国为法兰西第二共和国。

19. D 【解析】本题考查近代科学家及其成就。诺贝尔是瑞典化学家、发明家,是诺贝尔奖的创始人。

20. D 【解析】本题考查化学常识。"不锈钢"一词不仅仅是单纯指一种不锈钢,而是表示一百多种工业不锈钢,所开发的每种不锈钢都在其特定的应用领域具有良好的性能。它们除了铁外,还含有铬和镍。不锈钢的耐蚀性随含碳量的增加而降低,因此,大多数不锈钢的含碳量均较低,最大不超过1.2%。

21. C 【解析】本题考查文艺复兴时期文学。A项,《神曲》的作者是意大利诗人但丁;B项,《十日谈》的作者是意大利作家薄伽丘;C项,《巨人传》的作者是法国作家拉伯雷;D项,《堂吉诃德》的作者是西班牙作家塞万提斯。

22. A 【解析】本题考查唐代文学。《滕王阁序》是王勃省父路过滕王阁,即兴而作的。
B 选项,范仲淹是北宋词人,代表作有《渔家傲·秋思》《岳阳楼记》等。名句"先天下之忧而忧,后天下之乐而乐"出自《岳阳楼记》。
C 选项,苏轼号东坡居士,宋代文学最高成就的代表,词开豪放一派,代表作有《念奴娇·赤壁怀古》《水调歌头·明月几时有》等。名句"大江东去,浪淘尽,千古风流人物"出自《念奴娇·赤壁怀古》。
D 选项,陶渊明自称"五柳先生",东晋大诗人,是中国第一位田园诗人,代表作有散文《桃花源记》《五柳先生传》《归去来兮辞》,诗歌《饮酒》《归园田居》等。名句"晨兴理荒秽,带月荷锄归"出自《归园田居·其三》。

23. C 【解析】本题考查古代地理称谓。汴梁又称汴京,为现今的河南开封。

24. A 【解析】本题考查先秦散文。B 项内容出自《庄子》;C 项内容出自《孟子》;D 项内容出自范仲淹的《岳阳楼记》。只有 A 项出自《论语》。

25. D 【解析】本题考查外国绘画。拉斐尔是"文艺复兴三杰"之一,他的作品被人们视为古典美术精神最完美的体现。代表作品有《西斯廷圣母》《雅典学院》等。
A 选项,伦勃朗是欧洲 17 世纪最伟大的画家之一,也是荷兰历史上最伟大的画家,代表作有《杜普教授的解剖学课》《夜巡》《木匠家庭》等。
B 选项,毕加索是立体主义的代表人物,代表作有《亚威农少女》《格尔尼卡》《卡恩韦勒肖像》等。
C 选项,安格尔是 19 世纪欧洲新古典主义的代表人物,代表作有《泉》《土耳其浴室》等。
易错提示: 达·芬奇、米开朗基罗和拉斐尔并成为"文艺复兴三杰",达·芬奇的代表作有《最后的晚餐》《蒙娜丽莎》等;米开朗基罗的代表作《创世纪》《最后的审判》等;拉斐尔的代表作有《西斯廷圣母》《雅典学院》《大公爵的圣母》等。

26. B 【解析】本题考查 Excel 的数据处理。Excel 中的筛选功能,可实现信息的分类汇总,以及帮助我们实现信息的快速分析和决策,帮助我们快速查找满足条件的数据内容。

27. B 【解析】本题考查 Word 中表格的基本操作。"插入表格"后的弹出如下窗口,既可以选择列数,也可以选择行数。(见下图)

28. B 【解析】本题考查概念间的关系。题干"中国—香港"的关系为种属关系,且中国包含香港,与此关系相同的为 B 项,宁夏包含银川。

29. C 【解析】本题考查数字推理。"3 +4 +5→151227""5 + 3 + 2→101525""8 + 2 + 4→321648"的共同规律为:(1)条件由三个数组成;(2)结果为 6 位数;(3)结果从左到右每两个数字为一组,第一组数字为条件的第一个数字与第三个数字的乘积,第二组数字是条件的第一个数字与第二个数字的乘积,第三组数字是条件的第二、第三个数字的和乘以第一个数字。以"3 +4 +5→151227"为例,条件为 3 +4 +5,由 3、4、5 三个数字组成,结果为 151227,把结果从左到右分为三组,依次为 15、12、27,$15 = 3 \times 5$,$12 = 3 \times 4$,$27 = 3 \times (4 + 5)$。按此规律,符合题意的只有 C 项。

二、材料分析题(答案要点)

30. (1)现代学生观认为学生是发展中的人,学生的发展具有个别差异性,要用发展的观点认识学生。汤老师相信学生具有发展潜力,才有了丰富多样的作业活动方式,才真正探索出了保证每个学生有效学习的分层教学。
(2)现代学生观认为学生是完整的人,学习过程并不是单纯的知识接受或技能训练过程,而是伴随着交往、创造、追求、选择、意志努力、喜怒哀乐等的综合过程,是学生整个内心世界的全面参与。汤老师的教学方法尊重了学生自身的独特性,强调学生整个身心的参与,有利于学生在原有基础上的不断提高。
(3)现代学生观认为学生是具有独立意义的人,是学习的主体,教师应当尊重学生的主观能动性,激发学生学习的积极性,努力建构学生的主体地位。汤老师对教学方法的一系列探索与改革正体现出对学生主体地位的尊重,其最终目的就是要调动学生学习的积极性,为学生的全面发展提供广阔的发展空间。

31. (1)夏老师的教育行为体现了教书育人的师德规范要求。教书育人要求教师要循循善诱、因材施教、培养学生良好品行。面对李奇同学在英语学习上的特殊情况,夏老师给予了特殊的指导,最终不仅使李奇同学在学习上取得了进步,对其学习态度的转变也产生了重要影响,取得了良好的教学效果。
(2)夏老师的教育行为体现了爱岗敬业的师德规范要求。爱岗敬业要求教师对教育事业具有强烈的责任感和深厚的感情。面对学生在学习中出现的新情况,夏老师本着对学生负责的态度,通过不同渠道了解学生发展的具体情况,并提出了改进方法,表明夏老师对教育事业有着强烈的责任感。
(3)夏老师的教育行为体现了关爱学生的师德规范要求。关爱学生要求教师要尊重学生的人格,对学生耐心教导,促进学生全面、主动、健康发展。夏老师针对李奇同学的特殊情况,对其进行耐心教导,使其在知识和态度上都取得了巨大进步,这体现了关爱学生的师德规范要求。
(4)夏老师的教育行为体现了终身学习的师德规范要求。终身学习要求教师要树立终身学习理念,潜心钻研业务,勇于探索创新,不断提高专业素养和教育教学水平。面对课程教学中出现的问题,夏老师能够潜心探究教学方法,变不利为有利,提高教学水平体现了这一点。

夏老师的教育行为体现了其较高的职业道德修养。面对学生的问题,夏老师能够主动向有经验的老师请教,并能够从自身出发,改进自己的教学方法,促进学生的健康成长体现了这一点。

总之,夏老师的行为遵循了教师职业道德规范的要求,体现出了较高的职业道德修养,值得每个老师学习。

32. (1)文中画线处指的是文学有影视产品所表现不出来的领域;文学从不限于实录,并非某种分镜头脚本,文学在实处还有虚,是实外有虚,实中寓虚,虚实相济,虚实相生的。“镜头够不着的地方”是指意识的非图景化与文字的思辨化的地方。

(2)“文字与图像互为隐形推手”是指文字与图像是相互联系的,二者取长补短,相互促进,文学的发展能带动影视产业的发展,而影视产业的发展又反作用于文学。影视产品传播快、受众广、声色并茂,并具有文字所缺乏的诸多优越性;而文字可以做到实外有虚,实中寓虚,虚实相济,虚实相生,它可以描绘任何超现实的个人感觉,还可以有抽象认知,有归纳、演绎、辩证、玄思等各种精神高蹈。

所以说文字与图像互为基因,互为隐形推手。一种强旺的文学成长,在这个意义上倒是优质影视生产不可或缺的重要条件。

三、写作题

33. 【写作思路】本题侧重于写教育类作文,主要立意在于应重视素质教育,培养学生生活实践能力。而且素质教育的实施也需要社会全方位共同努力。考生可以通过简单描写网络带给人们生活的便捷与问题的现象导入,然后分析问题产生的原因,最后提出相关的对策。

快递业务的便捷,是现代信息技术发达的表现,它极大地方便了人类的社会生活和交往。但是为高校学生寄洗衣服这项,确实让人沉思。

(1)父母的教育方式以及娇惯、过分溺爱,造成学生的惰性以及独立性差。

(2)现代教育模式重视学生的知识和智力教育,忽视学生生活能力的培养和实践。

(3)学生缺乏独立意识。

【参考范文】

培养学生的独立意识

当前社会处处存在着激烈的竞争与合作,人人都追求个性与发展。但是在这个充分张扬个性的社会中,大学生群体出现的缺乏独立意识、创新精神等一系列负面现象,引起了全社会的关注。就像国家邮政局市场监管司某领导说到的那样,快递业务的便捷,形成了邮政的一种新业务:为高校学生服务,可把积攒的脏衣服寄洗,再通过快递寄回。这在有些人看来不可思议的现象是确实存在的,也凸显出了大学生独立意识与能力的缺失。

大学生缺乏独立意识不仅不能让他们更快地适应自身发展需要,而且还会给国家的各项建设和发展带来危害,引发一系列社会矛盾与问题,造成严重后果。鉴于独立意识的重要性,培养大学生独立意识成为教育工作者和实践者的重要任务,是当前教育的重点。

现在在学生这个大群体中有很大一部分人过于依赖他人,没有自己的主见,不能独立地生活。这严重地阻碍了学生独立解决问题能力的培养,以致出现了一大批机械的、无主见的、缺乏活力和创造力的学生群体。教育的最终目的是培养能够适应社会生活,能够为社会发展做贡献的人才,而缺乏独立意识和独立能力的人,显然与之不相吻合。因此,在教学过程中,就要发挥教师的引导作用,培养学生的独立意识。

教师要培养学生的独立意识就要善于引导学生,让学生形成独立的生活习惯、学习习惯。现在的学生大多属独生子女,家庭比较富裕,从小娇生惯养,生活自理能力较差,养成衣来伸手、饭来张口的不良习惯。因此,我们要及时与家长沟通,告诉他们对待孩子,不能什么事一包到底,该放手就放手。在学校,老师也要给学生创造锻炼的机会,要教育学生自己的事情自己做,自己的事情自己拿主意,能靠自己解决的问题,决不依赖他人。只有时时处处注重学生独立意识的培养,才能让学生养成良好的习惯,做一个果断自信的决策者,并依据决策意志坚定地走下去。一个生活都不能自理的人,苛求在其他方面独立,是不太现实的。

要真正实现学生的独立,还要转变我们的教育思想。苏霍姆林斯基说:“真正的教育是自我教育。”在一切都强调“标准答案”,一切都强调“循规蹈矩”的现行教育体制下,学生毫无张扬个性的空间,更谈不上决定自己的价值取向,还要奢谈什么“自我教育”? 奢谈什么“独立能力”? 因此,要相信学生并给学生提供独立的机会。当然,培养独立意识并不是放任自流,任其随意发展。教师要制订出一套严密的适合学生发展的科学的管理方法来。要利用好班会、国旗下讲话、政治课等阵地,对学生进行教育,以故事、实事等学生喜闻乐见的形式对学生的思想认识进行规范和提高。

未来是属于学生的,学生未来的路要靠他们自己去走,未来的生活要靠他们自己去创造。教师应循序渐进、耐心引导他们,培养学生的独立意识,这符合学生发展的要求,也更符合社会发展对学生的要求。我们要放手给他们一片天空,让他们自己向前走!

2016 年上半年中小学教师资格考试真题试卷(十)

一、单项选择题

1. A 【解析】本题考查现代教师角色。教师即研究者,意味着教师在教学过程中要以研究者的心态置身于教学情境之中,以研究者的眼光审视和分析教学理论与教学实践中的各种问题,对自身的行为进行反思,对出现的问题进行探究,对积累的经验进行总结,最终形成规律性的认识。题干中的邱老师经常梳理工作中遇到的问题,并进行研究,从而找到问题的成因及解决策略,体现了教师的研究者角色。

2. A 【解析】本题考查现代教学观。康老师注重知识在现实生活中的运用,这样有利于提高学生的实践能力。

3. B 【解析】本题考查素质教育的内涵。素质教育是促进学生全面发展的教育。题干中数学老师把综合实践活动课程的课时用来上数学,长期如此的话,将不利于发展学生的综合实践能力,不利于学生的全面发展。

4. C 【解析】本题考查《中小学教师职业道德规范》(2008 年)。"终身学习"的职业道德规范要求教师要崇尚科学精神,树立终身学习理念,拓宽知识视野,更新知识结构。题干中的王老师认为自己的教学经验已经足够丰富了,拒绝去参加培训,体现出他不积极学习新内容,缺乏终身学习的意识。

5. B 【解析】本题考查《中华人民共和国教育法》。根据《中华人民共和国教育法》第二十七条规定,设立学校及其他教育机构,必须具备下列基本条件:(1)有组织机构和章程;(2)有合格的教师;(3)有符合规定标准的教学场所及设施、设备等;(4)有必备的办学资金和稳定的经费来源。

方法技巧:考生需要识记设立学校及其他教育机构必须具备的条件,可用以下方法:有章程(组织机构和章程),有教师(合格的教师),有地(符合规定标准的教学场所及设施、设备等),有钱(必备的办学资金和稳定的经费来源)。

6. D 【解析】本题考查《中华人民共和国义务教育法》。根据《中华人民共和国义务教育法》第十二条规定,适龄儿童、少年免试入学。地方各级人民政府应当保障适龄儿童、少年在户籍所在地学校就近入学。题干中该学校组织入学考试且跨学区招生的做法违反了免试、就近入学的规定。

7. C 【解析】本题考查《中华人民共和国义务教育法》。根据《中华人民共和国义务教育法》第二十二条规定,县级以上人民政府及其教育行政部门应当促进学校均衡发展,缩小学校之间办学条件的差距,不得将学校分为重点学校和非重点学校。学校不得分设重点班和非重点班。该县级政府设置重点学校的做法是不合法的。

8. D 【解析】本题考查侵犯学生受教育权的主要表现。题干中张老师剥夺成绩不合格的小强的上课权利,这是教师侵犯学生受教育权的具体表现。

9. C 【解析】本题考查教师的职业权利。民主管理权是指教师对学校教育教学、管理工作和教育行政部门的工作提出意见和建议,通过教职工代表大会或者其他形式,参与学校的民主管理。题干中该教师积极参加学校工会活动,并对学校的改革发展建言献策,该老师行使的是教师的民主管理权。

10. C 【解析】本题考查《中华人民共和国未成年人保护法》。C 项属于对未成年人的家庭保护。

备注:2020 年修订的《中华人民共和国未成年人保护法》主要从家庭、学校、社会、网络、政府和司法六方面规定了相关主体保护未成年人的义务,并规定了相关的法律责任。网络保护和政府保护是 2020 版修订中新增加的部分。本题选项中"预防未成年人沉迷网络"属于对未成年人的网络保护,"禁止拐卖、虐待未成年人""任何人不得在中小学教室吸烟"属于对未成年人的社会保护,"履行监护职责,抚养未成年人"属于对未成年人的家庭保护。

考生在之后的考试中遇到此类型的试题时,需以 2020 年修订的《中华人民共和国未成年人保护法》中的相关规定为准。

11. D 【解析】本题考查《学生伤害事故处理办法》。《学生伤害事故处理办法》第十三条规定,下列情形下发生的造成学生人身损害后果的事故,学校行为并无不当的,不承担事故责任;事故责任应当按有关法律法规或者其他有关规定认定:(1)在学生自行上学、放学、返校、离校途中发生的;(2)在学生自行外出或者擅自离校期间发生的;(3)在放学后、节假日或者假期等学校工作时间以外,学生自行滞留学校或者自行到校发生的;(4)其他在学校管理职责范围外发生的。由于晓东是在校外受伤,又是未成年人,所以承担该事故责任的主体是晓东及其监护人。

12. D 【解析】本题考查《国家中长期教育改革和发展规划纲要(2010—2020 年)》。其中对于人才培养体制改革部分,要求改革教育质量评价和人才评价制度:改进教育教学评价;根据培养目标和人才理念,建立科学、多样的评价标准;开展由政府、学校、家长及社会各方面参与的教育质量评价活动;做好学生成长记录,完善综合素质评价;探索促进学生发展的多种评价方式,激励学生乐观向上、自主自立、努力成才。D 选项没有体现。

13. A 【解析】本题考查《中小学教师职业道德规范》(2008 年)。"关爱学生"的师德规范要求教师要关心爱护全体学生,尊重学生人格,平等公正对待学生。题干中的孙老师把没有按时完成作业的学生赶到操场上,让他们在冷风中写作业,这没有做到关心爱护每一个学生,违背了关爱学生的要求。

14. A 【解析】本题考查《中小学教师职业道德规范》(2008 年)。"教书育人"的师德规范要求教师培养学生良好品行,激发学生创新精神,促进学生全面发展。不以分数作为评价学生的唯一标准。题干中钟老师的做法说明他看到了不同学生的不同特长,对学生在各个方面的进步都予以肯定,体现出钟老师并不是以分数作为评价学生的唯一标准。

15. B 【解析】本题考查《中小学教师职业道德规范》(2008 年)。题干中数学老师林老师的做法违背了"关爱学生"的教师职业道德规范,是不对的行为,所以 CD 项的做法都是不对的。教师在处理与同事的关系时要做到:互相尊重,切忌嫉妒;相互学习,取长补短;平等相待,不卑不亢;乐于助人,关心同事。所以 A 项的严厉批评做法不当,故该题选 B。

16. B 【解析】本题考查《中小学教师职业道德规范》(2008 年)。"为人师表"的教师道德规范要求教师自觉抵制有偿家教,不利用职务之便谋取私利。题干中蒋老师应在拒绝亲戚要求的同时，向他说明自己不能提供帮助的理由。

17. C 【解析】本题考查近代科学家及其成就。17世纪下半叶，在前人工作的基础上，英国科学家牛顿和德国数学家莱布尼茨分别在自己的国度里独自研究和完成了微积分的创立工作。到19世纪初，法国科学学院的科学家以柯西为首，对微积分的理论进行了认真研究，建立了极限理论，后来又经过德国数学家维尔斯特拉斯进一步的严格化，使极限理论成为微积分的坚定基础。所以，C项爱因斯坦与微积分理论的创立和发展没有重大关系。

18. A 【解析】本题考查第一次科技革命。第一次工业革命是以工作机的诞生开始的，以蒸汽机作为动力机被广泛使用为标志。

易错提示：考生易混淆三次科技革命的标志，在之后的学习中，需要重点记忆。

项目	标志
第一次科技革命	蒸汽机的发明及应用
第二次科技革命	电力的应用和内燃机的发明
第三次科技革命	原子能、航天技术、计算机的应用

19. B 【解析】本题考查历史常识。战国七雄指的是：齐、楚、秦、燕、赵、魏、韩。

20. C 【解析】本题考查历史典故与人物。“刮骨疗伤”这个故事出自《三国演义》，讲述了关羽生擒于禁斩杀庞德之后，再次进攻樊城，却被一枝带毒的冷箭射中右臂，神医华佗为他用刀刮骨去毒。

A选项，张仲景是东汉末年著名医学家，被后人尊称为“医圣”，他的《伤寒杂病论》是后世中医的重要经典著作。

B选项，李时珍是明代医药学家，他的《本草纲目》全面总结了16世纪以前的中国医药学，被誉为“东方医药巨典”。

D选项，战国时，扁鹊采用“望闻问切”四诊法诊断疾病，被后世尊为“脉学之宗”。

21. A 【解析】本题考查中国传统礼仪文化。女士优先发源于西方，不是中国的传统文化。我国从西周时期就开始强调长幼有序、亲疏有别的传统礼仪。

慎终追远的意思是旧指慎重地办理父母丧事，虔诚地祭祀远代祖先。后也指谨慎从事，追念前贤。出自《论语·学而》：“曾子曰：‘慎终追远，民德归厚矣。’”

礼尚往来的意思是在礼节上注重有来有往，借指用对方对待自己的态度和方式去对待对方。出自《礼记·曲礼上》：“礼尚往来。往而不来，非礼也；来而不往，亦非礼也。”

22. B 【解析】本题考查文学素养。教学相长出自《礼记·学记》：“是故学然后知不足，教然后知困。知不足然后能自反也，知困然后能自强也。故曰教学相长也。”意思是教和学两方面互相影响和促进，都得到提高。

A选项，升堂入室出自《论语·先进》：“由也升堂矣，未入于室也。”原来比喻学习所达到的境地有程度深浅的差别，后来多用以赞扬人在学问或技能方面有高深的造诣。

C选项，诲人不倦出自《论语·述而》：“子曰：‘默而识之，学而不厌，诲人不倦，何有于我哉！’”意思是默默存思所见所闻，认真学习而不厌烦，教导别人而不倦怠，这些事情我做到了多少？

D选项，有教无类出自《论语·卫灵公》：“子曰：‘有教无类。’”意思是教育不应分贫富贵贱、地域种族等类别，对于什么样的人都应该给予教育。

23. A 【解析】本题考查中国文学。《窦娥冤》的作者是元代戏曲作家关汉卿。李渔是明末清初的文学家、戏曲家，代表作有《闲情偶寄》《笠翁十种曲》《无声戏》《十二楼》等。

24. B 【解析】本题考查中国文学。《诗经》按用途和音乐分为“风”“雅”“颂”三部分，“颂”是王室宗庙祭祀或举行重大典礼时的乐歌，共40篇，分为周颂、鲁颂和商颂。其中周颂是周王室的宗庙祭祀诗。

25. C 【解析】本题考查民族风俗传统。藏族室内装饰讲究对称、华丽、工整，以鲜明艳丽的颜色为主，装饰花纹包括法轮、莲花、宝瓶等符号化的纹样，表现形式主要有涂绘和挂饰两种。图片反映的是藏族的特色建筑。

26. C 【解析】本题考查 Word 的基本操作。在 Word 中，如果双击某行文字左端的空白处，则该段文字都被选中。

27. B 【解析】本题考查 PowerPoint 的基本操作。A为打开幻灯片，C为插入表格，D为保存。只有点击B项按钮后，可插入新的幻灯片。

28. D 【解析】本题考查概念间的关系。“土豆”和“马铃薯”之间是概念的全同关系，而番茄的别名是西红柿，两者之间也是概念的全同关系。

29. A 【解析】本题考查三段论推理。“医生都穿白衣服”和需要补充的前提推出“有些穿白衣服的人留长头发”的结论，因此需要补充的前提必须有关键词“留长头发”，故答案选A。

二、材料分析题(答案要点)

30. 材料中曲老师的教育行为体现了良好的教师职业素养，也符合新课程改革对教师提出的新要求，是值得每一位教师尊敬和学习的。

(1)曲老师拒绝了条件更好的城区学校的邀请，坚持留在农村中学教书，体现了其具有良好的教师职业道德素质，忠于人民的教育事业，为中国农村的教育事业做出自己的贡献。

(2)曲老师为了成为一名优秀的历史老师，经常翻阅各种期刊，以及时了解历史学科的新信息，说明了曲老师为了拥有良好的学科专业素养、更好地教育学生，不断拓展自己的专业知识。并且他虚心向同事请教，体现了新课程强调的合作精神。

(3)新课程要求教师应该是一个研究者，在教学过程中要以研究者的心态置身于教学情境之中，以研究者的眼光审视和分析教学理论与教学实践中的各种问题，对自身的行为进行反思，对出现的问题进行探究，对积累的经验进行总结,最终形成规律性的认识。材料中的曲老师为了提升自己分析和解决问题的能力,不断学习科学研究方法,并运用这些方法解决了一些教学问题,即体现了这一点。

(4)新课改背景下的教师观强调,教师要不断反思自身的不足,从而取得更大的进步。材料中的曲老师坚持每天至少进行一个小时的阅读,多年来从未间断过,他的阅读范围很广,除了研读历史领域的经典著作之外,他还广泛学习法学、地理学、社会学、美学等各个领域的知识。这也体现了曲老师具有终身学习的意识,不断促进自己专业的成长与进步。

教师在教育教学过程中应该树立正确的教师观,这样才能更好地教书育人。

31. 洪老师的教育行为符合《中小学教师职业道德规范》(2008 年)的相关要求,是值得肯定的。

(1)洪老师的行为体现了关爱学生的师德规范要求。关爱学生要求教师做到关心爱护全体学生,尊重学生人格,平等公正对待学生;保护学生安全,关心学生健康,维护学生权益。材料中的洪老师让学生晚上住在自己家里,还给学生做饭吃;自己掏钱替学生垫付伙食费;在学生需要保护的时候,奋不顾身地保护学生并教给学生自我保护的方法,这些行为都体现了其具有关爱学生的师德。

(2)洪老师的行为体现了教书育人的师德规范要求。教书育人要求教师在工作中循循善诱,诲人不倦,因材施教;培养学生良好品行,激发学生创新精神,促进学生全面发展;不以分数作为评价学生的唯一标准。材料中的洪老师不以分数高低来评价小芳,而是尽心尽力地教育小芳,使小芳最后以优异的成绩考上高中,体现了其具有教书育人的职业道德。

(3)洪老师的行为体现了终身学习的师德规范要求。终身学习要求教师崇尚科学精神,树立终身学习理念,拓宽知识视野,更新知识结构;潜心钻研业务,勇于探索创新,不断提高专业素养和教育教学水平。材料中的洪老师积极总结自己的教学成败经验,通过教育随笔来进行总结反思,不断创新,体现了其具有终身学习的职业道德。

32. (1)戏曲现代化过程中应重点关注两方面:①如何表现现代生活与现代意识;②如何在历史剧中贯穿时代精神。

(2)要走出戏曲艺术现代化的困境,可以采取的措施有:①戏曲创作要来源于民间,来源于广大民众;②戏曲的发展和推广要走向民间,要符合民众的审美标准;③戏曲的内容要充分融入人们的现代精神文化生活,成为文化生活不可或缺的一部分。

三、写作题

33.【写作思路】(1)材料内容主要说明了我们要直面挫折,在挫折中发现幸福。(2)文章可以紧紧围绕教师身份进行写作,结合教师职业素养、学生心理、教育事业发展等方面的内容,从“做教师的幸福”“引导学生直面挫折”等角度进行立意。

【参考范文】

摆渡自己

天气的变化不会随着我们心情的改变而改变。只因心晴的时候雨也是晴,心雨的时候晴也是雨。人的一生中,有晴天,也会有阴天、雨天、雪天。人生的路上,有平川坦途,也会撞上没有舟的渡口,没有桥的河岸。但要永远谨记:命运将你推向任何一种,都别奇怪,别怨天尤人,它并没有剥夺你幸福的权利,在任何一种生活里,我们都能找到属于自己的幸福。

烦恼、苦闷常常像夏日里的雷雨,突然飘过来,将心淋湿;挫折、苦难常常猝不及防地扑过来,你甚至来不及一声叹息就轰然被击倒。倒在挫折的岸边,苦难的岸边,四周是无边的黑暗,没有灯火,没有星星,甚至没有人的气息。恐怖的绝望从黑暗里伸出手紧紧地钳住可怜的生命。有的人倒在岸边再也没有起来,有的人在黑暗里给自己折了一只船,将自己摆渡到对岸。

20 岁忽然残了双腿的史铁生,为自己折了一只船,这是一只名为“写作”的船,他是在看穿了“死是一件无须着急的事,是一件无论怎样耽搁也不会错过的事”之后,才在轮椅里给自己折了这只船,将自己从死亡的诱惑里摆渡出来,“决定活下去试试”。

正攻读博士学位,却患上了运动神经细胞病,不能说、不能动的史蒂芬·霍金,做了一场自己被处死的梦,梦醒后,万念俱灰的他突然意识到,如果被赦免的话,他还能做许多有价值的事情。于是他给自己折了一只思想的船,驶进了神秘的宇宙,去探究星系、黑洞、夸克、“带味”的粒子、“自旋”的粒子、“时间”的箭头……

在苦难的岸边匆匆折成的船,成了不幸命运的救赎之路。也许一生中我们不会遭遇这样的大灾难,然而我们何曾摆脱过阴天、雨天、雪天,何曾摆脱过绝望的纠缠!折磨人生的情景,常常突然间就横亘在面前。

当我们知道苦难是生命的常态,烦恼痛苦总相伴人生时,我们何必自怨自艾早早放弃,早早地绝望?

有的人将求生的本能折成一只船,将自己摆渡出绝望的深渊;有的人将新生的渴望折成一只船,渡过了挫折后的痛苦和沮丧;有的人将希望折成了一只船,驶过了重重叠叠的黑暗。实在无船可渡的人,哪怕用幻想折成一只小船,也要奋力将自己摆渡到对岸。

也许我们不曾经历感情的剧痛,不曾经历过失败的打击,不曾经历无路可走的绝望,可是晴朗的日子里也常会有阴风晦雨袭来,它像一只乌鸦扇动着翅膀在你周围聒噪着,足以将一个好心情蹂躏得乱七八糟。这时候,我们同样需要有一只船来摆渡自己。这只船也许是去听一场音乐会,也许是捧起一本书,也许是去给互联网上从未谋面的网友发封电子邮件,也许是背上旅行包悄悄出门。

所以,无论命运多么晦暗,无论人生有多少次颠簸,都会有摆渡的船,这只船常常就在我们自己的手里。

预测试卷

国家教师资格考试预测试卷(十一)

一、单项选择题

1. D 【解析】题干中我国将足球作为体育课必修内容,并将学生足球特长水平纳入学生综合素质评价中,这有利于促进学生全面发展,也有利于促进热爱足球的学生的个性发展,同时足球课也能够增强学生的身体素质,ABC 三项正确。D 项属于加强智育可能带来的结果,与题干表述并无相关。
2. A 【解析】对待像梦瑶这样性格内向羞涩的学生,老师应对其多关心、爱护,采取行动主动拉近师生距离,培养其亲切、友好、善于交往、富有自信的性格,培养其机智、认真、细致的优点。
3. A 【解析】素质教育是以培养创新精神和实践能力为重点的教育,倡导在重视培养学生创新精神的同时,改变以往只重书本知识、忽视实践能力培养的现象。题干中各学校广泛开展"快乐进课堂"活动,鼓励学生在课堂上多看、多做、多议,亲身体验探究式学习,这种做法能够激发学生的兴趣,发挥学生的潜能,培养学生的实践能力。
4. B 【解析】题干的描述表明万老师态度认真、工作努力,但其课堂教学以讲授为主,缺乏对学生能力的培养,导致教学效果不好,这表明其教学方式可能存在问题。因此,万老师需要改进教学方式,提高教学效果。
5. D 【解析】著作权是指作者和其他著作权人对文学、艺术和科学工程作品所享有的各项专有权利。著作权人对其作品享有发表权,任何人不得未经许可发表其作品。题干中学校未经兰兰及其家长的同意就将兰兰的画拿给出版社出版,侵犯了兰兰的著作权,故不合法。

   易错提示:本题考生可能会混淆著作权与财产权。简单来说,一部作品是否发表、作者署名、作品的修改等权利都属于著作人身权,作品出版发行等带来的收益、奖金等都是著作财产权。考生做题时,如果题干强调作品的发表、署名,一般是侵犯学生的著作权。如果题干强调奖金、作品发表后得到的钱财等,一般是侵犯学生的财产权。此外,学生的知识产权、专利等某些智力成果带来的财产收益,如果被侵犯,也属于侵犯财产权。
6. B 【解析】根据《中华人民共和国义务教育法》第十一条规定,凡年满六周岁的儿童,其父母或者其他法定监护人应当送其入学接受并完成义务教育;条件不具备的地区的儿童,可以推迟到七周岁。
7. B 【解析】隐私权是指学生享有的私人生活安宁和不愿为他人知晓的私密空间、私密活动、私密信息等依法受到保护,不受他人刺探、侵扰、泄露、公开的权利。我国《宪法》第四十条规定,中华人民共和国公民的通信自由和通信秘密受法律的保护。题干中小敏妈妈擅自将小敏的情书扔掉,侵犯了小敏的侵私权。
8. A 【解析】《中华人民共和国预防未成年人犯罪法》第三十四条规定,未成年学生旷课、逃学的,学校应当及时联系其父母或者其他监护人,了解有关情况;无正当理由的,学校和未成年学生的父母或者其他监护人应当督促其返校学习。题干中的学校应当及时与陈某的监护人联系,告知陈某的情况,使其返回学校上课。
9. A 【解析】根据《学生伤害事故处理办法》第九条规定,学校的校舍、场地、其他公共设施,以及学校提供给学生使用的学具、教育教学和生活设施、设备不符合国家规定的标准,或者有明显不安全因素的,造成的学生伤害事故,学校应当依法承担相应的责任。题干中学校教室的天花板属于学校的公共设施,所以此次事故中应当承担责任的是学校。
10. C 【解析】根据《中华人民共和国教师法》第三十七条规定,教师有下列情形之一的,由所在学校、其他教育机构或者教育行政部门给予行政处分或者解聘:(1)故意不完成教育教学任务给教育教学工作造成损失的;(2)体罚学生,经教育不改的;(3)品行不良、侮辱学生,影响恶劣的。C 项属于第三种情形。
11. C 【解析】根据《中华人民共和国宪法》第三十三条规定,凡具有中华人民共和国国籍的人都是中华人民共和国公民。中华人民共和国公民在法律面前一律平等。国家尊重和保障人权。任何公民享有宪法和法律规定的权利,同时必须履行宪法和法律规定的义务。
12. D 【解析】根据《中华人民共和国教育法》第十四条规定,国务院和地方各级人民政府根据分级管理、分工负责的原则,领导和管理教育工作。
13. B 【解析】教书育人的教师职业道德规范要求教师不以分数作为评价学生的唯一标准。题干中的班主任把班上所有学生的成绩进行排名并张贴出来的做法,违反了这一规范。关爱学生的教师职业道德规范要求教师关心爱护全体学生,尊重学生人格,平等公正对待学生。题干中的班主任对学生所说的话说明他没有尊重学生人格,违反了这一规范。
14. C 【解析】让家长处理、批评或不理会都是不恰当的做法。教师教育学生要晓之以理,动之以情。C 项做法最恰当。
15. C 【解析】教师之间要互相尊重,切忌嫉妒;相互学习,取长补短;平等相待,不卑不亢;乐于助人,关心同事。题干描述的是张老师与同事之间的团结互助,反映的是师师关系。
16. B 【解析】教师的劳动具有长期性。其劳动的成效并不是一时就可以检验出来的,而是需要教师付出长期的大量的劳动才能看到结果、得到验证,教师的某些影响对学生终身都会产生作用。文学家加缪获得诺贝尔文学奖后第一时间给小学老师表达感谢反映了教师劳动具有长期性。

17. B 【解析】当汽车因燃油泄漏着火时，不能用水浇灭。因为汽油的比重比水小，如果用水灭火，汽油会浮在水面上继续燃烧，并且会随着水四处蔓延而扩大燃烧面积，危及周围物体的安全。因此，汽车燃油泄漏着火时，应使用灭火器。

18. A 【解析】A 项胯下之辱说的是韩信的故事。

19. D 【解析】《日出·印象》是法国画家莫奈的代表作之一。雷诺阿是法国印象派画家，代表作有《煎饼磨坊的舞会》《包厢》等；高更是法国后印象派画家，与凡·高、塞尚并称为法国后印象派"三大巨匠"，代表作有《黄色基督》《我们从何处来？我们是谁？我们往何处去？》等；毕沙罗是法国印象派画家，代表作有《塞纳河和卢浮宫》《雪中的林间大道》等。

20. A 【解析】唐玄宗统治后期，节度使安禄山与部将史思明起兵叛乱，攻陷长安，历时八年，史称"安史之乱"。虽最终被平定，但它造成了唐代藩镇割据的局面，是唐朝由盛转衰的转折点。

21. C 【解析】东汉时张衡发明了地动仪，C 项符合题意。哥白尼提出了日心说，毕昇发明了活字印刷术，布鲁诺捍卫和发展了哥白尼的日心说，A、B、D 三项都不符合题意。

22. A 【解析】题干这句话出自《孟子·尽心上》，原句为"穷则独善其身，达则兼善天下"。后人改"兼善"为"兼济"。这是儒家的思想主张。

23. A 【解析】俗话说："一寸光阴一寸金，寸金难买寸光阴。"光阴称"寸"，缘于古人用"晷"来测算时间，"晷"又称作"日晷"。

24. A 【解析】二战时间为 1939 年 9 月 1 日～1945 年 9 月 2 日。《辛德勒名单》是以二战为背景的小说，A 项正确。《静静的顿河》是俄国作家肖洛霍夫的作品，记录的是 1912 到 1922 年顿河地区哥萨克人的生活，时间在二战之前，B 项错误。《智取威虎山》是以 1946 年开始的解放战争为背景的京剧作品，C 项错误。《战争与和平》描写了 19 世纪初俄国人民反对拿破仑入侵的卫国战争，D 项错误。

25. C 【解析】根据频率分布直方图中，中位数的左右两边频率相等，列出等式，可求出中位数。$0.02\times5+0.04\times5=0.3<0.5$，$0.3+0.08\times5=0.7>0.5$，故中位数应在 20～25 内，设中位数为，则 $0.3+(x-20)\times0.08=0.5$，解得 $x=22.5$，即这批产品的中位数是 22.5。

26. B 【解析】文档的左右页边距可以插入页码，单击插入一页码一页边距一普通数字，选择大型(左侧)或大型(右侧)即可。故 B 项不正确。

27. B 【解析】选项 A 的图标表示插入"对象"；选项 B 的图标表示插入"视频"；选项 C 的图标表示插入"音频"；选项 D 的图标表示插入"图片"。

28. D 【解析】题干中的示例属于包含关系，红色是颜色的一种。选项 D 也是包含关系，饺子是食物的一种。故选 D 项。

29. A 【解析】规律为第三个数等于前两个数的和再加上 3。$9+16+3=28$，故本题选 A。

二、材料分析题(答案要点)

30. 材料中李老师的做法不值得认可，我更赞同吴老师的做法，吴老师的教育行为践行了"以人为本"的学生观。

(1)学生是发展中的人，教师要用发展的眼光看学生。每个学生都有巨大的发展潜能，在回答不出问题时，不能就此认定学生笨，打击他们的自信心，教师应适当地启发、引导学生，激发其潜能。材料中，李老师忽视学生的发展潜能，看到学生回答不上来问题只是一味批评，这会打击学生的学习积极性；吴老师并没有因为学生回答不上来问题就批评学生，而是启发引导，调动了学生学习的主动性和积极性，促进了学生的发展。

(2)学生是独特的人，学生之间存在差异，教育应因材施教。材料中，吴老师认识到学生间的差异，根据学生不同的学习基础、学习习惯，通过变换提问角度、方式，帮助学生回忆所学内容，提高了学生学习的积极性。

(3)学生是学习的主体。在教学活动中，教师要转变角色，学生不会或想不起来时，应该提示并引导他们进行思考。材料中，吴老师对上节课的内容进行提问时，学生回答不全面，他并没有批评学生或直接告诉学生答案，而是一步一步地鼓励、启发学生自己回忆，这调动了学生的学习主动性，能使学生牢固掌握知识。

综上所述，作为教师，我们要向吴老师学习，在教学中树立正确的学生观，调动学生学习的积极性和主动性，促进学生发展。

31. (1)材料中李老师的做法违背了教师职业道德规范中关爱学生和为人师表的相关要求。①材料中的李老师未能做到关爱学生，关爱学生要求教师要关心爱护全体学生。李老师因为赵英家长的错误做法就对赵英不管不顾，把赵英出现的问题全部归咎于赵英家长，这种推卸责任的做法违背了"关爱学生"的师德要求。②材料中的李老师未能做到为人师表，为人师表要求教师在处理与学生家长的关系上，能够尊重家长。李老师应主动与赵英家长联系，不能因为赵英家长的错误处理就不再与其联系，甚至采取排斥的态度。

(2)为了解决这一问题，材料中的李老师应该加强自身的职业道德修养。首先做到关爱学生，培养热爱学生、诲人不倦的情感和爱心；其次做到为人师表，与家长交往时要做到谦虚和蔼、尊重理解。最后在提高赵英家长认识的基础上，共同商讨促进赵英各方面发展的计划，并付诸实施。

32. (1)从阅读行为目标看，人们更注重实用；从阅读行为时效看，更重视短期成效；从阅读行为方式看，浅读、速读、泛读成为新的阅读趋势。

(2)"无用阅读"可以让人们跳脱个体的狭隘，超越时空的局限，带给人们心灵的抚慰、思想的启悟、审美的提升和文化的渗透。

三、写作题(参考范文)

33. **以爱为魂，唱响师生和谐曲**

棉被虽然给不了我们温暖，却可以保存我们的温暖；棉被没法主动给予我们温暖，但当我们主动付出时，它却能将温暖回馈给我们。正如教师对学生倾心付出后，就会温暖学生，也会被学生温暖着。爱是最好的教育语言，爱是教育的灵魂。人们常说，教师是人类灵魂的工程师和塑造者，教师要塑造学生的灵魂，必得先塑造自己的灵魂，而这种塑造的核心在于爱。

教师要用爱激发学生的学习热情。教师应用爱紧紧地包裹住学生，让学生学会信任，学会自信，学会友爱同学，学会对自己负责。如果将这种爱真正地内化到学生心中，将会最大程度地激发他们的学习热情，促使他们收获丰硕的学习成果。

教师要用爱挖掘学生的潜能。每个学生都是一支潜力股，如何把学生的潜力激发出来，需要教师极大的关心和指导。一个学生如何学好，如何改进，如何变得更加优秀，关键在于教师的"教"，而"教"字中就包含着教师丰富的爱。有这样一个真实的教学案例：某学生是班级的倒数第一名，老师为了鼓励他上进，对他说："你身上有一种潜力，只要肯挖掘，一定会发挥出来！"话刚说完，那学生黯淡的眼神中透出了一丝光亮，随后老师发现这个顽皮、固执的学生一下子变得上进起来，上学比之前都要早，听课比其他学生都要专心。老师从中悟出了道理，于是接下来对该学生更加上心，他叮嘱学生家长不要伤害孩子自尊，并且积极帮助该学生解决学习上的困惑，有心将班上学习成绩好的同学调成该学生的同桌。一段时间后，这个学生的成绩果然突飞猛进，名列前茅。可见，教师只要付出爱，每天挖掘学生的一个宝藏，每天对学生说一句鼓励的话，学生就会变得更棒，学生将以更大的进步和更好的成绩回馈老师。

教师要用爱关注每一个学生。作家林清玄在一篇散文中讲述了这样一个故事：一禅师的弟子在筛米，禅师说："这是施主的米，不要撒了。"弟子回答说："我没有将米撒出来。"这时，禅师弯下腰在地上捡起一粒米，对弟子说："你看这是什么？你不要小看这一粒米，它的作用可大得很呢。"从表面上看这则故事是教导人们要珍惜每一粒米，但从教育的角度看，也是在提醒广大教师关注每一个学生。也许有些学生光芒耀眼，有些学生默默无闻，但只要用心观察，就会发现其中不乏"晶莹饱满的米粒"，身为教师，一定要平等对待，善加引导，把他们培养成有用之才。

教师之爱如暖暖春风，吹拂着每一个学生浮躁的心灵；教师之爱如夏日细雨，滋润着每一个学生干涸的心田；教师之爱如秋日暖阳，照耀着每一个学生迷茫的内心；教师之爱如冬日炉火，温暖着每一个学生受伤的灵魂。作为教师，只要愿意付出一点爱，定会手留余香，桃李满天下。

国家教师资格考试预测试卷(十二)

一、单项选择题

1. D 【解析】素质教育是以培养创新精神和实践能力为重点的教育。题干中老师的语言抑制了学生的创新意识和创新精神，没有开拓学生的视野，故本题选择 D 选项。
2. C 【解析】学生在学习活动中是认识的主体、实践的主体和发展的主体，是学习的主人。题干中陈老师若是将学生的提问布置成课外探究作业，不仅肯定了学生的课堂发问行为，促进了学生主体性的发展，还有利于学生自主学习、合作学习和探究学习。
3. B 【解析】学生犯错时，教师应该对学生进行疏导，循循善诱，进行容错教育，不得实施体罚、侮辱学生等行为。故 B 项的处理方式最为恰当。
4. A 【解析】教师是学习学习的促进者，在教学上应当积极地帮助、引导学生。教师教的本质在于引导，引导学生的时候要注意方法和学生思维的启迪。题干中老师的提问方式看似让学生参与课堂，但学生的附和表明他们并没有真正地深入思考、讨论问题，老师的提问其实是一种无效提问。题干现象说明教师并没有做好学生学习的促进者、引导者。
5. D 【解析】《中华人民共和国预防未成年人犯罪法》第五十八条规定，刑满释放和接受社区矫正的未成年人，在复学、升学、就业等方面依法享有与其他未成年人同等的权利，任何单位和个人不得歧视。故 A 选项说法错误。第五十三条规定，对被拘留、逮捕以及在未成年犯管教所执行刑罚的未成年人，应当与成年人分别关押、管理和教育。对有上述情形且没有完成义务教育的未成年人，公安机关、人民检察院、人民法院、司法行政部门应当与教育行政部门相互配合，保证其继续接受义务教育。故 B 选项说法错误，D 项说法正确。第五十九条规定，未成年人的犯罪记录依法被封存的，公安机关、人民检察院、人民法院和司法行政部门不得向任何单位或者个人提供，但司法机关因办案需要或者有关单位根据国家有关规定进行查询的除外。依法进行查询的单位和个人应当对相关记录信息予以保密。故 C 选项说法错误。
6. C 【解析】根据《中华人民共和国教师法》第三十五条规定，侮辱、殴打教师的，根据不同情况，分别给予行政处分或者行政处罚；造成损害的，责令赔偿损失；情节严重，构成犯罪的，依法追究刑事责任。所以 C 项符合题意。根据《中华人民共和国教师法》第三十七条规定，教师故意不完成教育教学任务给教育教学工作造成损失的，由所在学校、其他教育机构或者教育行政部门给予行政处分或者解聘。A 项不符合题意。根据《中华人民共和国教育法》第七十八条规定，学校及其他教育机构违反国家有关规定向受教育者收取费用的，由教育行政部门或者其他有关行政部门责令退还所收费用；对直接负责的主管人员和其他直接责任人员，依法给予处分。B 项不符合题意。根据《中华人民共和国教育法》第七十二条规定，侵占学校及其他教育机构的校舍、场地及其他财产的，依法承担民事责任。D 项不符合题意。
7. D 【解析】根据《中华人民共和国义务教育法》第二十五条规定，学校不得违反国家规定收取费用，不得以向学生推销或者变相推销商品、服务等方式谋取利益。题干中贺老师的做法属于向学生推销商品，是违法行为。

8. C 【解析】根据《中华人民共和国教师法》第七条第三款规定，教师有“指导学生的学习和发展，评定学生的品行和学业成绩”的权利。教师有权严格要求学生，对学生的思想品德、学习和生活表现做出客观、公正的评价。语文教师点评学生的作文是对学生学业成绩的一种评价，该学校的做法侵犯了教师的权利。

9. B 【解析】《中华人民共和国预防未成年人犯罪法》第三十五条规定，未成年人无故夜不归宿、离家出走的，父母或者其他监护人、所在的寄宿制学校应当及时查找，必要时向公安机关报告。收留夜不归宿、离家出走未成年人的，应当及时联系其父母或者其他监护人、所在学校；无法取得联系的，应当及时向公安机关报告。

10. D 【解析】《中华人民共和国宪法》第六十七条第一项的规定，全国人民代表大会常务委员会拥有“解释宪法，监督宪法的实施”的职权。ABC 项都属于全国人民代表大会行使的职权，D 项符合题意。

易错提示：关于全国人大和全国人大常委会的职权，考生注意区分。

国家机关	职权
全国人大	修改宪法、监督宪法的实施
全国人大常委会	解释宪法，监督宪法的实施

11. B 【解析】根据《学生伤害事故处理办法》第三十一条规定，学校有条件的，应当依据保险法的有关规定，参加学校责任保险。教育行政部门可以根据实际情况，鼓励中小学参加学校责任保险。提倡学生自愿参加意外伤害保险。B 项既合法又能有效解决学生伤害事故损害赔偿或补偿责任问题。

12. A 【解析】受教育权是学生最基本的权利。题干中该老师把迟到的林林赶出教室，侵犯了林林受教育的权利。

13. C 【解析】“为人师表”要求教师要作风正派，廉洁奉公。自觉抵制有偿家教，不利用职务之便谋取私利。题干中刘老师的做法是利用职权谋私利，违反了教师职业道德规范中“为人师表”的要求。

14. B 【解析】示范性指教师的言行举止等都会成为学生学习的对象。题干中的班主任上早读课迟到，却训斥同样迟到的李明，引起了学生的不满，这反映出教师劳动具有一定的示范性，教师必须以身作则、为人师表。

15. B 【解析】教师应该带着尊重、理解、推己及人的态度与家长交流，做好家校合作的工作。题干中李老师不停指责东东的妈妈，并且要求其配合自己的工作，态度颐指气使，没有做到尊重、理解对方，这种对待学生家长的态度是错误的。

16. C 【解析】教师之间要做到：互相尊重，切忌嫉妒；相互学习，取长补短；平等相待，不卑不亢；乐于助人，关心同事。作为同事，首先应该尊重小李，既不能笑话他，也不能视若无睹，最好想一些具体的方法来帮助小李克服困难。

17. C 【解析】1937 年 7 月 7 日，日本发动了卢沟桥事变（七七事变），中国军队奋起抵抗，揭开全面抗战的序幕。

18. B 【解析】“黑脸”表示正直公道，如包公；“白脸”表示阴险奸诈，如曹操；“红脸”表示意志坚强，如关羽。

19. A 【解析】“丝绸之路”是以长安（今西安）为起点，经甘肃、新疆，到中亚、西亚，并联结地中海各国的陆上通道。“莫高窟”位于甘肃敦煌，是“丝绸之路”上的著名古迹。云冈石窟在山西大同，龙门石窟在河南洛阳，平遥古城在山西晋中，均不在“丝绸之路”上。故 A 项正确。

20. A 【解析】中国药学家屠呦呦发现了新型抗疟药——青蒿素，并于 2015 年被授予诺贝尔生理学或医学奖，是第一位获得诺贝尔生理学或医学奖的华人科学家。

21. A 【解析】《向日葵》是凡・高的作品。B 项、C 项、D 项均是达・芬奇的作品。

22. C 【解析】《游击队歌》的曲作者是贺绿汀。A 选项，刘天华是我国近代作曲家、演奏家和音乐教育家，他的音乐创作成就主要体现在民族器乐曲方面，共作有十首二胡曲、三首琵琶曲、一首丝竹合奏曲，编有四十七首二胡练习曲、十五首琵琶练习曲，还整理了崇明派传统琵琶曲十二首，被誉为“二胡鼻祖”。

B 选项，林耀基是我国著名的音乐教育家，是当代小提琴教育界的杰出代表人物，受到国内同行和国际音乐界的高度评价，被西方誉为“伟大的小提琴教育家”。

D 选项，夏之秋是我国著名的音乐教育家，以其铜管乐演奏和作曲而闻名遐迩，代表作有抗战歌曲《最后胜利是我们的》《歌八百壮士》《思乡曲》《卖花谣》等。

23. B 【解析】中国的四大名绣是苏绣、湘绣、粤绣和蜀绣，京绣不在其中。

24. D 【解析】东汉南阳太守杜诗发明水力鼓风冶铁工具——水排。利用水力鼓风铸铁的机械水排，是中国古代一项伟大的发明。

25. A 【解析】众数是指在次数分布中出现次数最多的数值，题干中教练在刘翔 20 次训练中发现的出现频率最高的数据属于众数。

26. C 【解析】Word 中，可多次重复进行格式复制的操作是左双击格式刷按钮。

27. C 【解析】在 Excel 中，饼图可以显示一个数据系列中各项的大小与各项总和的比例，若要反映每个对象的一个属性值在总值当中所占比例大小，应该选择的图表类型是饼图。柱状图用于比较数据间的数量关系；折线图一般用来反映数据间的趋势关系；XY 散点图用于分析两个数值变量间的关系。

28. A 【解析】题干中高粱和玉米是并列关系。A 项中金鱼和鲢鱼也是并列关系。其他选项不符合题意。

29. B 【解析】题干中数列的规律是前两项的乘积

加1得到后一项：$1\times7+1=8$，$7\times8+1=57$，$8\times57+1=(457)$，$57\times(457)+1=26050$。故选B项。

二、材料分析题（答案要点）

30. 材料中教师的做法不符合素质教育所提倡的教育观，没有践行素质教育的理念。

(1)素质教育是促进学生全面发展的教育。素质教育倡导的是在教育中使每个学生都得到充分的、全面的发展。素质教育的理论依据是全面发展教育。实施素质教育必须坚持德育、智育、体育、美育和劳动技术教育并举，促进学生生动活泼地发展。学校教育不仅要抓好智育，更要重视德育，还要加强体育、美育、劳动技术教育和社会实践，使诸方面的教育相互渗透、协调发展，促进学生的全面发展和健康成长。材料中英语老师“唯分是举”，只重视学生的智育而轻视其他方面的教育，不利于学生的全面发展。英语老师很显然没有贯彻素质教育的这一理念。

(2)素质教育的师生关系强调尊师爱生，师生民主平等，教师要尊重、理解、信任、鼓励每个学生。材料中英语老师没有做到尊重、理解学生，而是用简单粗暴的语言来评价学生的成绩，这会伤害到学生的自尊心，也不利于构建良好的师生关系。

31. 石老师的行为充分践行了教师职业道德规范，值得肯定和提倡。

(1)“爱岗敬业”要求教师忠诚于人民教育事业，志存高远，勤恳敬业，甘为人梯，乐于奉献。对工作高度负责，认真备课上课，认真批改作业，认真辅导学生。不得敷衍塞责。材料中，石老师工作认真负责，面对学生出现的种种问题，能够尽职尽责地处理，并积极与家长沟通，制定帮教计划，帮助学生成长。这些行为表明石老师在工作中践行了“爱岗敬业”的师德规范。

(2)“关爱学生”要求教师关心爱护全体学生，尊重学生人格，平等公正对待学生。对学生严慈相济，做学生良师益友。保护学生安全，关心学生健康，维护学生权益。不讽刺、挖苦、歧视学生，不体罚或变相体罚学生。材料中，石老师不嫌脏，收拾生病学生的呕吐物，不厌其烦地给学生讲解，耐心帮助调皮的学生改正不良习惯等，这些行为都表明石老师在工作中践行了“关爱学生”的师德规范。

(3)“教书育人”要求教师遵循教育规律，实施素质教育。循循善诱，诲人不倦，因材施教。培养学生良好品行，激发学生创新精神，促进学生全面发展。不以分数作为评价学生的唯一标准。材料中，石老师面对不同学生出现的问题，能够有针对性地进行引导、教育和帮助，循循善诱，培养学生的良好品行，说明石老师在工作中践行了“教书育人”的师德规范。

总之，石老师在教育教学过程中能够关爱学生，正确地引导、教育学生，帮助学生成长，其行为值得广大教师学习。

方法技巧：关于考查教师职业道德的材料分析题，考生阅读时要注意材料中的关键词句，找准教师行为所对应的师德规范。

师德规范	关键词或信息
爱国守法	正面：遵守学校规章制度、遵守法律法规
	负面：违反教育法律法规、侵犯学生的合法权益
爱岗敬业	正面：认真备课、上课、辅导学生、无私奉献
	负面：做事态度敷衍、应付了事、工作时不耐烦
关爱学生	正面：关注学生身心发展、关爱和帮助弱势学生、关注全体学生、对待学生公平公正
	负面：偏心、侵犯学生合法权益、体罚或讽刺、挖苦学生
教书育人	正面：因材施教、培养良好品行、不唯分数
	负面：唯分数论、对后进生不闻不问
为人师表	正面：以身作则、尊重同事家长、不收礼、言行举止文明
	负面：言行粗俗、着装邋遢、不尊重同事家长、有偿家教
终身学习	正面：积极学习新知识和新技能、钻研教学、参加培训
	负面：得过且过、不思进取、毫无反思

32. (1)“刀法”比喻教育方法。“万像”比喻众多教育对象。“万龙点睛”比喻使众多教育对象成才。

(2)教育的最大成功：师生合作创造出值得彼此崇拜之活人。

教育者要注意的问题：①要敢于创造；②要有献身创造的精神；③要明确教育的创造目标；④要探索创造理论和创造技术；⑤要鼓励学生创造；⑥要注意师生合作创造；⑦要注意集体创造的特点。

三、写作题（参考范文）

33. **培养思想道德，拒绝校园欺凌**

如果时常关注新闻，就不难发现，近年来，有关中小学校园欺凌事件的新闻已多次升级为全民热点话题。但需要强调的是，近年校园欺凌事件之所以出现频率增多，并不是因为社会对其关注度的增加和新媒体传播技术的发展，而是因为这一现象确确实实存在于中小学校园生活中。因此，为了给学生营造良好的校园生活环境，保证学生心理与生理的健康成长，我们必须认真、深入地反思校园欺凌事件出现的原因，并从思想道德教育出发，以与学生及学生家长形成良好的沟通关系为切入口，以增强学生思想品德素质为目标，着力寻求合理的途径解决校园欺凌这一问题。

说到校园欺凌现象的出现，究其原因，主要有三点。一是校方在思想道德教育教学方面存在缺失。据学生反馈，在部分学校中，校方或教师过分强调智育，却忽视了学生身心健康发展的重要性。教师一味地要求学生学习知识并占用思想品德等课程的课堂教学时间，教学方法不当，直接导致师生关系的恶化，使学生在未接受德育教育的情况下，思想和行为都更容易走向极端。二是学生性格受家庭环境影响，学校与家长之间缺少沟通。校园中的学生家庭环境各不相同，家境优越的学生往往在家饱受宠爱，以自我为中心，习惯性地行事蛮横；而有些家境一般的学生性格上则较为内向，少言寡语，往往被欺凌却不及时与老师、家长沟通。再加上学校与家长之间缺少交流，进一步导致了家长对孩子的在校情况缺乏了解。如此，欺凌者有恃无恐，被欺者不敢声张，加剧了校园欺凌现象的严重程度。三是孩子处于生长发育的关键时期，容易受外界环境影响，久而久之形成叛逆、乖僻的性格。这又进一步影响了同学之间、师生之间的关系，不利于和谐校园建设的进行。

如果说学生是未来世界的希望，那么校园欺凌不仅是摧毁花朵的恶徒，更是打碎未来希望的凶手。我们应合理利用思想道德教育，帮助所有孩子成长为冉冉上升的太阳。然而，要培养学生的思想道德观念，并不能仅仅依靠学校的力量。孩子的健康成长需要多方的沟通和合作。

首先，学校与教师应当重视德育，通过课堂教育、集体活动的参与、良好校园文化生活氛围的体验等，引导学生认识校园欺凌的错误性，形成良好的思想道德品质，让学生主动对校园欺凌说“不”。

其次，学校、教师与家长之间，在学生成长方面应当保持长期、固定的沟通联系，共同关注学生的身心健康，互相反馈学生近期情况，及时配合开展心理疏导，让学生形成健康的品德素质，使其与同学相处时，既自信乐观，又不骄不躁，能够在面对校园欺凌时大胆说“不”。

有了学校、教师与家长三方的互相配合与支持，学生必然能够形成优良的思想品德，果断向校园欺凌说“不”，成长为一个全面发展的人。

国家教师资格考试预测试卷(十三)

一、单项选择题

1. A 【解析】题干所述强调“人人”的受教育权，强调“每个人”的发展，否定只注重“一部分人”“少数人”的发展，体现的是对“全体”学生的教育，强调的是“全体”学生的发展。可见，素质教育是面向全体学生的教育。

2. B 【解析】素质教育是促进学生全面发展的教育。题干中的学校占用音体美上课时间的做法是错误的，不利于学生的全面发展。

3. B 【解析】素质教育是依据人的发展和社会发展的实际需要，以全面提高全体学生的基本素质为根本目的，以尊重学生主体性和主动精神，注重开发人的智慧潜能，形成人的健全个性为根本特征的教育。题干中孙老师的教学方式依然是传统的灌输式，忽略了学生的主体性。

4. A 【解析】每个学生都有自身的独特性，教师要在教育过程中贯彻因材施教的教学原则，“一把钥匙开一把锁”。题干中，韩老师在了解班级每个学生的情况后，制定了适合每位学生的发展规划，这说明韩老师关注学生个体发展的差异性，能够因材施教，本题选 A。

5. A 【解析】根据《学生伤害事故处理办法》第九条规定，因学校组织学生参加教育教学活动或者校外活动，未对学生进行相应的安全教育，并未在可预见的范围内采取必要的安全措施而造成的学生伤害事故，学校应当依法承担相应的责任。王某摔伤是因为学校组织活动失职，因此应该由学校承担赔偿责任。故 A 项观点错误。

6. B 【解析】《中华人民共和国未成年人保护法》第五十八条规定，营业性歌舞娱乐场所、酒吧、互联网上网服务营业场所等不适宜未成年人活动场所的经营者，不得允许未成年人进入。第一百二十三条规定，相关经营者违反本法第五十八条、第五十九条第一款、第六十条规定的，由文化和旅游、市场监督管理、烟草专卖、公安等部门按照职责分工责令限期改正，给予警告，没收违法所得，可以并处五万元以下罚款；拒不改正或者情节严重的，责令停业整顿或者吊销营业执照、吊销相关许可证，可以并处五万元以上五十万元以下罚款。

7. A 【解析】《中华人民共和国宪法》是我国的根本大法，拥有最高法律效力。宪法是其他法律的立法基础和立法依据，宪法的变动必然引起普通法律随之做出相应的修改。B、C、D 三项正确。宪法规定了国家生活中的根本问题，普通法律对国家生活的某一方面做了规定，但宪法并不是国家所有法律的总和，A 项错误。

8. D 【解析】根据《中华人民共和国教育法》第六十九条规定，中国境外个人符合国家规定的条件并办理有关手续后，可以进入中国境内学校及其他教育机构学习、研究、进行学术交流或者任教，其合法权益受国家保护。

9. C 【解析】荣誉是一个人受到外部给予的荣誉称号，每个学生在学校应有平等的获得机会。题干中班主任取消了小伟评定奖学金的资格，侵犯了小伟的荣誉权。

10. D 【解析】《中华人民共和国未成年人保护法》第五十条规定，禁止制作、复制、出版、发布、传播含有宣扬淫秽、色情、暴力、邪教、迷信、赌博、引诱自杀、恐怖主义、分裂主义、极端主义等危害未成年人身心健康内容的图书、报刊、电影、广播电视节目、舞台艺术作品、音像制品、电子出版物和网络信息等。题干中耿某的做法违反了《中华人民共和国未成年人保护法》。

11. B 【解析】《中华人民共和国预防未成年人犯罪法》第四十三条规定，对有严重不良行为的未成年人,未成年人的父母或者其他监护人、所在学校无力管教或者管教无效的,可以向教育行政部门提出申请,经专门教育指导委员会评估同意后,由教育行政部门决定送入专门学校接受专门教育。

12. A 【解析】根据《中华人民共和国教师法》第九条规定,为保障教师完成教育教学任务,各级人民政府、教育行政部门、有关部门、学校和其他教育机构应当履行下列职责:(1)提供符合国家安全标准的教育教学设施和设备;(2)提供必需的图书、资料及其他教育教学用品;(3)对教师在教育教学、科学研究中的创造性工作给以鼓励和帮助;(4)支持教师制止有害于学生的行为或者其他侵犯学生合法权益的行为。

13. B 【解析】为人师表的教师职业道德规范要求教师严于律己,以身作则,作风正派,廉洁奉公。自觉抵制有偿家教,不利用职务之便谋取私利。题干中班主任在家长会上帮商家推广教材的做法违背了为人师表的师德规范。

14. B 【解析】孔子这句话的意思是:以前我对人的态度是,只要听到他说的话,便相信他的行为;现在我对人的态度是,听到他说的话,还要考察他的行为,才能相信。这表明孔子认为行为比言语更重要,反映在教学过程中,就是身教重于言教。

15. D 【解析】教师与家长交往要做到:尊重家长,理解家长;密切配合,教育学生。教师应该以真诚与平等的态度对待学生家长。题干中张老师对待不同学生的家长有不同的态度,没有做到以平等和真诚的态度对待学生家长。

16. A 【解析】王老师的追问有助于启发学生进一步思考,培养学生的思维能力,这是王老师注重启发诱导的体现。

17. C 【解析】A 项和 D 项中,"桂冠"原指古代希腊人授予杰出的诗人或竞技的优胜者以桂冠,后指某种光荣称号,也用来指竞赛中的冠军。B 项,问鼎中原比喻企图夺取天下,不符合题意。C 项,"连中三元"是指应试举子在三级科举考试中,连取三个第一名,这在封建社会是无上的荣宠。"五子登科"本为中国民间谚语,最初来源于民间故事,在五代后周时期,燕山府有个叫窦禹钧的人,他的五个儿子都品学兼优,先后登科及第,故称"五子登科"。"名落孙山"原指科举考试中名次落在考生孙山之后,现指考试或选拔没有被录取。故本题正确答案为 C。

18. C 【解析】三国时,吴国名医董奉,常年为人免费治病,只需病人种植杏树若干棵,久之成为一片杏林,于是筑庐隐居其中。后人于是用"杏林"称颂医生,用"杏林春暖""杏林满园"或"誉满杏林"等来赞扬医生的高明医术和高尚医德。

19. B 【解析】青藏高原是世界上海拔最高的高原。

20. C 【解析】《大卫》是意大利雕塑家米开朗基罗创作的大理石雕塑,现收藏于意大利佛罗伦萨美术学院。菲狄亚斯是古希腊著名的雕塑家、建筑设计师,雅典人,主要作品有《普罗迈乔司的雅典娜》,《利姆尼阿的雅典娜》《宙斯》和《命运三女神》。米隆是古希腊雕刻家,《掷铁饼者》是其代表作。达·芬奇是意大利文艺复兴时期的画家、科学家、发明家,他的作品有《蒙娜丽莎》和《最后的晚餐》等。

21. B 【解析】北宋沈括的《梦溪笔谈》是以笔记体裁形式写成的科学典籍,《梦溪笔谈》最早记载了人工磁化的一种简便方法,即"以磁石磨针锋"造指南针。

方法技巧:关于《齐民要术》《梦溪笔谈》《天工开物》《农政全书》这四本书内容的所属领域,考生在做题时,可根据以下方法进行区分和记忆。

《齐民要术》——"齐民"是指平民百姓,"要术"是指谋生的方法。即与农业有关。

《天工开物》——"天工"出自《尚书》的《尧典》,表示自然的力量;"开物"则出自《周易》的《系辞》,表示人力对自然的开发利用。即可联想到本书与农业和手工业有关。

《农政全书》——按内容大致上可分为农政措施和农业技术两部分,即与农业有关。

《梦溪笔谈》——是北宋沈括晚年在梦溪园所作,全书科技方面的条目占了三分之一以上,内容涉及到数学、天文、历法、物理、化学、地理、冶金、建筑、动植物等十多个科技领域。

22. D 【解析】初唐四杰是指唐代初年,文学家王勃、杨炯、卢照邻、骆宾王的合称,简称"王杨卢骆"。

23. D 【解析】颐和园、圆明园、承德避暑山庄都是皇家园林。拙政园不是皇家园林,它属于第宅园林。

24. B 【解析】"悟空号"是我国暗物质观测卫星,量子科学实验卫星为"墨子号"。

25. B 【解析】太阳系中八颗行星按照离太阳由近到远的顺序依次为水星、金星、地球、火星、木星、土星、天王星、海王星。木星的"左邻右舍"为火星和土星。

26. A 【解析】幻灯片中文字的播放设置可以在"动画"选项卡中进行设置。

27. B 【解析】在单元格地址 C4 中,字母表示的是列标,数字表示的是行号,也即第 C 列第 4 行。

28. B 【解析】手机和充电器是配套使用关系。B 项电脑和鼠标是配套使用关系,逻辑关系相同。

29. C 【解析】由"身体素质好的有 3 人""乙、丙身体素质一样好"和"丙、丁身体素质不都是好的"可以推出甲、乙、丙身体素质好,而丁身体素质不好。由"技术能力优秀的有 1 人"和"有一人同时具备了三优"可知,技术能力优秀者同时具备三优,所以丁技术能力不优秀。进而由"每个人至少具备一优"可知丁政治觉悟优秀。再结合"政治觉悟优秀的有 2 人"和"甲、乙政治觉悟一样高"可知,甲、乙政治觉悟均不优秀。则同时具备三优的只可能是丙。

二、材料分析题(答案要点)

30. 该老师的做法比较恰当,符合新课程改革背景下"以人为本"的学生观的具体要求。

(1)学生是具有独立意义的人,每个学生都是独立于教师的头脑之外,不以教师的意志为转移的客观存在。在材料中,教师把学生当作独立的人来看待,认真听取并采纳学生的意见,使自己的教育和教学适应学生的情况、条件、要求和思想认识的发展规律,不把自己的意志强加给学生。

(2)学生是学习的主体,素质教育强调学生在学习活动中是认识的主体、实践的主体和发展的主体,是学习的主人。教师不可能代替学生读书,不可能代替学生感知、观察与分析,更不可能代替学生掌握规律。材料中的学生充分发挥自己在学习中的主体地位,预习课文、查阅资料、主动学习;教师充分尊重了学生的主体地位,满足了学生的学习需要,更好地促进了学生的发展。

所以,作为一名教师,要充分实践"以人为本"的学生观,把学生看成具有独立意义的人,促进学生发展。

31. 材料中汤老师的教育行为违背了教师职业道德规范的相关要求,是值得我们反思的。

首先,材料中汤老师的行为违背了"关爱学生"的职业道德规范要求。《中小学教师职业道德规范》(2008 年修订)中"关爱学生"要求教师要"关心爱护全体学生,尊重学生人格,平等公正对待学生。对学生严慈相济,做学生良师益友。保护学生安全,关心学生健康,维护学生权益。不讽刺、挖苦、歧视学生,不体罚或变相体罚学生"。材料中,汤老师当众将小李的情书念出来引起全班同学哄堂大笑,侵犯了小李的隐私权,伤害了小李的自尊,是不尊重小李的表现。

其次,材料中汤老师的行为违背了"教书育人"的职业道德规范要求。《中小学教师职业道德规范》(2008 年修订)中"教书育人"要求教师要"遵循教育规律,实施素质教育。循循善诱,诲人不倦,因材施教。培养学生良好品行,激发学生创新精神,促进学生全面发展。不以分数作为评价学生的唯一标准"。材料中,汤老师因为小敏学习成绩差而禁止其进行擅长的篮球运动,未能做到因材施教,发挥小敏优势,并且汤老师只看重学生的学业成绩,忽视了学生的全面发展。

最后,材料中汤老师的行为违背了"爱岗敬业"的职业道德规范要求。《中小学教师职业道德规范》(2008 年修订)中"爱岗敬业"要求教师要"对工作高度负责,认真备课上课,认真批改作业,认真辅导学生。不得敷衍塞责"。材料中,汤老师在自己的工作时间内不在教室值班而偷偷外出,快下自习时才回,违背了爱岗敬业的职业道德规范要求。

作为一名教师,汤老师应该反思自己的行为,严于律己,关心爱护学生的人格和身心健康,保护学生的合法权益,履行教师的义务,促进学生健康发展。

32. (1)①表明了伟大的灵魂和精神创造是如何产生的,增强了文章的说服力;②丰富了文章内容,增强了文章的感染力。

(2)①"精神的天空"具体指超越欲望,以追求普世价值为目标的生存境界。②作者期望自己"接近精神的天空"原因有二:一是现实的欲望使作者自己觉得压抑;二是作者希望自己逐步改变庸俗的生活状态,提升自己的精神境界。

三、写作题(参考范文)

33. **换位思考,走进学生的心灵**

教师要想了解学生,走进学生的心灵,把握学生思想跳动的脉搏,就必须在教学中进行换位思考,站在对方的立场上思考、说话、做事。

新课程强调以人为本,学生是学习的主体。我们的教学活动都应该围绕学生这个主体来开展,换位思考正体现了这一核心。教师需要换位思考,时时变换自己的角色,真正站在学生的角度思考问题。只有爱他们、接触他们、了解他们,知其所想,知其所爱,知其所难,才能打开他们的心扉,使他们真正做到"亲其师,学其理,信其道"。

苏霍姆林斯基讲过这样一个故事:他小时候住在一间杂货铺附近,每天都能看到大人把某些东西交给杂货铺老板,然后换回自己需要的物品。有一天,他想出一个坏主意,将一把石子递给老板"换"糖,杂货铺老板迟疑片刻后收下了石子,然后把糖换给了他。苏霍姆林斯基说:"这个老人的善良和对儿童的理解影响了我终身。"这位杂货铺老板不是教育家,但他拥有教育者的智慧:他没有用成人的逻辑去分析孩子的行为,而是从孩子的角度,用宽容维护了一个儿童的尊严。在教育教学中,教师需要站在学生的位置思考问题,了解他们的感受,这就是"换位"。这样做可以帮助教师找到教育教学的障碍,对症下药,解决问题。

换位思考要体验学生的感受。有一位教育界前辈曾说:"学生时代曾经有过差生经历的老师,更容易体会学困生的难处;学生时代曾有过调皮经历的老师,更容易了解调皮生的心理,这些老师容易成为好老师。"正是由于这些老师经历过多种学生角色,有着亲身的体验,才清楚学生真正的需要,知道教育学生的方法。才能使他们更容易走近学生,更容易成为好老师。

换位思考要学会倾听、理解学生。倾听是沟通的桥梁,倾听是最美的语言,倾听是一种尊重,倾听更是学生的需要。教学是师生的双边活动,学生亦有自己的认知和思维,在教学过程中学生在想什么,这是教师应该及时了解的。只有这样才能在教学过程中随时把握住学生思想的脉搏,更好地与他们沟通。所以在教学过程中,教师不妨做一个倾听者,在遇到事情的时候,多听听学生的心声,试着去理解一下学生的想法。不要总是"两耳不闻窗外事,一心只'讲'圣贤书"。

换位思考要以人为本,关爱学生。以人为本,要求教师在教学过程中要学会尊重学生的个性,试着从学生的角度去发现他们个性中的闪光点,从而学会发展他们的优点,让学生的个性成为学生发展的特殊才能,使学生顺利成长、成才。发展学生的个性强调的是接纳、宽容、和谐、快乐,就是让他们将自己的个性和潜能发挥到极致,获得生命的乐趣。作为教师要有一颗海纳百川的心,要适时调整自己的位置,去包容学生的个性。

总之,换位思考是沟通师生内心世界的一座桥梁,它需要教师对学生付出满腔的热爱,教师的理解和宽容会使教育更有成效。让我们从心里记住:假如我是孩子,我希望老师……

国家教师资格考试预测试卷(十四)

一、单项选择题

1. D 【解析】素质教育是促进学生全面发展的教育。D选项"引导元元把精力都放在绘画上"的做法不利于元元全面发展和健康成长,故说法不恰当。

2. B 【解析】题干中老师对学生富有想象力的答案给予了否定,说明这位老师忽视了学生独特的想象力,忽视了学生的创造性。

3. B 【解析】B项的做法最恰当。"肯定琳琳勇于指出老师错误的行为"有利于维护学生发现问题、指出问题的积极性;"跟琳琳解释为什么没有错"一方面解决了学生的问题,另一方面还促进了学生们知识的巩固。

4. C 【解析】能不能培养学生的创新精神和实践能力是应试教育和素质教育的本质区别。

5. C 【解析】根据《中华人民共和国未成年人保护法》第二十七条规定,学校、幼儿园的教职员工应当尊重未成年人人格尊严,不得对未成年人实施体罚、变相体罚或者其他侮辱人格尊严的行为。第一百一十九条规定,学校、幼儿园、婴幼儿照护服务等机构及其教职员工违反本法第二十七条、第二十八条、第三十九条规定的,由公安、教育、卫生健康、市场监督管理等部门按照职责分工责令改正;拒不改正或者情节严重的,对直接负责的主管人员和其他直接责任人员依法给予处分。

6. B 【解析】根据《中华人民共和国教师法》第五条规定,国务院教育行政部门主管全国的教师工作。

7. D 【解析】根据《中华人民共和国义务教育法》第三十一条规定,特殊教育教师享有特殊岗位补助津贴。在民族地区和边远贫困地区工作的教师享有艰苦贫困地区补助津贴。

易错提示:考生在遇到此类试题时,需要注意:艰苦贫困地区补助津贴只有在边远地区和贫困地区工作的教师享有;特殊岗位补助津贴只有在特殊学校工作的教师享有。

8. B 【解析】根据《中华人民共和国教育法》第七十二条规定,结伙斗殴、寻衅滋事,扰乱学校及其他教育机构教育教学秩序或者破坏校舍、场地及其他财产的,由公安机关给予治安管理处罚;构成犯罪的,依法追究刑事责任。题干中李明家长及其他相关人员的行为扰乱了学校教学秩序,但并未构成犯罪,所以应由公安机关给予治安管理处罚。

9. C 【解析】《中华人民共和国未成年人保护法》第五十九条规定,任何人不得在学校、幼儿园和其他未成年人集中活动的公共场所吸烟、饮酒。故李老师在学校宿舍吸烟的行为是不正确的,违反了《中华人民共和国未成年人保护法》的相关规定。

10. D 【解析】根据《学生伤害事故处理办法》第九条规定,学校的校舍、场地、其他公共设施,以及学校提供给学生使用的学具、教育教学和生活设施、设备不符合国家规定的标准,或者有明显不安全因素的,造成的学生伤害事故,学校应当依法承担相应的责任。题干中该学校提供给学生使用的实验设备有明显的不安全因素,以致电伤学生,在这个事故当中,学校应该承担主要责任。

11. C 【解析】根据《中华人民共和国义务教育法》第三十二条规定,县级人民政府教育行政部门应当均衡配置本行政区域内学校师资力量,组织校长、教师的培训和流动,加强对薄弱学校的建设。

12. C 【解析】根据《中华人民共和国预防未成年人犯罪法》第三十八条规定,本法所称严重不良行为,是指未成年人实施的有刑法规定、因不满法定刑事责任年龄不予刑事处罚的行为,以及严重危害社会的下列行为:(1)结伙斗殴,追逐、拦截他人,强拿硬要或者任意损毁、占用公私财物等寻衅滋事行为;(2)非法携带枪支、弹药或者弩、匕首等国家规定的管制器具;(3)殴打、辱骂、恐吓,或者故意伤害他人身体;(4)盗窃、哄抢、抢夺或者故意损毁公私财物;(5)传播淫秽的读物、音像制品或者信息等;(6)卖淫、嫖娼,或者进行淫秽表演;(7)吸食、注射毒品,或者向他人提供毒品;(8)参与赌博赌资较大;(9)其他严重危害社会的行为。故本题选择C选项。

易错提示:考生注意区分我国《预防未成年人犯罪法》中关于不良行为和严重不良行为的规定:

不良行为(第28条)	严重不良行为(第38条)
吸烟、饮酒	结伙斗殴,追逐、拦截他人,强拿硬要或者任意损毁、占用公私财物等寻衅滋事行为
多次旷课、逃学	非法携带枪支、弹药或者弩、匕首等国家规定的管制器具
无故夜不归宿、离家出走	殴打、辱骂、恐吓,或者故意伤害他人身体
沉迷网络	盗窃、哄抢、抢夺或者故意损毁公私财物
与社会上具有不良习性的人交往,组织或者参加实施不良行为的团伙	吸食、注射毒品,或者向他人提供毒品

续表

不良行为(第28条)	严重不良行为(第38条)
参与赌博、变相赌博,或者参加封建迷信、邪教等活动	参与赌博赌资较大
进入法律法规规定未成年人不宜进入的场所(如网吧、酒吧、舞厅等)	传播淫秽的读物、音像制品或者信息等
阅览、观看或者收听宣扬淫秽、色情、暴力、恐怖、极端等内容的读物、音像制品或者网络信息等	卖淫、嫖娼,或者进行淫秽表演
其他不利于未成年人身心健康成长的不良行为	其他严重危害社会的行为

13. A 【解析】教师在处理与家长关系时要做到:尊重家长,理解家长;经常家访,互通情况;密切配合,教育学生。万老师情急之下打学生的做法是不对的,应先向小夏及小夏母亲道歉。
14. C 【解析】题干中“以身立教”的意思是用自身的行为去感染他人,体现了以身作则、为人师表的重要性。
15. A 【解析】关爱学生的教师职业道德规范要求教师对学生严慈相济,做学生良师益友。保护学生安全,关心学生健康,维护学生权益。题干中学生家庭突遭变故,此刻最需要的是情感上的安抚,A 项的做法体现了关爱学生。
16. C 【解析】该教师通过改变教学方式激发学生的学习兴趣,这体现了教师劳动的创造性特点。
17. C 【解析】“鸿雁传书”源自苏武牧羊的故事。
18. B 【解析】“人法地,地法天,天法道,道法自然”出自《老子》。“天行健,君子以自强不息;地势坤,君子以厚德载物”出自《周易》。“君子有大道,必忠信以得之,骄泰以失之”出自《大学》。“老吾老,以及人之老;幼吾幼,以及人之幼”出自《孟子·梁惠王上》。B 正确。
19. D 【解析】《红与黑》是法国作家司汤达的代表作。莫泊桑的代表作品有《羊脂球》《项链》《我的叔叔于勒》等。
20. B 【解析】周信芳是我国卓越的京剧表演艺术家,京剧“麒派”的创始人。
21. B 【解析】法拉第首次发现了电磁感应现象,为发电机的发明提供了理论依据。
22. D 【解析】《本草纲目》虽为中药学专书,但涉及范围广,对植物学、动物学、矿物学、物理学、化学、农学等内容亦有很多记载,故本题选 D。《黄帝内经》是我国现存较早的重要医学文献,被称为“医之始祖”。《伤寒杂病论》集秦汉以来医药理论之大成,并广泛应用于医疗实践,是我国医学史上影响最大的古典医著之一,也是我国第一部临床治疗学方面的巨著。《千金方》是中国古代综合性临床医学著作,被誉为中国最早的临床百科全书。
23. C 【解析】《辛丑条约》的签订使中国完全陷入半殖民地半封建社会的深渊。

方法技巧:考生需要注意中国旧民主主义革命时期和外国列强签订的不同条约。

不平等条约	签订时间	涉及的战争	意义
《南京条约》	1842 年	鸦片战争	是中国近代史上第一个丧权辱国的不平等条约,中国开始沦为半殖民地半封建社会
《天津条约》	1858 年	第二次鸦片战争	中国的独立、主权和领土完整受到了严重侵犯,使中国半殖民地半封建化的程度加深
《北京条约》	1860 年		
《马关条约》	1895 年	甲午中日战争	进一步把中国社会推到了半殖民地半封建社会的深渊
《辛丑条约》	1900 年	八国联军侵华战争	是中国近代史上主权丧失最严重、赔款数目最庞大的不平等条约。标志着中国半殖民地半封建社会完全形成

24. B 【解析】A 项是箫(或笛),C 项是葫芦丝,D 项是埙。
25. D 【解析】根据甲班学生成绩的众数是 85,得出 $x=5$。根据乙班学生成绩的平均分为 81,得出 $y=4$。所以 $x+y=9$,故选 D。
26. D 【解析】计算数值的和用 SUM(　　)函数。A 项是汇总函数,它可以包括求和、汇总、平均等等多个函数的使用;B 项是计算平均值函数;C 项函数用于 Excel 中对给定数据集合或者单元格区域中数据的个数进行计数。
27. A 【解析】在 Excel 默认状态下,单元格是常规输入格式,输入以零开头的数字时,第一个数值“0”不显示。若要完整输入以零开头的数字字符串,有两种方法:(1)将单元格格式设置为文本格式,再输入数字字符串;(2)在输入数值前,先输入一个英文状态下的单引号“'”,再输入数字字符串。所以,要在默认状态下完整输入数字字符串 070615,正确的输入序列是'070615。

28. C 【解析】题干中"橙子"和"橘子"是全异关系,是两种不同的水果。A 项,"土豆"和"马铃薯"是全同关系;B 项,"桃子"与"水蜜桃"是包含关系;D 项,"萝卜"和"红萝卜"是包含关系;C 项,"芒果"和"火龙果"是全异关系,与"橙子"和"橘子"的逻辑关系相同,故选 C。

29. A 【解析】从题干可以看出前面三位数字与后面的数字有一定的对应关系。以题干中"3 + 4 + 9→122736"为例,条件为 3 + 4 + 9,由 3、4、9 三个数字组成,结果为 122736,把结果从左到右分为三组,依次为 12、27、36,12 = 3 × 4,27 = 3 × 9,36 = 4 × 9,故规律为:第一组数字为条件中第一、第二位数字的乘积,第二组数字为条件中第一、第三位数字的乘积,第三组数字为条件中第二、第三位数字的乘积。据此对各项分析后可得 A 项正确,具体如下:8 × 5　8 × 2　5 × 2
　40　16　10

二、材料分析题(答案要点)

30. 材料中这位教师的行为符合新课改背景下的教育观,值得我们学习。

(1)素质教育是面向全体学生的教育。素质教育倡导人人都有受教育的权利,强调在教育中每个人都得到发展,而不是只注重一部分人,更不是只注重少数人的发展。材料中,教师经过调查发现学生的知识基础差别比较大,随后根据学生的特点和要求采取分层教学的方式,最终促进了所有学生对知识的掌握。

(2)素质教育是促进学生个性发展的教育。每一个学生都有其个别性,如有不同的认知特征、不同的欲望需求、不同的兴趣爱好、不同的创造潜能,这些不同点铸造了一个个千差万别、个性独特的学生。材料中,教师经过调查发现学生的知识基础差别较大,于是对不同的学生提出不同的要求,让基础好的学生自学,基础一般的学生在教师的引导下学习,进一步激发了全班学生学习的热情,提高了学习效率,促进了每一个学生对知识的掌握。

作为一名教师,要充分实践新课改背景下的教育观,以学生为中心,认真听取学生的意见,因材施教,促进学生的全面发展。

31. 郑校长践行了爱国守法、爱岗敬业、为人师表以及终身学习的教师职业道德规范,其行为值得肯定。

(1)郑校长践行了爱国守法的教师职业道德规范。"爱国守法"要求教师全面贯彻国家教育方针,自觉遵守教育法律法规,依法履行教师职责权利,不得有违背党和国家方针政策的言行。材料中,郑校长组织全体教职员工系统学习教育法律法规,提高教师的思想认识,践行了这一职业道德规范。

(2)郑校长践行了爱岗敬业的教师职业道德规范。"爱岗敬业"要求教师对工作高度负责,认真备课上课,认真批改作业,认真辅导学生,不得敷衍塞责。材料中,郑校长工作兢兢业业,坚持深入教学第一线,践行了这一职业道德规范。

(3)郑校长践行了为人师表的教师职业道德规范。"为人师表"要求教师坚守高尚情操,知荣明耻;严于律己,以身作则;衣着得体,语言规范,举止文明;作风正派,廉洁奉公。材料中,郑校长对于各项规章制度,以身作则,模范遵守;为人和蔼可亲,善于沟通激励,并且公平公正,铁面无私,对于违纪的老师拒绝熟人说情,践行了这一职业道德规范。

(4)郑校长践行了终身学习的教师职业道德规范。"终身学习"要求教师崇尚科学精神,树立终身学习理念,拓宽知识视野,更新知识结构。潜心钻研业务,勇于探索创新,不断提高专业素养和教育教学水平。材料中,郑校长积极参加进修学习和课题研究,努力提高自身科学管理水平,践行了这一职业道德规范。

综上所述,郑校长的行为符合教师职业道德规范的要求,值得肯定和赞扬。

32. (1)①不仅注重方法,而且注重原则;②重视改作业和当堂回答学生问题,启发学生深入思考;③教给学生"由薄到厚""由厚到薄"的读书方法。

(2)观点一:有道理。华罗庚的改动很有创造性。

①"弄斧必到班门",敢于与高手过招,才能得到帮助与指教,提高自己;②"观棋不语非君子",发现别人的研究有不足,应主动指出来;③"落子有悔大丈夫",发现自己的研究有缺点,一定要及时修正。

观点二:没有道理。华罗庚的改动会造成人们对这些熟语的误解。

①"班门弄斧"只是告诫人们不要在行家面前卖弄本领,善于藏拙,才能扬长避短;②在比赛场上,必须尊重棋手,"观棋不语真君子";③遵守比赛规则,"落子无悔大丈夫"。

观点三:两种说法都有道理,但又都有特定的适用范围。

①为人做事,切忌"班门弄斧";求知问学,"弄斧必到班门";②赛场观战,"观棋不语真君子";乐于助人,"观棋不语非君子";③弈棋对决,"落子无悔大丈夫";知错即改,"落子有悔大丈夫"。

(观点明确,言之有理即可)

三、写作题(参考范文)

33. **合作创造价值**

"皮之不存,毛将焉附""唇亡齿寒"等话语蕴含的哲理被古往今来之人不断诠释、演绎并使其在当今时代也熠熠生辉,其所体现的合作理念是实现个人、集体良好发展,社会、国家和谐繁荣的重要因素。教育活动是教育过程漫长而复杂、教育对象范围广而跨度大、教育影响关乎民族未来的社会创造性活动,合作在教育过程中的重要性不言而喻,教师与学生、教师与教师之间只有加强合作,才能集聚教育力量,统一一切教育资源,创造教育价值和形成塑造未来的力量!

教师要加强与学生的合作,在教学相长中创造价值。"学然后知不足,教然后知困。知不足,然后能自反也;知困,然后能自强也。故曰:

教学相长也。"教与学是相辅相成的,即教学相长。学识渊博的教师在讲台上侃侃而谈,但若没有学生的积极反馈,终究是一个人的独白;天资聪颖的学生在书海中勤学苦练,但若没有教师的有效指导,终究达不到事半功倍的效果。教师的教授与学生的学习正如钥匙与锁,任何一方的缺失都会造成教学相碍。教育教学活动中,教师首先应成为学生的朋友、合作者,而不是单一的知识的灌输者,师生双方处于平等的地位才能促进合作,保证教学相长;其次,教师在教学中应尊重学生的主体性地位,尊重学生的个性与差异性,挖掘学生的潜能。而学生应尊重教师的主导性地位,以教师为榜样,约束与规范自己的言行。这样,教育教学活动才能在教学相长中创造最大价值。

教师要加强与其他教师的合作,在共同进步中创造价值。"孤掌难鸣,独木难支",当今时代的教师不再是局限于教材、口头讲述、粉笔黑板的书本知识的单一搬运者、转述者和呈现者,教学知识的内涵、外延无限扩大,信息呈现的多媒体技术手段日新月异,班集体作为承载学生未来的航船,各科任教师之间必须合力,才能使船扬帆起航,抵达理想的彼岸。新课程改革要求教师改变以往孤立、封闭、排斥他者的个人主义教学方式,提倡开放、互助、信赖、相互支援的集体合作文化。教师应打破"术业有专攻"的封闭式教学心态,打破文人相轻的心理壁垒,学习借鉴他人教学中的优点,权衡自己教育活动的利弊,广采博览,营造积极向上的班级氛围,实现培养全面发展的学生的共同教育目标。

"合",和也,历史的发展不外乎证明了"天时地利"终究需要"人和"。氏族社会中的先祖集体狩猎,古代沙场中的兵将统一作战,现代中华民族举全国之力抵御外辱,合作犹如历史前进中的滚滚车轮,任何一方的缺失都会使其停滞不前。于个人而言,合作是促进人内省、不断发展的方式,在合作的过程中,他人的言行必定是自己的一面镜子,"见贤思齐,见不贤而内自省也"。在反思中提升自己,在合作中发展自己,从而使集体发挥 1+1>2 的价值。

国家教师资格考试预测试卷(十五)

一、单项选择题

1. D 【解析】学生是发展中的人,具有巨大的发展潜能。教师要坚信每个学生都是可以积极成长的,是有培养前途的,不能因为学生的小错误,将学生完全否定,而是要看到学生未来的发展潜力,帮助学生更好地发展。题干中的班主任仅仅因为陈功考试失败就讽刺他,没有看到学生未来的发展潜能,说明该班主任没有认识到学生是发展的人。
2. B 【解析】"不陵节而施"要求教育要遵循学生身心发展的顺序性,循序渐进地促进人的发展。
3. B 【解析】每一个学生都有其个别性,有不同的欲望需求、不同的兴趣爱好、不同的创造潜能,教师要尊重学生的个性差异。在组织书法兴趣小组时,马老师规定每个同学都必须参加,这种做法忽视了学生的个性差异。
4. B 【解析】素质教育倡导"以人为本"的学生观。"以人为本"要求教师在教育活动中尊重学生的人格尊严,用平等和充满关怀的心来对待学生。在正常的课堂教学中,如遇到突发事件,最不正确的行为就是侮辱学生的人格。这样会破坏良好的师生关系,影响教师在学生们心中良好形象的树立。教师只有尊重学生,学生才会尊重教师。所以四个选项中最不恰当的处理方式就是直接在课堂上谴责该学生。
5. D 【解析】根据《学生伤害事故处理办法》的规定,学校组织学生参加教育教学活动或者校外活动,未对学生进行相应的安全教育,并未在可预见的范围内采取必要的安全措施,造成学生伤害事故的,学校应当依法承担相应的责任。在学校运动会中,志愿者李某被参赛选手王某的球砸中,说明学校未在可预见的范围内采取必要的安全措施,所以学校是承担赔偿责任的主体。
6. C 【解析】根据《中华人民共和国预防未成年人犯罪法》第三十四条规定,未成年学生旷课、逃学的,学校应当及时联系其父母或者其他监护人,了解有关情况;所以,A 项说法错误。《中华人民共和国未成年人保护法》第五十九条规定,禁止向未成年人销售烟、酒、彩票或者兑付彩票奖金。所以,B 项说法错误。《中华人民共和国未成年人保护法》第一百零八条规定,未成年人的父母或者其他监护人不依法履行监护职责或者严重侵犯被监护的未成年人合法权益的,人民法院可以根据有关人员或者单位的申请,依法作出人身安全保护令或者撤销监护人资格。所以,C 项说法正确。学校不得违反法律和国家规定开除学生,学校也没有罚款权,所以,D 项说法错误。
7. D 【解析】根据《中华人民共和国教师法》第三十八条规定,地方人民政府对违反本法规定,拖欠教师工资或者侵犯教师其他合法权益的,应当责令其限期改正。
8. C 【解析】对于当事人的起诉,人民法院经审查,应当在接到起诉状之日起 7 日内立案或裁定不予受理,当事人对不予受理的裁定不服的,可以提起上诉。
9. B 【解析】根据《中华人民共和国义务教育法》第五十七条规定,学校有下列情形之一的,由县级人民政府教育行政部门责令限期改正;情节严重的,对直接负责的主管人员和其他直接责任人员依法给予处分:(1)拒绝接收具有接受普通教育能力的残疾适龄儿童、少年随班就读的;(2)分设重点班和非重点班的;(3)违反本法规定开除学生的;(4)选用未经审定的教科书的。题干所述对应第二项。
10. A 【解析】根据《中华人民共和国教育法》第五十四条规定,国家建立以财政拨款为主、其他多种渠道筹措教育经费为辅的体制,逐步增加对教育的投入,保证国家举办的学校教育经费的稳定来源。
11. D 【解析】根据《中华人民共和国未成年人保

护法》第二十八条规定,学校应当保障未成年学生受教育的权利,不得违反国家规定开除、变相开除未成年学生。第二十九条规定,学校应当关心、爱护未成年学生,不得因家庭、身体、心理、学习能力等情况歧视学生。对家庭困难、身心有障碍的学生,应当提供关爱;对行为异常、学习有困难的学生,应当耐心帮助。因此,③④项符合相关规定。①项中的做法侵犯了学生的受教育权,②项中的做法侵犯了学生的人格尊严。

12. D 【解析】根据《中华人民共和国教育法》第七十二条规定,结伙斗殴,寻衅滋事,扰乱学校及其他教育机构教育教学秩序或者破坏校舍、场地及其他财产的,由公安机关给予治安管理处罚。

13. D 【解析】A 项没有考虑学生的感受,处理方式不合适;B、C 两项违背了为人师表的职业道德规范;D 项不仅遵循了为人师表的职业道德规范,而且处理方式合理有效。

14. B 【解析】《中小学教师职业道德规范》(2008 年)指出,教师应“自觉抵制有偿家教,不利用职务之便谋取私利”。图中学生的礼物有鲜花、红包、自制的小礼物等,涉及钱财的,无论是在什么场合,教师都不能接受,否则就违背了为人师表的师德规范。但教师也不该全部拒绝,若学生送的是自己制作的小礼物,教师可以适当接受,并表达赞美和谢意,这有利于营造和谐的师生关系。

易错提示:关于教师职业道德规范的试题,考生需要仔细阅读题干及选项,抓住关键词,选择最佳选项。本题的选项迷惑性较强,考生要注意区分,教师索要或收受钱财、利用职务为自己谋取便利、教育教学方式不当等都属于违背师德规范的。关于学生送老师礼物,如果礼物不涉及钱财,仅是学生爱师、尊师表现的一种象征物,比如学生亲手制作的贺卡、手写信件等,教师收取这类物品不算违反师德规范。

15. B 【解析】“为人师表”就是要求教师言传身教,以身立教,在各个方面率先垂范,做学生的榜样,以自己的人格魅力和学识魅力教育感染学生,做学生健康成长的指导者和引路人。题干所述是对教师为人师表的要求。

16. D 【解析】1997 年修订的《中小学教师职业道德规范》中,“廉洁从教”的要求之一是不利用职责之便谋取私利。“有偿家教”违背了廉洁从教的教师职业道德规范。

17. A 【解析】1842 年,清朝在第一次鸦片战争中战败,清政府代表在南京与英国签署《南京条约》;《天津条约》是清咸丰八年(1858 年)第二次鸦片战争中英国、法国强迫清政府在天津签订的不平等条约;《马关条约》是清朝政府和日本明治政府于 1895 年 4 月在日本马关签订的不平等条约;《辛丑条约》签订于光绪二十七年(1901 年)。故按条约的签订时间先后顺序排列,应为:南京条约—天津条约—马关条约—辛丑条约。

18. B 【解析】“月有阴晴圆缺”在科学角度解释就是地球绕太阳转动,而月球绕地球转动,在转动过程中,由于地球和月球两者的转速不一样,出现了偏角,地球挡住了月球的一部分,从而产生了“阴晴圆缺”的现象。

19. B 【解析】第二次鸦片战争期间,英法联军火烧圆明园,圆明园被毁。

20. C 【解析】“民为贵,社稷次之,君为轻。”这是孟子提出的一个重要思想。孟子认为,“诸侯之宝三:土地、人民、政事”,“得乎丘民而为天子”。所以,君主要注意民心向背,尊重民意,收取民心,进而获取天下。

21. C 【解析】王羲之是东晋书法家,有“书圣”之称,其代表作《兰亭序》,被称为“天下第一行书”,并与颜真卿的《祭侄文稿》、苏轼的《寒食帖》并称为“天下三大行书”。

22. D 【解析】题干中的词句摘自《三国演义》的开篇词《临江仙》(杨慎)。“滚滚长江东逝水,浪花淘尽英雄。是非成败转头空,青山依旧在,几度夕阳红。白发渔樵江渚上,惯看秋月春风。一壶浊酒喜相逢,古今多少事,都付笑谈中。”

23. A 【解析】泰戈尔以诗集《吉檀迦利》在 1913 年获得诺贝尔文学奖。

24. C 【解析】A 项出自唐代王维的《九月九日忆山东兄弟》,农历“九月九日”为重阳节,民间有登高、插茱萸、饮菊花酒等习俗。B 项出自宋代王安石的《元日》,描写了春节除旧迎新的景象。C 项出自唐代白居易的《问刘十九》,此诗描写了诗人邀请朋友前来喝酒的情景,体现的是朋友间亲密的情谊,并未涉及到节日。D 项出自唐代苏味道的《正月十五夜》,此诗描写了元宵之夜的欢乐景象。

25. D 【解析】启蒙运动是指发生在 17 ~ 18 世纪的一场资产阶级和人民大众的反封建、反教会的思想文化运动。启蒙运动批判了封建专制主义、宗教愚昧及特权主义,宣传了自由、民主和平等的思想,为欧洲资产阶级革命做了思想准备和舆论宣传。启蒙运动的代表人物有伏尔泰、卢梭、孟德斯鸠等,但丁不是启蒙运动的代表人物,而是文艺复兴的代表人物。启蒙运动发源于英国,而后发展到法国、德国与俄国,此外,荷兰、比利时等国也有波及。故只有 D 项说法正确。

26. A 【解析】Word 中撤销功能的意思是返回上一步操作,所以你在编辑文本时如果执行了错误操作,撤销功能可以帮助你把文本恢复原来的状态。

27. D 【解析】三八妇女节只给女性发放过节费,只需要在表格中筛选出所有女性员工,然后一起添加,就能在表格中快速完成女性员工工资变化的操作。

28. B 【解析】题干等值于没有理想的人生→不是有意义的人生,否后则否前,即有意义的人生→有理想的人生,D 项错误;还等值于“只有有理想的人生才是有意义的人生”,B 项正确;肯后不能肯前,否前不能否后,A、C 项均错误。

29. D 【解析】先观察特征,元素组成相同优先考虑位置规律。题目为两段式,优先观察第一段。

第一段黑色方格每次顺时针平移两格，空缺处每次逆时针平移一格；第二段黑色方格每次逆时针平移两格，空缺处顺时针每次平移一格。只有D选项符合规律。

二、材料分析题(答案要点)

30. 材料中张老师的教育行为很好地践行了"以人为本"的学生观。

首先，学生是发展中的人，学生具有巨大的发展潜能，教师要用发展的眼光看待学生。材料中，张老师并没有因为王红的数学成绩差就放弃她，而是从学习方法、学习兴趣和自信心等方面入手逐步提高王红的数学成绩，提高王红学习数学的积极性。

其次，学生是独特的人。每个学生都有自身的独特性，教师要针对每个学生的不同特点因材施教，这样才能产生更好的教学效果。材料中，张老师根据王红的优点引导她归纳总结英语、语文的学习方法并应用到数学学习上，克服了王红学习数学的畏惧感；同时张老师结合王红数学学习基础薄弱的特点，通过搭建"脚手架"，引导她逐步地完成作业。

最后，学生是具有独立意义的人。学生是学习的主体，作为教师要调动学生学习的积极性和主动性。材料中，张老师通过方法的引导和自信心的树立，激发起王红学习数学的兴趣，引导王红主动学习，从而使王红的数学成绩得到了大幅度提高。

因此，作为教师，在学生"偏科"的情况下，要结合"以人为本"的学生观，积极地促进学生的全面发展。

31. 范美忠老师的行为不符合教师职业道德规范，需要反思与改进。

(1)"范跑跑事件"中的范美忠老师违反了教师职业道德规范中的"关爱学生"这一行为规范。"关爱学生"要求教师保护学生安全，关心学生健康，维护学生权益。而范美忠老师在地震时最先逃跑，不顾学生的生命安全，这严重违反了"关爱学生"这一师德规范的要求。

(2)"范跑跑事件"中的范美忠老师事后还在博客中为自己的行为"辩解"，发表违背社会公德的言论，违反了教师职业道德规范中的"为人师表"这一行为规范。"为人师表"要求教师要坚守高尚情操，知荣明耻，严于律己，以身作则。衣着得体，语言规范，举止文明。很显然范美忠老师没有做到这一点。

(3)"范跑跑事件"中的范美忠老师的言行也违反了教师职业道德规范中的"爱岗敬业"这一行为规范。"爱岗敬业"要求教师要忠诚于人民教育事业，志存高远，勤恳敬业，甘为人梯，乐于奉献，对工作高度负责，认真备课上课，认真批改作业，认真辅导学生。不得敷衍塞责。而范美忠老师不管学生安危率先逃跑以及事后自私的言论都不是爱岗敬业的表现。

因此，作为教师，我们要践行教师职业道德规范中的要求，以学生为本，保护学生安全，促进学生健康成长。

32. (1)①增强说服力，进一步突出王文显剧作别有一番幽默，肯定他喜剧创作的能力和影响；②引出下文对王文显任代理校长时行事风格的叙写，形成对比，以突出王文显治校的持重务实，一丝不苟。

(2)①(表层方面)王文显身上体现了清华的特质与精神，在清华有着重要的地位；②(深层方面)严谨的治学精神和包容的治校理念，是清华的灵魂。坚守学术性和包容性，清华就不会因为任何变革而改变；反之，清华将不再是清华。

三、写作题(参考范文)

33. **读万卷书，也行万里路**

《履园丛话》中说："'读万卷书，行万里路'，二者不可偏废。"这说明，古人都把"读万卷书，行万里路"作为一种境界，一种追求。"读万卷书，行万里路"是人们获得真知的途径，强调的是读书学习和亲身实践的关系。我认为，二者都能使人开阔眼界，增长知识和能力，二者不可分开。

读万卷书就是要博览知识学问。关于读书，中外先哲有过许多脍炙人口的箴言：刘向曾说"书犹药也，善读之可以医愚"；杜甫曾说"读书破万卷，下笔如有神"；高尔基曾说"书籍是人类进步的阶梯"；莎士比亚曾说"生活里没有书籍，就好像没有阳光；智慧里没有书籍，就好像鸟儿没有翅膀"，等等。这些名言都旨在告诉我们一个道理：开卷有益，读书有益。读书能让人透过别人的视角看世界，书里有漫长的历史，有精彩的故事，有广博的智慧，有那些因时间和空间的阻碍我们无法亲听、亲见的一切。书籍，为我们的心灵开了一扇窗，在读书的过程中，我们能够有所得，有所悟。

"纸上得来终觉浅，绝知此事要躬行。"读书，是以最低的成本了解世界间接经验的方式，而"行万里路"，是对实践经验的积累。"物有甘苦，尝之者识；道有夷险，履之者知。"不经蜀道，不知蜀道之难；不见长江，不知长江之急；不登华山，不知山峰之险。世上有很多的路，而只有自己亲身走过的路，才是真正属于自己的路。人是在行走中遇见不同坐标的，在行走的路上，我们会经历未曾经历的，体验未曾体验的，遇到很多未知的人和事。他们会告诉我们不同的故事和人生，这远比书上的文字鲜活生动。行走是一种进入生活的态度，只有切己体察，身体力行，有了丰富的人生经历之后，人们才会学会分析和判断，并从中找出一条最适合自己的路，才能把书中的知识升华为自己独有的能力和智慧。

明代圣人王阳明提出了著名的"知行合一"的思想。知行合一，知是指知识，行是指实践，知与行的合一，既不是以知来吞并行，认为知便是行，也不是以行来吞并知，认为行便是知。我们不仅要认识，而且要不断实践。只有把"知"和"行"统一起来，才能称得上"善"。只有知行合一，去看、去听、去感觉，才能真正认识这个世界，感悟这个世界。只行路，不读书，即使面朝大海，春暖花开，也会感到迷惘。所以我们要做到知行合一，边读书边行路，把书上读到的在行路中印证，把路上看到的在读书中领悟；用读书来指导行路的方向,用行路加深对读书的理解。这样才能有广博的知识和深刻的见地。

清代的学者梁绍壬说:"读万卷书,行万里路,有耀自他,我得其助。"这句话意为:阅读了万卷书,行走过万里路,拿出来炫耀的自然是他人,我通过它受益良多。无论是读书还是行路,都是为了增长见识,对世界、对人生有自己的深刻体会,二者不可偏废。

国家教师资格考试预测试卷(十六)

一、单项选择题

1. A 【解析】素质教育是促进学生全面发展的教育。实施素质教育必须坚持德育、智育、体育、美育和劳动技术教育并举,促进学生生动活泼地发展。题干中,于老师认为没必要开设综合实践活动课,而是要多上语文、数学课,这表明他过分注重智育,忽视了学生其他方面的发展,违背了素质教育要求学生全面发展的理念。
易错提示:素质教育的内涵是常考点也是易混易错点,考生要在理解各内涵的基础上,抓住题干关键词句,结合题干作答。
全面发展——强调德智体美劳等各方面都要发展,只重视某一方面的发展(如智育)即违背了该内涵的要求。
个性发展——学生是独特的人,要尊重学生个性、促进学生特长发展等。
均衡发展——学生发展的各方面于一种平衡和谐的状态,没有特别落后的。
主动发展——强调个体的主观能动性,即学生自觉、主动地发展。
2. A 【解析】教师劳动任务的复杂性是教师劳动的复杂性主要表现之一,它指的是教师不仅要传授科学文化知识和训练学生的技能,发展学生的智力,培养能力,还要培养学生一定的思想品德,促进学生的身心健康。所以题干所述表明教师劳动具有复杂性。
3. B 【解析】教师的示范者角色是指教师的言行是学生学习和模仿的榜样。题干这句话的意思是学生会因为喜欢老师而相信老师的话,因为尊敬老师而奉行老师的教导,因为敬仰老师而模仿老师的行为。这些都是教师示范者角色的体现。
4. D 【解析】题干中,"不是每个学生都能考上大学"说明了个体与个体之间存在差异,C 项不选。"学习上暂时落后并不代表永远落后"说明陈老师明白个体身心发展存在不平衡性和阶段性,有人"早慧",发展得快,在学习方面占有优势;有人则大器晚成,发展较为滞后,在学习上暂时落后于他人。A、B 项不选。题干中的话并未体现出陈老师重视学生发展的顺序性,故本题选 D。
5. D 【解析】根据《中华人民共和国教师法》第二十二条规定,学校或者其他教育机构应当对教师的政治思想、业务水平、工作态度和工作成绩进行考核。
6. B 【解析】根据《中华人民共和国义务教育法》第二十七条规定,对违反学校管理制度的学生,学校应当予以批评教育,不得开除。
7. B 【解析】根据《中华人民共和国义务教育法》第十九条规定,普通学校应当接收具有接受普通教育能力的残疾适龄儿童、少年随班就读,并为其学习、康复提供帮助。
8. D 【解析】根据《学生伤害事故处理办法》第三十二条规定,发生学生伤害事故,学校负有责任且情节严重的,教育行政部门应当根据有关规定,对学校的直接负责的主管人员和其他直接责任人员,分别给予相应的行政处分;有关责任人的行为触犯刑律的,应当移送司法机关依法追究刑事责任。
9. D 【解析】根据《中华人民共和国未成年人保护法》第十七条规定,未成年人的父母或者其他监护人不得实施"允许、迫使未成年人结婚或者为未成年人订立婚约"的行为。故题干中张某和李某的做法是不合法的。
10. C 【解析】根据《中华人民共和国义务教育法》第二十二条规定,县级以上人民政府及其教育行政部门应当促进学校均衡发展,缩小学校之间办学条件的差距,不得将学校分为重点学校和非重点学校。学校不得分设重点班和非重点班。题干所述违反了《中华人民共和国义务教育法》。
11. D 【解析】教师有参加进修培训的权利,也有获取报酬待遇的权利,学校及其他教育机构不得克扣或变相克扣教师的工资。题干中的学校变相克扣了张老师的绩效工资,这显然侵犯了张老师的权利。
12. D 【解析】李老师没收学生甲的手机且拒不归还,这侵犯了甲的财产权。根据受教育者的权利可知,对学校、教师侵犯其人身权、财产权等合法权益的情况,学生有提出申诉或者依法提起诉讼的权利。所以,A、B 项说法正确。根据教师的义务可知,教师有义务制止有害于学生的行为或者其他侵犯学生合法权益的行为。所以,甲可以向其他老师求助。所以,C 项说法正确。D 项中甲的做法不合法,所以,答案选 D 项。
13. B 【解析】题干引文的意思是:要做好工作,先要使工具锋利。比喻要做好一件事,准备工作非常重要。所以,要想教好书,教师得具备精深的专业知识。
14. C 【解析】题干中老师的话是不尊重学生的表现,容易伤害小宇的自尊心,做法是不正确的。作为教师应当尊重学生人格,公平、公正对待学生,避免将不良情绪发泄到学生身上。
15. C 【解析】题干中的教师在评上高级职称后仍坚持不断提升自我,表明该教师具有终身学习的意识。
16. C 【解析】马老师的做法是可行的,体现出其注重沟通技巧,既尊重家长又爱护学生。
17. B 【解析】蒸汽机的改良和使用是 18 世纪英国工业革命的标志。
18. A 【解析】石器是人类最早使用的工具,盛行于人类历史的初期阶段。
19. B 【解析】据《史记 · 项羽本纪》记载,楚汉战争中项羽被刘邦打败后，在乌江江畔自刎而死。

20. A 【解析】《颜氏家庙碑》是盛唐书法家颜真卿的作品。《兰亭序》是东晋书法家王羲之的代表作；《神策军碑》是中晚唐柳公权的代表作；《寒食帖》是北宋文学家苏轼的作品。所以最能体现盛唐气度的应该是《颜氏家庙碑》。

21. A 【解析】根据干支纪年法计算，公元 1977 年应该是农历丁巳年。

22. D 【解析】帕特农神庙是希腊的著名建筑。

23. C 【解析】昆曲在 2001 年被联合国教科文组织列为“人类口述和非物质文化遗产代表作”，是我国戏曲类别中最早被联合国列入非物质文化遗产名录的。

24. D 【解析】《红高粱》于 1988 年获第三十八届柏林国际电影节最佳影片金熊奖，是中国第一部获得该奖项的电影。

25. A 【解析】米隆是希腊著名雕塑家，名雕《掷铁饼者》是其作品。罗丹是法国著名雕塑家，代表作有《巴尔扎克》《思想者》等；米开朗基罗是意大利画家、雕刻家，代表作有《哀悼基督》《大卫》《摩西像》；拉斐尔是意大利著名画家，代表作有《西斯廷圣母》《雅典学院》等。

26. D 【解析】搜索时，并不是关键词越多越好，关键是选取的关键词必须涵盖所要检索的资料的关键信息。

27. D 【解析】“自定义动画”是指根据需要，对幻灯片的各个对象设置其动画方式，从而使幻灯片中的文本、形状、音频、图像、图表和其他对象具有动画效果，这样可以突出重点、控制信息的流程，并提高演示文稿的趣味性。题干中，赵老师希望按特定顺序呈现幻灯片中的各种对象，可通过“自定义动画”实现该操作。

28. D 【解析】A 项：孔融让梨的典故对应的是礼，不符合；B 项：季札还愿是说人应讲诚信，不符合；C 项：毛遂自荐是说人应该勇于展示自己，对应的不是礼，不符合；D 项：尾生抱柱用来比喻坚守信约，与信字对应，符合。

29. C 【解析】题干数列做差可以得到新数列：5，7，9，11，(13)，此数列是公差为 2 的等差数列，(48) = 35 + 13，故答案选 C。

二、材料分析题(答案要点)

30. 王老师的教育教学行为符合新课程倡导的教师观，值得我们学习。

(1)新课程倡导的教师观要求教师由知识的传授者转变为学生学习的引导者和学生发展的促进者。材料中王老师没有将自己的意志强加给学生，而是根据学生的主观经验，以学生喜欢的方式教学，帮助学生建立学习兴趣，获得自然知识、写作技能，并培养他们对大自然的热爱之情。

(2)在对待师生关系上，新课程强调尊重、赞赏。材料中王老师的教学方式符合学生身心发展规律，尊重了学生的主体地位，这是对学生的尊重。

综上所述，王老师的教育教学行为体现了对学生的尊重，促进了学生的全面发展。

31. 材料中余老师的教育行为践行了教师职业道德规范，值得肯定和学习。

(1)余老师的教育行为体现了关爱学生的师德要求。关爱学生要求教师关心爱护全体学生，尊重学生人格，平等公正对待学生。材料中，小华是新手，余老师仍然耐心鼓励、帮助她，体现了对学生的关爱。

(2)余老师的教育行为体现了为人师表的师德要求。为人师表要求教师严于律己，以身作则。材料中，余老师以身作则，克服自己腰不好的情况，亲自示范动作，给学生做了很好的榜样。

(3)余老师的教育行为体现了爱岗敬业的师德要求。爱岗敬业要求教师志存高远，勤恳敬业。对工作高度负责。材料中，余老师每次比赛力争好成绩，在学生有困难时能认真指导学生，帮助学生短期内学会了班级韵律操，体现了爱岗敬业的师德要求。

(4)余老师的教育行为体现了教书育人的师德要求。教书育人要求教师对学生循循善诱、诲人不倦。材料中，余老师面对特殊情况亲自示范并不断鼓励学生，循循善诱，耐心地教育、引导学生，这体现了教书育人的师德要求。

总之，余老师的行为符合师德规范的要求，值得赞扬和学习。

32. (1)“这”指的是：他给旧的乐式注入惊人的活力和激情，包括产生于一定思想、信念的那种最高的激情。

(2)①巴赫：只讲究乐式，如巴赫的序曲，精美动听。②莫扎特：既讲究乐式，又表达感情，如莫扎特的《天神交响乐》最后一章，从头到尾交织着一种不寻常的悲伤之美。③贝多芬：把音乐完全用作表现心情的手段，完全不把设计乐式本身作为目的。如他的《英雄交响曲》前面使用了几个漂亮的乐式，且这些乐式被赋予了巨大的内在力量。到了乐章的中段，这些乐式就全被不客气地打散了，使人听不出在感情的风暴下竟还有什么乐式存在。

三、写作题(参考范文)

33. **话语的温度**

一簇红彤彤的炉火是有温度的，一块晶莹剔透的寒冰是有温度的，世界万物都是有温度的。有了温度，生活才会温暖，才会温馨，才有感情。话语也是有温度的。俗话说：“甜言美语三冬暖，恶语伤人六月寒。”可见，话语的温度有时是温暖的，有时是寒冷的。有时，它像一团干柴烈火，让人心里充满勇气和希望，充满感动和欣喜；有时，它像刺骨寒冰，让人感到沮丧、失望、痛苦，甚至愤怒。

话语可以是温暖的。难过时，朋友的一句安慰带给我们温暖，替我们擦干伤心的眼泪；受挫时，师长的一声鼓励带给我们温暖，给予我们信心和力量；生病时，家人的一句问候能带给我们温暖，让我们带着笑容勇敢地与病魔抗争；成功时，他人的一声赞许带给我们温暖，让我们享受到成功的喜悦，也认识到自己的价值……

一天，作家屠格涅夫在街上走着，一个乞丐向他伸出手，想讨些钱。屠格涅夫搜遍自己身上所有的口袋，既没有钱包，也没有怀表，甚至连一块手帕也没有。但乞丐在等待着，他伸出的手微微地颤抖着。屠格涅夫突然间惘然无措，惶惑不安，竟紧紧地握了握这只肮脏的、发抖的手。"请别见怪，兄弟！我什么也没有带，兄弟。"乞丐那双红肿的眼睛凝视着屠格涅夫，他发青的嘴唇微笑了一下——接着，他也照样紧握了屠格涅夫的变得冷起来的手指："哪儿的话，兄弟，"他吃力地说，"这也应当谢谢啦……你是第一个管我叫兄弟的人。"乞丐已微笑着泪流满面。你看，屠格涅夫的一句话给可怜的乞丐带来了巨大的温暖。

话语可能是寒冷的。街道里一声咒骂，图得一时痛快，透着刺骨的寒意，却出卖了自己的尊严；成功者耳边的流言蜚语，透着刺骨的寒意，不仅败坏了成功者的情绪，也暴露了"流言者"灰暗的内心；失败者耳边的讽刺挖苦，透着刺骨的寒意，赤裸裸地显示出"嘲笑者"人情人性的缺失……这些寒冷的话语，带给他人寒意、敌意，在伤害别人的同时也将龌龊的"冷水"泼向自己。

有这样一则故事。一头熊在与同伴的搏斗中受了重伤，来到一位守林人的小木屋外乞求得到援助。守林人看它可怜，便耐心地、小心翼翼地为熊擦去血迹、包扎好伤口并准备了丰盛的晚餐供熊享用。这一切都令熊无比感动。晚上临睡时，由于只有一张床，守林人便邀请熊与他共眠。就在熊进入被窝时，它身上那难闻的气味钻进了守林人的鼻孔。"天哪！我从来没闻过这么难闻的味道，你简直是天底下第一大臭虫！"熊没有任何语言，当然也无法入眠，勉强地挨到天亮后向守林人致谢上路。多年后一次偶然相遇时，守林人问熊："你那次伤得好重，现在伤口愈合了吗？"熊回答道："皮肉上的伤痛我已经忘记，心灵上的伤口却永远难以痊愈！"

话语是有温度的，这也是话语的魅力所在。作为一名人民教师，我们更应该把握好话语的温度，在学生失败的时候，送上一句温暖的话语，让他重新站起来；在学生胜利的时候，送出一句温暖的话语，让他感受加倍的喜悦。把握好话语的温度，让温暖的话语如同冬日的阳光一般，在关键时刻给学生以巨大的力量，鼓舞他们奋勇向前。

国家教师资格考试预测试卷(十七)

一、单项选择题

1. C 【**解析**】针对小欣经常迟到的问题，该教师应该多方面了解小欣迟到的原因，帮助其改正这一缺点。题干中该教师的做法伤害了小欣的自尊心，不符合以人为本的学生观。

2. A 【**解析**】该校能够将中华传统文化和学科教学相结合，既注重知识的传授，同时又注重学生的品德培养，体现了素质教育促进学生全面发展的教育理念。故本题选A。

3. C 【**解析**】A项所述做法存在安全隐患，故为不合理的做法。B项所述做法属于对学生的体罚，故为不合理的做法。C项所述做法既对学生进行了教育，又做到了关心、爱护学生，故为合理的做法。D项所述做法会影响王伟的正常上课，也不合理。

4. B 【**解析**】素质教育是面向全体学生的教育。"挑选适合教育的学生"说明教育只是针对部分学生，而"适合学生的教育"说明教育的范围是全体学生，符合素质教育面向全体学生的理念。

5. D 【**解析**】根据我国《教师法》第三十九条规定，教师对学校或者其他教育机构侵犯其合法权益的，或者对学校或者其他教育机构作出的处理不服的，可以向教育行政部门提出申诉，教育行政部门应当在接到申诉的三十日内，作出处理。

   易错提示：考生在做有关期限的试题时，需要记住两个数字。

   (1)《中华人民共和国教师法》中的有关期限是教师向教育行政部门提出申诉，教育行政部门应当在接到申诉的三十日内，作出处理。

   (2)《学生伤害事故处理办法》中的有关期限是教育行政部门收到调解申请，认为必要的，可以指定专门人员进行调解，并应当在受理申请之日起60日内完成调解。

6. C 【**解析**】根据《中华人民共和国教育法》第三十六条规定，学校及其他教育机构中的管理人员，实行教育职员制度。学校及其他教育机构中的教学辅助人员和其他专业技术人员，实行专业技术职务聘任制度。

7. B 【**解析**】根据《学生伤害事故处理办法》第十条规定，学生或者未成年学生监护人由于过错，有知道学生有特异体质，或者患有特定疾病，但未告知学校的情形，造成学生伤害事故，应当依法承担相应的责任。

8. C 【**解析**】《中华人民共和国未成年人保护法》第六十一条规定，任何组织或者个人不得招用未满十六周岁未成年人，国家另有规定的除外。题干中小江到王某工厂打工的年龄尚不满16岁，故王某的行为不合法。

9. A 【**解析**】根据《中华人民共和国教育法》第三十七条规定，受教育者在入学、升学、就业等方面依法享有平等权利。学校和有关行政部门应当按照国家有关规定，保障女子在入学、升学、就业、授予学位、派出留学等方面享有同男子平等的权利。

10. B 【**解析**】我国《宪法》第八十九条规定，国务院行使"根据宪法和法律，规定行政措施，制定行政法规，发布决定和命令"的职权。

11. B 【**解析**】《中华人民共和国预防未成年人犯罪法》第三十七条规定，未成年人的父母或者其他监护人、学校发现未成年人组织或者参加实施不良行为的团伙，应当及时制止；发现该团伙有违法犯罪嫌疑的，应当立即向公安机关报告。题干中的小强经常和社会上的不良团伙在上下学路上打劫同学的财物，这属于严重不良行为，也属于违法犯罪行为。因此张老师应当及时向公安机关报告。

    方法技巧：考生做题时要谨记，单项选择题选最佳，当多个选项都无法排除时，选择其中最符合题意、最切合考点的选项。对于法律法规题，即使四个选项说法都合理，但如果某一选项表述与法条原文最相似，一般情况下该选项即为最佳选项。

12. C 【解析】根据《学生伤害事故处理办法》第十四条规定，因学校教师或者其他工作人员与其职务无关的个人行为，或者因学生、教师及其他个人故意实施的违法犯罪行为，造成学生人身损害的，由致害人依法承担相应的责任。题干中，李老师在学校晨读期间，让学生夏某到校外为自己买早点，从而造成学生夏某遭遇车祸，这是由教师与其职务无关的个人行为造成的，故对于该事故李老师应该承担一定的责任；车祸肇事方作为事故的加害者，也应当承担一定的责任。因此，本题答案选 C 项。

13. D 【解析】题干中各科老师都来帮忙录制视频，体现了教师与教师之间的合作，这是新课程所倡导的。

14. D 【解析】在《中小学教师职业道德规范》(2008 年)中，"关爱学生"要求教师要"关心爱护全体学生，尊重学生人格，平等公正对待学生。"班主任付老师没有因为小杰是"问题学生"而歧视他，而是有针对性地对其进行教育和引导，说明付老师具有尊重关爱学生的情怀。

15. C 【解析】教师劳动的创造性主要表现在以下三个方面：(1)因材施教；(2)教学方法上的不断更新；(3)教师需要"教育机智"。题干中教师借助新技术、新方法进行教学，体现了教师在教学方法上的不断更新，这是教师劳动创造性的表现。

16. C 【解析】教师需要"教育机智"。教育机智是教师在教育教学过程中的一种特殊定向能力，是指教师能根据学生新的特别是意外的情况，迅速而正确地做出判断，随机应变地采取及时、恰当而有效的教育措施解决问题的能力。题干中该教师面对学生突如其来的提问，显得十分尴尬，没有及时地运用教育机智去解决该问题，而是选择搁置下来，等课后解决。该教师的做法是不正确的，故 AB 项排除。D 选项说法错误，在教学过程中，学生主要发挥其主体性，而不是主导性。

17. C 【解析】美杜莎和宙斯都是古希腊神话传说中的人物；湿婆是印度教三神之一；刑天是我国神话传说中的战神。

18. C 【解析】苏格拉底和他的学生柏拉图，以及柏拉图的学生亚里士多德并称为"希腊三贤"。故选 C。

19. C 【解析】酸雨是指 pH 值小于 5.6 的雨雪或其他形式的降水。雨、雪等在形成和降落过程中，吸收并溶解了空气中的二氧化硫(SO_2)、氮氧化合物等物质，形成了 pH 值低于 5.6 的酸性降水。

20. C 【解析】白居易是唐代伟大的现实主义诗人。

易错提示：边塞诗派是中国唐代的一种诗歌流派，代表诗人有高适、岑参、李颀、王昌龄等，以高、岑成就最高，所以也称"高岑诗派"。其诗歌主要是描写边塞战争和边塞风土人情，以及战争带来的各种矛盾，形式上多为七言歌行和五、七言绝句，代表作有《燕歌行》(高适)、《从军行》(王昌龄)、《白雪歌送武判官归京》(岑参)等。

21. A 【解析】东汉时，蔡伦改进造纸术，制成了能书写的纤维纸，被时人称为"蔡侯纸"。华佗制成了麻沸散，《伤寒杂病论》的作者是张仲景，《金刚经》是隋唐时期印制的。

22. A 【解析】《女神》在诗歌形式上，突破了旧格套的束缚，创造了雄浑奔放的自由诗体，为"五四"以后自由诗的发展开拓了新的天地，成为中国新诗的奠基之作，强烈体现了"五四"时期狂飙突进的时代精神，及彻底地反帝反封建、热切追求自由解放和光明新生的精神。《野草》写于"五四"后期，是鲁迅唯一的一本散文诗集，反映了鲁迅彷徨、思索、坚韧战斗的心路历程。《尝试集》是中国现代文学史上第一部白话诗集，开新文学运动之风气，是胡适里程碑式的著作。《尝试集》中主要是表现个性解放、人道主义和民主自由的诗，具有反封建的时代色彩和积极意义。《红烛》是闻一多的诗集，该诗集题材广泛，内容丰富，或抒发诗人的爱国之情，或批判封建统治下黑暗，或反映劳动人民的苦难，或描绘自然的美景。

23. C 【解析】距离地球最近的恒星是太阳。

24. D 【解析】由二十四节气歌可知，处于秋季的节气有"处暑""寒露""霜降"。"小满"是处于夏季的节气。

25. A 【解析】将这组数据从小到大排列，得 87,89,90,91,92,93,94,96。故中位数为$\frac{91+92}{2}=91.5$，平均数为$\frac{87+89+90+91+92+93+94+96}{8}=91.5$。

26. D 【解析】双击"格式刷"可以执行多次格式复制操作。故本题选 D。

27. C 【解析】当 Excel 工作簿中既有工作表又有图表时，执行"保存文件"命令则将工作表和图表文件一起保存。

28. A 【解析】芝麻是香油的原材料，并且制造过程中涉及化学变化。A 项中，面粉是制作面包的原材料，并且制作过程中涉及化学变化，符合题干逻辑。B 项中，纸张是本的组成部分，不是原材料，不符合题干逻辑；C 项中，干冰和二氧化碳是同一物质的不同状态，不符合题干逻辑；D 项中，手指是手的一部分，不是原材料，不符合题干逻辑。

29. D 【解析】题干中"$4+5+6\to242054$""$6+3+2\to121818$""$7+5+4\to283548$"的共同规律为：(1)条件由三个数组成；(2)结果为 6 位数；(3)结果从左到右每两个数字为一组，第一组数字为条件的第一个数字与第三个数字的乘积，第二组数字是条件的第一个数字与第二个数字的乘积，第三组数字是条件的第一、第二个数字的和乘以第三个数字。以"$4+5+6\to242054$"为例，条件为 $4+5+6$，由 4、5、6 三个数字组成，结果为 242054，把结果从左到右分为三组，依次为 24、20、54，$24=4\times6$，$20=4\times5$，$54=6\times(4+5)$。按此规律，符合题意的只有 D 项。

二、材料分析题(答案要点)

30. 材料中胡老师的做法体现了"以人为本"的学生观。"以人为本"的学生观将学生视为发展中的人,尊重学生的独特性,并在教育教学过程中将学生放在学习的主体位置,真正实现学生的全面发展。

(1)学生是发展中的人,要用发展的观点看待学生。材料中胡老师在教学过程中注重学生良好学习习惯的养成,将学生看作处于发展过程中的人、正在成长中的人,有助于促进学生的不断进步、不断发展。

(2)学生是学习的主体。材料中胡老师在教学过程中充分调动学生学习的积极性和主观能动性,开展探究性学习,努力提高学生的学习能力,是尊重学生的主体地位的表现。

(3)学生是完整的人。学生并不是单纯的、抽象的学习者,而是有着丰富个性的完整的人。在教育活动中,作为完整的人而存在的学生,不仅具备全部的智慧力量和人格力量,而且体验着全部的教育生活。材料中胡老师在教学过程中注重基础知识与基本技能的培养,注重学生创新意识的培养,并且能够在教学中将人文知识与学生的生活体验有机结合起来,说明胡老师将学生当作完整的个体来看待。

31. 材料中郑老师的教育行为符合教师职业道德规范的相关要求,值得肯定。

首先,郑老师的行为体现了"关爱学生"的教师职业道德规范要求。"关爱学生"要求教师做到"关心爱护全体学生,尊重学生人格,平等公正对待学生。对学生严慈相济,做学生良师益友。"材料中,郑老师面对身体残疾的杜青,三天两头地到学校了解他的学习、生活情况,并和他聊天、做游戏,给予他鼓励;而且多次进行家访,耐心劝导放弃培养杜青的家长,要他们更加关心、爱护杜青。这些都是郑老师关爱学生的表现。

其次,郑老师的行为体现了"为人师表"的教师职业道德规范要求。"为人师表"要求教师做到"坚守高尚情操,知荣明耻,严于律己,以身作则"。材料中,郑老师用自己的行动去关心杜青,给学生、家长、老师树立了榜样,引起了他们的情感共鸣,使他们学会关爱杜青。这是郑老师发挥为人师表作用的结果。

最后,郑老师的行为体现了"爱岗敬业"的教师职业道德规范要求。"爱岗敬业"要求教师做到"忠诚于人民教育事业,志存高远,勤恳敬业,甘为人梯,乐于奉献。对工作高度负责,认真备课上课,认真批改作业,认真辅导学生。不得敷衍塞责。"材料中郑老师积极进行家访,开展有针对性的教育教学工作,体现了其对工作的高度负责。

32. (1)①第一个阶段:阿兰·图灵从数理逻辑上为人工智能用上"机械大脑"开创了理论先河;维纳抓住了人工智能核心——反馈;约翰·麦卡锡说服大家使用人工智能这一术语;达特茅斯会议正式确立了AI这一术语,并且开始从学术角度对AI展开了严肃而精专的研究。②第二个阶段:人工智能在受人追捧而蓬勃发展的同时,也备受批评,且遭受两次严重挫折,史称"两次人工智能寒冬"。在此期间,人工智能程序在问题求解、语言处理方面取得了一些进展;1980年,人工智能中专家系统的商用价值被广泛接受。③第三个阶段:人们开始对AI抱有客观理性的认识,人工智能技术进入平稳发展时期,并于2006年再次取得突破。

(2)考生可以从以下三个角度回答:①认为人工智能的发展利大于弊,会为我们带来巨大的进步;②认为人工智能的发展弊大于利,人工智能的过度发展将会给人类带来巨大的危机;③认为人工智能的发展有利有弊,一方面我们要看到人工智能对商业革命和现代文明带来的巨大影响,另一方面我们也要对人工智能的研究进行合理的监管,避免对人类造成危害。

总之,考生只要能自圆其说即可。

三、写作题(参考范文)

33. **耕种自己的土地**

曾几何时,"我不相信"的北岛在自己精神的土地上耕种、质疑;曾几何时,"面朝大海"的海子在自己灵魂的土地上耕种、渴望;曾几何时,"我以我血荐轩辕"的鲁迅在自己思想的土地上耕种、呐喊!

再看当下的中国文坛,是否还有人在耕种"自己"的土地?

鲁迅先生曾说:"中国的作家不敢正视这个社会,甚至不敢仰视、斜视这个社会。"当民族的危难已殆散,当"文革"的动荡已淡去,在改革开放的今天,我们却悲哀地发现太多的文人无法耕种属于自己的土地。当今文坛,似乎弥漫着"文化"的韵味:有些人习惯了写一些心灵散文愉悦大众,习惯了配制一点"文化快餐"以赚取口腹之需,对于社会敏感的话题,不敢正视,甚至不敢仰视、斜视。他们不敢表露自己真实的想法,于是只能学学陶潜,打着"文化"的旗号,"采菊东篱下",优哉游哉。是的,陶冶情操的文章固然需要,然而为何很少有人像鲁迅那样直面现实、针砭时弊,剖析"国民的劣根性"以引起大众"疗救的注意"?

两岁女童小悦悦被无情的车轮碾过,无助地躺在那儿,7分钟内18名路人经过却无一人伸出援手,最终,一位拾荒阿姨将小悦悦抱到路边。悲哀啊!18比1的冰冷数字昭示着人情的冷漠!为什么?民众道德的缺失是毋庸置疑的事实,然而作家们是否也应该反思,叩问民众良知的文章是否也应该写写了?是否也应该"放出眼光"、拿出勇气耕种属于自己的真实思想的土地?

中国文坛的弊病,主要体现在思想与文化独立性的缺失上!

记得有一位张口即"之乎者也"以思辨著称的专家,动辄说"西方某某著作支撑起我的精神世界"。呜呼!"人是有思想的芦苇",一个人的精神靠非本民族的著作支撑,这是个人更是时代的悲哀!还有一篇报道,某天才自幼在英国读书,立志成为中国第一位诺贝尔文学奖得主,并称"读完大英博物馆的所有藏书"是完成理想的第一步。悲哉！中国第一位"诺贝尔文学奖得主"竟只读外国文学，中国五千年灿烂的文化，他可懂得分毫？再看看现今的文化市场，舶来品充斥：肯德基之类的快餐文化正在吞噬传统的饮食文化，摇滚布鲁斯的节奏震断了古琴弦，歌剧比京剧更受欢迎，甚至屈原和西施都戴上了高丽人的帽子……

我们五千年厚重文化的土地上，耕种的可是我们自己思想、文化的种子？

诚然，兼容并蓄、海纳百川是必需的，然而为何异邦文化充斥中国市场，为何中国自己的传统文化日渐隐没？

该好好耕种我们自己的土地了！

当然我们也欣喜地看到：以韩寒为代表的一批年轻人，毫不避讳地表达着自己对社会的看法；周杰伦的《青花瓷》引发了一阵"中国风"；国家规定了传统节日为法定假日。是的，已有越来越多的人警醒，并尝试着耕种我们自己的土地！

我们需要耕种自己的思想土地，需要传承自己的民族文化！只因我们对自己的这片土地，爱得深沉！

国家教师资格考试预测试卷(十八)

一、单项选择题

1. C 【解析】素质教育担负着三大基本任务：第一大任务是培养学生的身体素质；第二大任务是培养学生的心理素质；第三大任务是培养学生的社会素质。
2. C 【解析】教育机智是教师在教育教学过程中的一种特殊定向能力，是指教师能根据学生新的特别是意外的情况，迅速而正确地做出判断，随机应变地采取及时、恰当而有效的教育措施解决问题的能力。题干所述表明教师具有较强的教育机智。
3. A 【解析】A 项所述做法既让学生充分发挥自己的想象，表达自己的意见，又引导学生进行有效的讨论，故选择 A 项。
4. B 【解析】教师在面对偶发事件时，正确的做法是暂时冻结，仍按原计划进行教学活动，课后处理，保证正常的教育教学秩序是首要的。故选 B。
5. C 【解析】根据我国《宪法》第四十条规定，中华人民共和国公民的通信自由和通信秘密受法律的保护。除因国家安全或者追查刑事犯罪的需要，由公安机关或者检察机关依照法律规定的程序对通信进行检查外，任何组织或者个人不得以任何理由侵犯公民的通信自由和通信秘密。故 AB 项错误，C 项正确。邮局信件收寄记录属于通信秘密，D 项错误。
6. B 【解析】根据《学生伤害事故处理办法》第十三条规定，下列情形下发生的造成学生人身损害后果的事故，学校行为并无不当的，不承担事故责任；事故责任应当按有关法律法规或者其他有关规定认定：(1)在学生自行上学、放学、返校、离校途中发生的；(2)在学生自行外出或者擅自离校期间发生的；(3)在放学后、节假日或者假期等学校工作时间以外，学生自行滞留学校或者自行到校发生的；(4)其他在学校管理职责范围外发生的。小强是在放学回家的路上将同学打伤的，学校无需承担责任，与班主任也无关。小强是未成年人，故应该承担责任的是其父母或其他监护人。
7. A 【解析】根据《中华人民共和国义务教育法》第四十二条规定，国务院和地方各级人民政府用于实施义务教育财政拨款的增长比例应当高于财政经常性收入的增长比例，保证按照在校学生人数平均的义务教育费用逐步增长，保证教职工工资和学生人均公用经费逐步增长。
8. B 【解析】根据《中华人民共和国教师法》第八条规定，教师应当履行下列义务：(1)遵守宪法、法律和职业道德，为人师表；(2)贯彻国家的教育方针，遵守规章制度，执行学校的教学计划，履行教师聘约，完成教育教学工作任务；(3)对学生进行宪法所确定的基本原则的教育和爱国主义、民族团结的教育，法制教育以及思想品德、文化、科学技术教育，组织、带领学生开展有益的社会活动；(4)关心、爱护全体学生，尊重学生人格，促进学生在品德、智力、体质等方面全面发展；(5)制止有害于学生的行为或者其他侵犯学生合法权益的行为，批评和抵制有害于学生健康成长的现象；(6)不断提高思想政治觉悟和教育教学业务水平。只有 B 项符合。其他三项属于教师的法定权利。
9. A 【解析】根据《中华人民共和国教育法》第七十八条规定，学校及其他教育机构违反国家有关规定向受教育者收取费用的，由教育行政部门或者其他有关行政部门责令退还所收费用；对直接负责的主管人员和其他直接责任人员，依法给予处分。
10. D 【解析】根据《中华人民共和国义务教育法》第二十六条规定，学校实行校长负责制。
11. C 【解析】民主管理权是指教师对学校教育教学、管理工作和教育行政部门的工作提出意见和建议，通过教职工代表大会或者其他形式，参与学校的民主管理的权利。题干中张老师的行为是行使民主管理权的表现。
12. D 【解析】根据《中华人民共和国教育法》第八条规定，教育活动必须符合国家和社会公共利益。国家实行教育与宗教相分离。任何组织和个人不得利用宗教进行妨碍国家教育制度的活动。题干中教师李某在办公室宣扬宗教思想，违背了国家教育和宗教相分离的政策，故选 D。
13. D 【解析】"见贤思齐焉"的意思是：见到有贤德的人，就应该考虑以他为榜样，向他学习。这体现了向先进人物学习的方法。
14. D 【解析】教书育人要求教师遵循教育规律，实施素质教育。循循善诱，诲人不倦，因材施教。培养学生良好品行，激发学生创新精神，促进学生全面发展。题干中方老师针对有钢琴特长的晓光不爱学习的问题，教育他要重视文化知识的学习，既有利于发展学生特长、培养学生的兴趣爱好,又有利于学生学习科学文化知识,能促进学生的全面发展。方老师的做法是合理的,A、B两项错误,D项正确。C项错误,“全面发展”不等于“均衡发展”。

15. C 【解析】福勒和布朗根据教师的需要和不同时期所关注的焦点问题,把教师的成长划分为三个阶段:关注生存阶段、关注情境阶段和关注学生阶段。

16. D 【解析】终身学习要求教师树立终身学习理念,拓宽知识视野,更新知识结构。王老师每年都制订读书计划并且严格执行,说明他不断完善自己,不断促进自我发展,具有终身学习的理念。

17. D 【解析】“每逢佳节倍思亲”出自王维的《九月九日忆山东兄弟》,全诗为:“独在异乡为异客,每逢佳节倍思亲。遥知兄弟登高处,遍插茱萸少一人。”我国每年的农历九月初九为重阳节,有登高的传统。因此本题选D项。

方法技巧:此题需要考生具有一定的文学素养或生活常识,再或者通过抓关键词的方法做题。

(1)春节(农历正月初一)

习俗:放鞭炮、守岁、贴春联、贴窗花、倒贴“福”字、贴年画、拜年等。

相关诗词:

“千门万户曈曈日,总把新桃换旧符。”——王安石(北宋)《元日》

“半盏屠苏犹未举,灯前小草写桃符。”——陆游(南宋)《除夜雪》

(2)清明节(公历四月五号前后)

习俗:扫墓祭祖、踏青、插柳、禁火、寒食等。

相关诗词:

“清明时节雨纷纷,路上行人欲断魂。”——杜牧(唐)《清明》

“梨花风起正清明,游子寻春半出城。”——吴惟信(宋)《苏堤清明即事》

(3)元宵节(农历正月十五)

习俗:闹花灯、猜灯谜、吃元宵等。

相关诗词:

“千门开锁万灯明,正月中旬动帝京。”——张祜(唐)《正月十五夜灯》

“东风夜放花千树。更吹落,星如雨。宝马雕车香满路。凤箫声动,玉壶光转,一夜鱼龙舞。”——辛弃疾(南宋)《青玉案·元夕》

(4)元旦(公历一月一日)

“元旦”一词由来:“元”字有开始、第一的意思,“旦”即太阳从地平线上冉冉升起,象征一天的开始。从汉武帝开始直至清末,正月的第一天被称为“元旦”。1949年9月,中国人民政治协商会议第一次全体会议决定采用公元纪年法。到现代,“元旦”指公历新年,“春节”指农历新年。

18. D 【解析】福州船政学堂是中国第一所近代海军学校,它培养出了中国的第一批近代海军军官和第一批工程技术人才。福州船政学堂毕业的学生成为中国近代海军和近代工业的骨干中坚。

19. D 【解析】《金匮要略》是我国东汉著名医学家张仲景所著《伤寒杂病论》的杂病部分,也是我国现存最早的一部论述杂病诊治的专书。

20. B 【解析】我国的两个内海是渤海和琼州海峡。

21. A 【解析】B、C、D项均是柳公权的作品,A项《多宝塔碑》是颜真卿的作品。

22. A 【解析】处暑,即为“出暑”,是炎热离开的意思,A项错误。惊蛰,古称“启蛰”,标志着仲春时节的开始。此前,动物入冬藏伏土中,不饮不食,称为“蛰”;到了“惊蛰节”,天上的春雷惊醒蛰居的动物,称为“惊”。故惊蛰时,蛰虫惊醒,天气转暖,春雷始鸣,中国大部分地区进入春耕季节。冬至日是北半球各地一年中白昼最短、黑夜最长的一天。小满是夏季的第二个节气。其含义是夏熟作物的籽粒开始灌浆饱满,但还未成熟,只是小满,还未大满。BCD项的含义正确。

23. B 【解析】虽然白天太阳光不能照到房间里,但是射到其他处的光线会反射,所以,总会有光反射到屋子里。

24. B 【解析】主要的温室气体有水蒸气、二氧化碳、甲烷、臭氧等。氮气不是温室气体。

25. B 【解析】剧烈运动后,人体内的温度升高,为保持体温的恒定,皮肤表面血管扩张,毛孔增大,排汗增多,汗液蒸发可以带走一定的热量,起到降温的作用,即排泄和调节体温的作用。

26. C 【解析】PDF是一种文件格式,Word文档可另存为该格式的文档。JPG是图像文件格式,MP4是一套用于音频、视频信息的压缩编码标准,MKV为多媒体封装格式,Word不可以另存为以上三种扩展名的文档。

27. A 【解析】在Excel中,如果单元格中的内容为数字或字符时,拖动填充柄进行填充时相当于复制。故单元格内容为“1”时,拖放填充6个连续的单元格,填充的单元格内容为连续6个“1”。

易错提示:在Excel中,数据填充有两种形式:

(1)使用填充柄。选定初始值所在的单元格,拖动填充柄时经过的区域就被自动填充了,填充的内容是事先定义好的填充序列。出现填充柄的单元格称为“种子”,“种子”可以是多个单元格的区域。输入的“种子”如果是字符或者数字,在填充时相当于复制;输入的“种子”为文字和数据的混合时,文字不变,数字发生变化;输入的“种子”正好是系统设定好的序列中的一员,则按照序列填充。

(2)填充系列。填充可以实现等差、等比等多种填充形式,具体操作为:选中要填充的单元格,选择“开始”选项卡,在“编辑”功能区中选择“填充”→“系列”命令,在出现的“序列”对话框中可以设定“等差序列”或者“等比序列”,步长值对于等差序列来说是公差,对于等比序列来说是公比。

28. B 【解析】畅通和拥堵的逻辑关系是反义词。A项:“结实”是指强健牢固的意思,“坚韧”是指坚固而柔韧,不易折断,二者不属于反义词,与题干逻辑关系不一致,排除;B项:“详尽”是指内容全面、无遗漏,“简略”是指内容简单、不详细,二者为反义词,与题干逻辑关系一致,当选;C项:“踏实”是指切实、不浮躁,“忧虑”是指思虑、忧愁、担心,二者不属于反义词,与题干逻辑关系不一致,排除;D项:“男性”和“女性”属于矛盾关系,与题干逻辑关系不一致,排除。

29. C 【解析】第一个杯子上和第四个杯子上所写的话是矛盾的,必有一真一假,故真话就在二者之间,那么第二个杯子和第三个杯子上的话就是假话,说明第三个杯子里面有巧克力,故答案选C。

二、材料分析题(答案要点)

30. 材料中张老师的教学行为是正确的,践行了新课程倡导的教师观,值得学习。

(1)教师要从知识的传授者转变为学生学习的引导者和学生发展的促进者。材料中张老师在科学课上,开展“将杯子放入水中而纸不湿”的实验活动,充分调动学生的积极性和创造力,引导学生积极探究,培养了学生善于思考和动手实践的能力,促进了学生的全面发展。

(2)教师是教育教学的研究者。材料中张老师在教育教学中善于研究,设计有趣的科学实验,在课后又认真反思总结,提高了自己的教学能力和水平,也培养了学生思考质疑和探究科学的品质。

(3)从教师教学行为上来看,新课程要求教师在对待师生关系上,强调尊重、赞赏、民主、互动。在对待教学上,强调帮助、引导、启发。材料中张老师及时肯定和鼓励学生的发现,并适时地引导、启发学生,使得学生快乐地完成了本节课的学习任务,体验到了科学实验的乐趣。

综上所述,张老师的教学行为符合新课程倡导的教师观的要求,促进了学生发展,值得肯定。

31. 材料中数学老师的行为违反了教师职业道德规范的相关要求,需要我们引以为戒。

(1)数学老师的行为违反了“关爱学生”的教师职业道德规范要求。“关爱学生”要求教师要“关心爱护全体学生,尊重学生人格,平等公正对待学生。对学生严慈相济,做学生良师益友。保护学生安全,关心学生健康,维护学生权益。不讽刺、挖苦、歧视学生,不体罚或变相体罚学生”。材料中,当有学生质疑习题答案的正确性时,数学老师不但没有检查改正,反而狠狠地批评、侮辱学生,未尊重学生的人格,不利于学生学习积极性的提高。

(2)数学老师的行为违反了“爱岗敬业”的教师职业道德规范要求。“爱岗敬业”要求教师要“对工作高度负责,认真备课上课,认真批改作业,认真辅导学生。不得敷衍塞责”。材料中,数学老师对教学敷衍了事,对学生向她请教的课外拓展题更是借口推辞,没有做到认真负责,勤恳敬业。

(3)数学老师的行为违反了“终身学习”的教师职业道德规范要求。“终身学习”强调教师要“崇尚科学精神,树立终身学习理念,拓宽知识视野,更新知识结构。潜心钻研业务,勇于探索创新,不断提高专业素养和教育教学水平”。材料中,数学老师面对自己判错的题目,没有及时改正错误和更新知识,这说明她在教学上不思进取,没有做到终身学习。

作为教师,应该遵守教师职业道德,尊重学生的人格,关心爱护学生,促进学生身心健康发展,勤恳敬业,严谨治学,促进学生全面发展。

32. (1)胡适先生认为宽容比自由重要(宽容是一切自由的根本,没有宽容,就没有自由);鲁迅先生认为与其虚伪的宽容不如怨恨。

(2)人生处世,当学会宽容。但生活中我们也不能一味地把退让、迁就当作是一种宽容,当作是与人相处的最好方法,现实生活中,处处退让、迁就,就把自己的地位与做人标准都放弃了,是一种无原则和懦弱的表现。

三、写作题(参考范文)

33. **知行合一 贵于行之**

华盛顿儿童博物馆墙上有句格言:“我听见了就忘记了,我看见了就记住了,我做过了就理解了。”这句话诉说着这样一个道理——学贵于知之,更贵于行之。

西汉文学家刘向说过:“耳闻之不如目见之,目见之不如足践之。”千百年来,多少思想家、教育家都在为我们阐述一个亘古不变的真理:百闻不如一见,百见不如一做,即知行合一,重于实践。其实把听与见结合而论便是知,一个胸无点墨的人怎能有所作为?古人常讲:“博观而约取,厚积而薄发。”如果没有博观或者博闻,想必无论是谁都无处可取。伟大的人民教育家陶行知先生指出了“行是知之始,知是行之成”的主张。“行知”之名也正代表了他的“行动—知识—再行动”的教育思想,告诉我们要通过观察、通过听闻获得知识。

教师在教学过程中应该讲究“与可画竹时,胸中有成竹”这样的一种境界。齐白石学画虾时,曾终日蹲坐在虾池旁观察虾的动态;徐悲鸿的奔马图,是他常在马厩观马的结果;达·芬奇为了完成《最后的晚餐》,曾用两年半的时间到酒馆、市集去搜寻人物形象,观摩人物神态。这些名人的事例无不启迪着我们要学有所成,就必须有“知”在肚里,“知”是“行”的前提和基础。

在教学过程中,要达到教师传播知识,学生掌握知识的目的,单有“知”是不行的,要紧的是“行”,是做。如果只有学知,有远见,但只是空论,那不但不会美名远扬,反会被他人认为是“空水瓶”,没有真才实学。荀子曰:“吾尝终日而思矣,不如须臾之所学也。”孔子也曾曰:“吾尝终日不食,终日不寝,以思,无益,不如学也。”光是知之,而不行之,想必其所学所知会胎死腹中吧。李时珍为确保所著医术的准确详尽,亲自到深山采取草药,向药农询问情况;徐霞客为完成游记,跋山涉水,遍游名川大山,历经许多城市;巴尔扎克为了使书中人物具有狮子般品性和毅力,曾亲自到非洲猎狮;托尔斯泰为了刻画逼真的战争场面,曾亲自前去战场观察。所有的事例一再证明:实践出真知,唯有“行”了,方可验证所“闻”所“见”,只有“行”了,才能掌握真正意义上的"知"。在教学活动中，通过参与课外活动、观察自然环境等方式，使学生体验生活、体验自然，是最好的知行合一途径。想到和得到，中间还有两个字便是做到。懒于动手实践，只会运用书本知识空发议论，那只会给人留下笑柄。昔有赵括纸上谈兵，最终败北；今有学生空谈理想，最终无所成就。

学习知识，不能只是听，只是接受，更应该用眼、耳、手、脑等多个感官参与学习，实现闻、见、知、行的统一，才能达到理想的效果。

国家教师资格考试预测试卷(十九)

一、单项选择题

1. C 【解析】题干这句话用在教育中体现出学生是有意识、有情感、有个性的社会人，他们不是盲目、机械、被动地接受作用于他们的影响，而是具有主观能动性的人。即学生是自我教育和发展的主体。

2. B 【解析】张丽莉老师不顾个人安危，勇救学生的事迹体现了她关爱学生、保护学生安全的良好品德，可谓"行为世范"。

3. B 【解析】新课程倡导的教师观要求教师在对待教学关系上，强调帮助、引导。教师应帮助学生检视和反思自我，明了自己想要学习什么和获得什么，确立能够达成的目标。A、D 选项所述内容，虽然制止了他的行为，但很大可能会使他产生抵触情绪，不认真听课。C 项所述内容不利于陆同学的长期发展。

4. D 【解析】从历史发展的总趋势来看，教师专业发展的核心以及最终体现就在于教师个体的专业发展。

5. B 【解析】根据《中华人民共和国教育法》第三十一条规定，学校及其他教育机构应当按照国家有关规定，通过以教师为主体的教职工代表大会等组织形式，保障教职工参与民主管理和监督。教职工代表大会是教职工行使民主权利，参与学校民主管理和监督的基本组织形式。

6. D 【解析】《中华人民共和国未成年人保护法》第十一条规定，任何组织或者个人发现不利于未成年人身心健康或者侵犯未成年人合法权益的情形，都有权劝阻、制止或者向公安、民政、教育等有关部门提出检举、控告。故本题选择 D 选项。

7. A 【解析】根据《中华人民共和国教师法》第七条规定，教师有进行教育教学活动，开展教育教学改革和实验的权利。题干所述梁老师的做法是正确的。

8. C 【解析】《学生伤害事故处理办法》第十条规定，学生行为具有危险性，学校、教师已经告诫、纠正，但学生不听劝阻、拒不改正的，造成的学生伤害事故，学生应当依法承担相应的责任。题干中，张某不听老师劝阻是导致这次伤害事故的主要原因，应承担主要责任，校方尽管口头提醒但未采取必要措施制止，所以校方应承担次要责任。

9. D 【解析】《中华人民共和国预防未成年人犯罪法》第三十一条规定，学校对有不良行为的未成年学生，应当加强管理教育，不得歧视；对拒不改正或者情节严重的，学校可以根据情况予以处分或者采取管理教育措施。题干中，学校要求各班主任"重点关照"那些有不良行为的学生，是不合法的，学校不得歧视有不良行为的未成年人。

10. A 【解析】中华人民共和国公民的人格尊严不受侵犯。公安机关让犯罪嫌疑人电视认罪，侵犯了其名誉权、隐私权等权利，损害了其人格尊严。

11. A 【解析】根据《中华人民共和国义务教育法》第五十六条规定，学校违反国家规定收取费用的，由县级人民政府教育行政部门责令退还所收费用；对直接负责的主管人员和其他直接责任人员依法给予处分。

12. C 【解析】《中华人民共和国教育法》第七十三条规定，明知校舍或者教育教学设施有危险，而不采取措施，造成人员伤亡或者重大财产损失的，对直接负责的主管人员和其他直接责任人员，依法追究刑事责任。

易错提示：《中华人民共和国教育法》中关于某一行为应承担的法律责任，考生可通过以下方法进行区分和记忆。

(1)刑事责任。实施犯罪行为是刑事责任产生的前提，只有达到犯罪程度的违法行为才追究刑事责任。

(2)民事责任。教育法的民事责任是指教育法律关系主体违反教育法律、法规，破坏了平等民事主体之间正常的财产关系或人身关系，依照法律规定应承担的法律责任。

(3)行政责任。行政责任是指行政法律关系主体因违反行政法律规范所规定义务而引起的，依法应当承担的法律责任。根据我国的教育法律、法规的有关规定，承担违反教育法的行政法律责任的方式主要有两类：行政处罚和行政处分。

①行政处罚是国家行政机关依法对违反行政法律规范的组织或个人进行的行政制裁。教育行政处罚主要有申诫罚、行为罚和财产罚三大类。

②行政处分是由国家机关或企事业单位对其所属人员作出的惩戒措施，属于内部行政行为，处分对象是作为公民的个体，包括警告、记过、记大过、降级、降职、撤职、留用察看和开除。

13. C 【解析】《中小学教师职业道德规范》(2008年)中"教书育人"要求教师要遵循教育规律，实施素质教育。循循善诱，诲人不倦，因材施教。面对学生的不良行为，题干中的班主任老师对学生失去了信心，没有做到循循善诱、诲人不倦，不符合教师职业道德规范中"教书育人"的要求。

14. C 【解析】教师之间要互相尊重，切忌嫉妒；相互学习，取长补短；平等相待，不卑不亢；乐于助人，关心同事。题干中，江老师作为导师手把手教导青年教师，体现了他团结协作和甘为人梯的精神。

15. C 【解析】新课程倡导教师由知识的传授者转

变为学生学习的引导者和学生发展的促进者。题干所述隐含了对忽视学生主体性的批判,这说明教师在教育中要扮演好引导者的角色。

16. D 【解析】叶圣陶的话强调教师要以身作则、为人师表,这体现的是教师劳动的示范性特点。

17. B 【解析】纳米是长度的度量单位,即毫微米。

18. A 【解析】《史记》是西汉著名史学家司马迁撰写的一部纪传体史书,是中国历史上第一部纪传体通史,记载了上至上古传说中的黄帝时代,下至汉武帝太初四年间共3000多年的历史。

19. D 【解析】会试又叫春闱,举人才能参加,考上者称为"贡士";殿试,贡士才能参加,考上者称为进士,前三名依次叫状元、榜眼、探花。

20. B 【解析】银杏,又名白果树、公孙树,是现存种子植物中最古老的孑遗植物,被称为"活化石"。

21. D 【解析】《人间喜剧》是法国批判现实主义作家巴尔扎克的作品。A项,雨果是法国作家,其代表作品有《巴黎圣母院》《悲惨世界》等。B项,司汤达是法国作家,其代表作品有《阿尔芒斯》《红与黑》等。C项,莫泊桑是法国批判现实主义作家,与俄国契诃夫和美国欧·亨利并称为"世界三大短篇小说巨匠",其代表作品有《项链》《羊脂球》《我的叔叔于勒》等。

22. A 【解析】地球表面包围着一层空气,空气中含有许多微小的尘埃、冰晶、水滴等。太阳光是由赤、橙、黄、绿、青、蓝、紫等多种颜色的光组成的,当太阳光通过地球表面的空气时,波长较长的红色光透射力最大(其次是橙、黄色光),它能透过大气中的微粒而射向地面;而波长较短的青、蓝、紫等色光,很容易被悬浮在空气中的微粒散射开来,使天空呈现蓝色。

23. B 【解析】粤绣是广州刺绣(广绣)和潮州刺绣(潮绣)的总称,是中国四大名绣之一。粤绣纹样有"百鸟朝凤""孔雀开屏""三阳开泰"等。

24. A 【解析】哥特式建筑盛行于12至15世纪,它的建筑风格为高耸削瘦且带尖,巴黎圣母院是典型的哥特式建筑。中国故宫属于中国古代建筑;麦加清真寺属于伊斯兰教建筑;罗马圆形大剧场属于古罗马建筑。

25. C 【解析】采用二值记分法计算试题的难度公式为 $P=\frac{R}{N}$,R为答对该题的人数,N为参加测验的总人数。故此题的难度值 $=\frac{32}{100}=0.32$。

26. D 【解析】Word文档中的"粘贴"按钮,一般是配合"复制"按钮和"剪切"按钮使用,是将复制或剪切到剪贴板中的内容复制到文档中的当前插入点,也就是光标所在处。

27. B 【解析】在Excel中,通过"样式"→"条件格式"命令,可以将符合条件的单元格内容突出显示。

28. B 【解析】题干中的示例是种属关系,即自信是一种心理状态。B项中矿泉水是一种饮料,与题干逻辑关系相符。故选B项。

29. C 【解析】观察图可知,前两个图重叠相加等于第三个图,且第一个图形的右半部分包含着第二个图形的右半部分,故选C项。

二、材料分析题(答案要点)

30. 材料中老师的做法是不恰当的,违背了"以人为本"的学生观。

(1)"以人为本"的学生观强调学生是发展中的人。学生是处于发展过程中的人,这也就意味着学生还是一个不成熟的人,我们不能因为学生的小错误就否定学生。材料中,当学生犯了错误时,教师没有看到学生未来的发展潜力,而是气鼓鼓地惩罚学生,准备"杀一儆百",老师的做法没有考虑到学生是发展中的人。

(2)"以人为本"的学生观强调学生是独特的人。教师要正视学生的个体差异,做到因材施教。材料中,教师没有正视学生的个体差异,没有依据孙琦个人的不足进行引导和教育,该做法不利于学生的发展,也不利于调动学生的积极性和主动性。

(3)"以人为本"的学生观强调学生是具有独立意义的人。学生是责权的主体,教师要保护学生的合法权利。材料中,教师惩罚学生写2000字检查并让其他同学当众指出错误,该做法侵犯了学生的人格尊严,可能会给孙琦造成巨大的心理压力,也不利于学生之间的团结协作。

因此,作为教师,要践行"以人为本"的学生观,看到学生身心发展的特点,尊重学生的人格尊严,因势利导地促进学生的身心发展。

31. 材料中小李老师在刚上班时虚心向同事请教、认真备课、工作高度负责的做法是值得肯定的,但是随着对工作的熟悉与社会交往的增多,小李老师的做法又违背了教师职业道德规范的相关要求。

(1)材料中小李老师的做法违背了爱岗敬业的师德要求。爱岗敬业要求教师对工作高度负责,认真备课上课,认真批改作业,认真辅导学生。不得敷衍塞责。小李老师不认真备课、敷衍塞责是违背爱岗敬业要求的表现。

(2)材料中小李老师没有做到真正地关爱学生。关爱学生要求教师要做到关心爱护全体学生,尊重学生人格,平等公正对待学生,不讽刺、挖苦、歧视学生,不体罚或变相体罚学生。小李老师把对校长和学生的不满都撒到学生身上,对学生进行讽刺挖苦和罚站,这严重地伤害了学生的自尊心,没有尊重学生的人格尊严。

(3)材料中小李老师没有真正地践行教书育人的师德要求。小李老师在上班一段时间之后越来越不重视给学生上课、辅导、批改作业,变得浮躁,对班上学生的评教也不以为意。教书育人是教师的天职,而小李老师的行为严重地违背了教书育人这一要求。

32. (1)①从传统中来却不满并质疑一切;②创造中融入了更新更有益的养分。

(2)相同点:都有反抗和批判的性格;都是新时代和新潮流的推动者。

不同点:①陈独秀等人是狂飙突进的猛将,高举文化批判的旗帜,面对中国系统而顽固的旧文化和旧礼教,指出它阻碍中国前进的保守性,以惊电迅雷的气势进行扫荡;他们温情的和人性的本质是隐藏着和潜伏着的。

②冰心先生具有建设精神。温情的和人性的“五四”本质在冰心那里更明显。冰心先生创造了崭新的抒情文体,是儿童文学热情的支持者和实践者。

三、写作题(参考范文)

33. 要有海一样的胸怀

“大肚能容,容天下难容之事”是人们给弥勒佛写的一副对子的上联,说的是弥勒佛笑口常开,因为他能容人,能容事。一句话,他宽容。

学会宽容是当今时代的强音,人们强烈地呼唤宽容。

作为以教育下一代为己任的人民教师,首先应该在这方面做学生的表率,做学生的楷模,成为学生学习的榜样。

但是,在现实的教育教学活动中,有些教师由于这样那样的原因,总会做出一些不宽容的事,给学生们留下不太美好的印象。

有位初中语文老师,有着10多年的教龄,在当地还算小有名气。由于其能力比较强,被选拔去教高中。因为有10多年没有再去重温当年所学的知识,在上课时,这位老师偶尔会出现一些知识上的小错误。开始时,学生们也不太在意。可是,到了高三,随着教学内容越来越难,这位老师出的差错也就越来越多。班上学生的意见也越来越大。最后,全班50多位同学联合签名,把要求撤换该老师的信件交给了县里的主管领导和学校的校长。结果,可想而知,这位老师被撤换下来了。后来,该老师生病在家。那些当时要求撤换她的学生觉得对不起老师,大家就买了水果等礼品,一起去探望老师。令这些学生失望的是,老师竟把他们买来的水果全部丢到了大门外。学生们一看这情形,傻眼了,只好一个个灰溜溜地走了出来。在回家的路上,同学们议论纷纷,大家都说:“原来老师也有素质差的!”这件事情在当时影响很大。

老师,请不要忘记,你这一扔,扔掉的是学生的一片心意、一片情意;扔掉的是学生对你的尊敬。尽管他们原先可能伤害过你,使你失去了自尊,失去了面子,失去了工作,但学生有权利选择更适合的老师。

老师的胸怀,应该比大海还要宽广,这样才能够容纳学生的缺点和错误,才能够不计前嫌。我们要知道,学生还是成长中的孩子,在成长的道路上经常会犯错误,他们还没有成人,他们还需要老师去教他们怎样做人。从这个意义上来说,老师本身就应该比学生更懂得如何尊重人、理解人、宽容人。

宽容,并非人的本性,从来就没有谁敢放言自己从小就知道怎么去宽容别人,包括老师。重要的是,应该去学,应该在实践中去学,从自己的成功与失败中去学。

其实,我们每一个老师都应该反思自己,我们在对待学生时,宽容过他们的错误吗?你宽容了他们,他们高兴了吗?

老师,请记住:“你的教鞭下有瓦特,你的冷眼里有牛顿,你的讥笑中有爱迪生。”请你学会宽容吧!

国家教师资格考试预测试卷(二十)

一、单项选择题

1. B 【解析】A选项,借题发挥、冷嘲热讽容易激发师生矛盾,导致课堂纪律更加混乱;C选项,在课堂上直接对学生进行教育,容易耽误教学进度,不利于教学顺利开展;D选项是课下的做法,无法解决课堂上现存的问题。B选项,老师幽默地将话题引回课堂,一方面维持了课堂纪律,另一方面保证了教学的顺利进行;另外,在课后找相关同学谈心,从根源上解决该问题。

2. A 【解析】新课程倡导的教师观要求教师在对待师生关系上,强调尊重、赞赏。教师不仅要尊重每一位学生,还要学会发现学生的闪光点,学会赞赏每一位学生。A项所述做法既倾听了其他同学的想法,也采用适当的方式告诉学生成绩不是衡量一个人的唯一标准的道理,故选择A项。

3. D 【解析】“其身正,不令而行;其身不正,虽令不从”的意思是当管理者自身端正,做出表率时,不用下命令,被管理者也会跟着行动起来;相反,如果管理者自身不端正,而要求被管理者端正,那么,纵然三令五申,被管理者也不会服从的。题干这句话反映了教师劳动的示范性。

4. C 【解析】乱放东西是学生经常会出现的问题,教师应从学生的立场出发,着眼于学生身心的健康发展,妥善处理。例如,可以作为作业或者德育课程的一部分,并积极为学生树立榜样,但不能伤害学生的人格与自尊心,C项的做法会伤害到小明的自尊心,是最不恰当的处理方式。

5. A 【解析】根据《中华人民共和国教师法》第二十九条规定,教师的医疗同当地国家公务员享受同等的待遇;定期对教师进行身体健康检查,并因地制宜安排教师进行休养。医疗机构应当对当地教师的医疗提供方便。

6. D 【解析】根据《中华人民共和国预防未成年人犯罪法》第三十八条规定,本法所称严重不良行为,是指未成年人实施的有刑法规定、因不满法定刑事责任年龄不予刑事处罚的行为,以及严重危害社会的下列行为:(1)结伙斗殴,追逐、拦截他人,强拿硬要或者任意损毁、占用公私财物等寻衅滋事行为;(2)非法携带枪支、弹药或者弩、匕首等国家规定的管制器具;(3)殴打、辱骂、恐吓,或者故意伤害他人身体;(4)盗窃、哄抢、抢夺或者故意损毁公私财物;(5)传播淫秽的读物、音像制品或者信息等;(6)卖淫、嫖娼,或者进行淫秽表演;(7)吸食、注射毒品,或者向他人提供毒品;(8)参与赌博赌资较大;(9)其他严重危害社会的行为。本题中,王某沉迷网络,多次旷课、逃学且进出网吧等不宜未成年人进入的场所,这些都属于不良行为。D项属于严重不良行为,本题选D。

7. D 【解析】根据《中华人民共和国未成年人保护法》第二十七条规定,学校、幼儿园的教职员工应当尊重未成年人人格尊严,不得对未成年人实施体罚、变相体罚或者其他侮辱人格尊严的行为。

教师体罚小明侵犯了其健康权和人格尊严,即小明的合法权益受到了侵犯,本题选 D。

易错提示:本题容易混淆的是 C 项,题中的小明同学虽冥顽不灵,但题干并没有明确指出其存在严重不良行为。而根据《中华人民共和国预防未成年人犯罪法》的相关规定,只有符合相应条件的未成年学生才可送往专门学校。针对这类试题,考生注意认真读题,找出是否有符合法条原文的表述,正确理解关键词句,不要过度解读。

8. B 【解析】根据《中华人民共和国义务教育法》第二条规定,实施义务教育,不收学费、杂费。

9. C 【解析】《中华人民共和国未成年人保护法》第六十一条规定,任何组织或者个人不得招用未满十六周岁未成年人,国家另有规定的除外。所以该食堂允许 15 岁的小张在食堂打工的做法是违法的。

10. D 【解析】《中华人民共和国教育法》第四十三条规定,学生有"在学业成绩和品行上获得公正评价"的权利。因此,题干中教师的做法是错误的,侵犯了学生在学业成绩上获得公正评价的权利。

11. D 【解析】《中华人民共和国教师法》第七条规定,教师有"对学校教育教学、管理工作和教育行政部门的工作提出意见和建议,通过教职工代表大会或者其他形式,参与学校的民主管理"的权利。因此,李老师向校领导反映学校考评考核制度中存在的问题,其实是在行使教师权利。

12. A 【解析】《中华人民共和国未成年人保护法》第三十五条规定,学校、幼儿园不得在危及未成年人人身安全、身心健康的校舍和其他设施、场所中进行教育教学活动。

13. B 【解析】"关爱学生"的师德规范要求教师关心爱护全体学生,尊重学生人格,平等公正对待学生。对学生严慈相济,做学生良师益友。保护学生安全,关心学生健康,维护学生权益。不讽刺、挖苦、歧视学生,不体罚或变相体罚学生。题干中,汪老师把一些爱打闹、不能按时交作业的学生看成"坏学生"并设立榜单,这种行为会伤害学生的自尊心,没有做到尊重学生的人格尊严。A 项,题干没有体现;C 项,教师严格要求学生要做到严而有理、严而有度、严而有方,而汪老师的做法会伤害学生,其行为不合理;D 项做法可能会导致师生关系紧张,学生不尊敬、信赖教师,不利于维护教师权威。本题选 B。

14. C 【解析】题干内容说明了教师要为人师表,要为学生做出榜样,发挥表率作用,体现了教师职业道德独特的示范性。

15. A 【解析】关爱学生的教师职业道德规范要就教师要关心爱护全体学生,尊重学生人格,平等公正对待学生。题干中王明是因为受到冷落才会用不恰当的方式,以引起他人关注。因此教师要多关心王明,逐渐改变他的不良行为。故本题选 A。

16. A 【解析】处理与家长关系时,教师要做到:尊重家长,理解家长;经常家访,互通情况;密切配合,教育学生。教师应该同家长多沟通交流,但这是建立在教师尊重家长、同家长平等交流的基础之上的。题干中李老师经常打电话批评家长、让学生家长到校听他训话等做法是不正确的,没有做到与家长平等交流。

17. C 【解析】东汉张仲景的《伤寒杂病论》总结了药物灌肠术、舌下给药法、胸外心脏按压术、人工呼吸和急救护理等医护措施。

18. C 【解析】黄金分割是指事物各部分间一定的数学比例关系,即将整体一分为二,较大部分与较小部分之比等于整体与较大部分之比,其比例为 1:0.618,即长段为全段的 0.618。0.618 被公认为是最具有审美意义的比例数字。这个比例是最能引起人的美感的比例,因此被称为黄金分割。

19. A 【解析】诗句中将雪比作梨花,运用了比喻的修辞手法。把漫天的飞雪夸张为千树万树的梨花,运用了夸张的修辞手法。

20. A 【解析】朦胧诗以诗人寒露、舒婷、北岛、顾城、梁小斌、江河、食指、芒克等先驱者为代表。故该题选 A。

21. A 【解析】苏东坡的《黄州寒食帖》被誉为天下第三行书,天下第一行书是王羲之的《兰亭序》。其他三项正确。

22. C 【解析】古琴属于弹拨乐器。拉弦乐器包括二胡、板胡、马头琴、京胡等乐器。吹管乐器包括笙、芦笙、排笙、葫芦丝、笛等乐器。打击乐器包括堂鼓、碰铃、缸鼓、定音缸鼓、铜鼓、大锣、排鼓、手鼓等乐器。

23. C 【解析】张骞是汉朝出使西域的使者;玄奘促进的是中印文化的交流;甘英在汉朝时出使大秦。唐朝时,鉴真东渡日本,促进了中日文化的交流与发展。故该题选 C。

24. D 【解析】"处"有结束、终止的意思,"处"即二十四节气中的"处暑",意为暑天结束。

25. B 【解析】1956 年年底,三大改造基本完成。社会主义三大改造把生产资料私有制转变成了社会主义公有制,这标志着社会主义制度在我国基本建立。

26. C 【解析】分页符是分页的一种符号,是在上一页结束以及下一页开始的位置插入。操作 Word 时,在页眉中不能插入分页符。

27. A 【解析】在 Excel 工作表中如果没有预先设置整张工作表的对齐方式则字符型数据默认左对齐,数值型数据默认右对齐。

28. B 【解析】题干中的词项是交叉关系:影星可能是江西人,也可能不是江西人。选项 B 中,专家可能是军人,也可能不是军人,与题干逻辑关系相同。

29. D 【解析】观察图形,三组图各自内部元素组成相同,考虑位置规律。图 1 中冒号左边图形旋转 180°得到冒号右边图形,图 2 中图形满足此规律,图 3 也应是此规律,则?处图形应该是冒号左边图形旋转 180°得到的,只有 D 项符合。

二、材料分析题(答案要点)

30. 材料中张老师的教育行为很好地践行了"以人为本"的学生观。

首先,学生是发展中的人,要用发展的观点认识学生。学生具有巨大的发展潜能,学生是处于发展过程中的人,教师要用发展的眼光看待学生。材料中,张老师并没有因为李强痴迷上网就放弃他,而是从其兴趣入手鼓励他,增强了李强学习的积极性,使其学习成绩逐步提高。

其次,学生是独特的人。每个学生都有自身的独特性,教师要针对每个学生的不同特点因材施教,才能够产生更好的教学效果。材料中,张老师根据李强喜欢上网的特点,因势利导,让其担任计算机兴趣小组组长,体现了这一学生观。

最后,学生是具有独立意义的人。每个学生都是独立于教师的头脑之外,不以教师的意志为转移的客观存在。学生是学习的主体,作为教师,我们要调动学生学习的积极性和主动性。材料中,张老师通过采取一系列措施,使李强树立起自信,激发了其学习和参与活动的积极性,体现了这一理念。

因此,作为教师,面对像李强这样的学生时,我们要结合“以人为本”的学生观,积极地促进学生的全面发展。

31. 蒋老师应根据《中小学教师职业道德规范》的要求,及时介入,调节俩兄妹之间的矛盾,修复二人的关系。蒋老师可从以下几方面入手:

(1)教师职业道德规范要求教师做到爱岗敬业与关爱学生。材料中的小威和小蕊两兄妹之间存在着很严重的矛盾,蒋老师作为教师不能对此事漠不关心,而是应关心爱护这对兄妹,及时介入进行调解,采取合理措施消除他们之间的误解和矛盾,改善二人之间的紧张关系。

(2)教师职业道德规范要求教师做到为人师表。材料中,小威和小蕊的父母采用竞争的方式教育孩子,这种不合理的教育方式是导致兄妹二人产生矛盾的主要原因。因此,蒋老师要主动联系二人的父母,在尊重家长的基础上与他们进行沟通,对他们教育子女的方式进行帮助、指导,修正其不合理的教育方式。

(3)教师职业道德规范要求教师教书育人。循循善诱,诲人不倦,因材施教,培养学生良好品行。针对小蕊的问题,蒋老师要耐心教育她,引导其改变对哥哥的错误认知,消除其对哥哥的敌意。在此基础上,引导她与哥哥进行良好地沟通与交流。

总之,教师要关心爱护每一位学生,循循善诱,诲人不倦,做好家校沟通,形成教育合力,促进学生积极健康地发展。

32. (1)对自然的死亡,不怕,因为不可避免;对痛苦的死亡,以前是无可奈何,现已不太害怕;对快乐的死亡,十分忧虑,非常蔑视。

(2)本文虽然是作者从自身的职业角度发出的感慨,但这就像是举了个例子一样。这种只注重表面功夫,不做好本职工作的做法并不是只在作家中出现,作者是借此对整个社会中存在的这种现象进行批判。因此,本文“快乐的死亡”不单是对作家而言,对其他人也有启迪作用:我们不要热衷于表面的热热闹闹、轰轰烈烈,而要踏踏实实搞好本职工作,做出实际业绩。

三、写作题(参考范文)

33. **因材施教**

美国教育心理学家布卢姆指出:“许多学生在学习中未能取得优异成绩,主要问题不是学生智力、能力的缺失,而是由于未得到适当的教学条件和合理的帮助。”这启示我们,应最大限度地为不同层次的学生提供“合理的帮助”,就如同“学游泳”的故事,要根据学生的不同特点,发掘潜质,因材施教。

“尺有所短,寸有所长。”鸭子天生会游泳,一下水便驾轻就熟。兔子擅长短跑,松鼠擅长爬树,这是他们的特性所定。然而硬让他们去做自己不擅长的事情,即便费尽心思,付出十足努力,收效也不会很大。这就像让农夫去造机器,让教师去打针一样,即使努力,也必定弄出乱子,无法完成任务。

学校教育的对象是学生,每个学生都有着自己的性格和特点,他们对于学习也有着不同的态度和选择。这就要求教育必须注重个性发展,促进和引导学生个性化,培养学生的个性意识、自主精神和创新精神。再者,社会的繁荣发展需要各行各业、各个层次的人才,这也需要发展个性的教育,在学生先天禀赋的基础上,培养出各有特长的人,从而满足社会发展的需求。素质教育是十分重视张扬个性的教育,其目的就是要让学生的个性能够得到充分的发挥,特长得到最充分的施展。

有一次,孔子讲完课,回到自己的书房,学生公西华给他端上一杯水。这时,子路匆匆走进来,大声向老师讨教:“先生,如果我听到一种正确的主张,可以立刻去做么?”孔子看了子路一眼,慢条斯理地说:“总要问一下父亲和兄长吧,怎么能听到就去做呢?”子路刚出去,另一个学生冉有悄悄走到孔子面前,恭敬地问:“先生,我要是听到正确的主张应该立刻去做么?”孔子马上回答:“对,应该立刻实行。”冉有走后,公西华奇怪地问:“先生,一样的问题你的回答怎么相反呢?”孔子笑了笑说:“冉有性格谦逊,办事犹豫不决,所以我鼓励他临事果断。但子路争强好胜,办事鲁莽,考虑不周全,所以我就劝他遇事多听取别人的意见,三思而行。”

在不同的学习场合,不同类型、不同能力水平的学生,其学习表现也是不尽相同的,需要教师凭着自己的经验和智慧灵活地设计教法,因材施教。教师要留意观察,分析学生学习的特点。教师要根据学生的学习风格,在教学中有针对性地选择教学方式,而且要引导学生认识自己的学习风格特点,促使学生把学习风格转化为学习策略。

苏霍姆林斯基说过:“每个学生都是一个独一无二的世界。”每一个学生都是与众不同的,都有自己的特点和长处。花有花的香,树有树的美,晴有晴的丽,雨有雨的趣。因材施教是教学中一项重要的教学原则。在教学中,教师要根据学生的认知水平、学习能力以及自身素质的差异,进行有针对性的教学,发挥学生的长处,弥补学生的不足,激发学生的兴趣,树立学习的信心,从而促进学生全面发展。

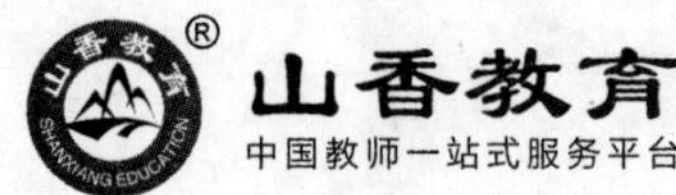

国家教师资格考试

历年真题解析及预测试卷

综合素质

|中学|

山香教师资格考试命题研究中心 主编

关注公众号，点击“笔试练习”领取历年真题及预测卷20套!

图书在版编目(CIP)数据

国家教师资格考试·历年真题解析及预测试卷. 综合素质. 中学/ 山香教师资格考试命题研究中心主编. -- 北京：首都师范大学出版社，2015.6(2021.10重印)

ISBN 978-7-5656-2385-1

Ⅰ. ①国… Ⅱ. ①山… Ⅲ. ①教师素质－中学教师－资格考试－题解 Ⅳ. ①G451.1－44

中国版本图书馆CIP数据核字(2015)第131035号

国家教师资格考试历年真题解析及预测试卷

ZONGHE SUZHI ZHONGXUE

综合素质·中学

山香教师资格考试命题研究中心 主编

策划编辑 张文强

责任编辑 曹亮亮 王慕飞　　封面设计 山香教育

首都师范大学出版社出版发行

地　址 北京市西三环北路105号

邮　编 100048

咨询电话 010－68418523(总编室)　　010－68982468(发行部)

网　址 http://cnupn.cnu.edu.cn

印　刷 河南黎阳印务有限公司

经　销 全国新华书店

版　次 2015年8月第1版

印　次 2021年10月第26次印刷

开　本 787mm×1092mm 1/16

印　张 13

字　数 342千

定　价 42.00元

前　言

中小学教师资格考试是由国家建立考试标准，省级教育行政部门组织的全国统一考试，包括笔试和面试两部分。笔试主要考查申请人从事教师职业所应具备的教育理念、职业道德、法律法规知识、科学文化素养、阅读理解、语言表达、逻辑推理和信息处理等基本能力；教育教学、学生指导和班级管理的基本知识；拟任教学科领域的基本知识，教学设计实施评价的知识和方法，运用所学知识分析和解决教育教学实际问题的能力。初级中学、普通高级中学教师和中等职业学校文化课教师资格考试笔试科目为《综合素质》《教育知识与能力》《学科知识与教学能力》3 科。笔试一般在每年 3 月和 11 月各举行一次，笔试单科成绩有效期为 2 年。笔试科目均合格的考生，可参加教师资格考试面试。

山香教育在调研历年教师资格考试真题的基础上，结合考试标准和考试大纲，策划出版了本套试卷，致力于帮助广大考生实现教师之梦。

本套试卷具有如下特点：

1. 紧依大纲，稳扣考点。本套试卷紧密结合考试大纲，知识点全面，全卷每一笔都在为考生通关助力，是考生进行备考不可多得的辅导资料。

2. 真题实战，预测演练。全卷分为真题试卷和预测试卷两部分，各 10 套，共 20 套：真题试卷力保原题原卷，有助于考生把握考试的题型、难度及命题趋势，感知考场形势；预测试卷在深入研究考情、真题的基础上进行命制，有助于考生检测知识掌握程度，查漏补缺。

3. 解析详尽，讲解巧妙。山香的解析标准是知其然，还要知其所以然。在解析选项的同时，通过“方法技巧”“易错提示”等栏目，帮助考生梳理重要及易错易混知识点，为考生顺利通关保驾护航。

本书难免存在一些不足之处，衷心希望各位读者朋友批评指正，同时希望该书能为考生顺利通过教师资格考试提供帮助。

编　者

目　录

参考答案及解析单独成册

机密★启封前　　　　　　　　　　　　　姓名＿＿＿＿＿＿　准考证号＿＿＿＿＿＿＿

2021年上半年中小学教师资格考试真题试卷(一)

综合素质(中学)

注意事项：

1. 考试时间为120分钟,满分为150分。
2. 请按规定在答题卡上填涂、作答,在试卷上作答无效,不予评分。

一、单项选择题(本大题共29小题,每小题2分,共58分)

在每小题列出的四个备选项中只有一个是符合题目要求的,请用2B铅笔把答题卡上对应题目的答案字母按要求涂黑。错选、多选或未选均无分。

1. 素质教育注重对学生创新精神的培养。下列方法不适合培养学生创新精神的是(　　)

A. 继承与开拓　　B. 学习与创造

C. 思考与想象　　D. 熟练与传承

2. 工作多年的张老师有较高水平的教学能力和技巧,班级管理得井井有条,还注重激发自我潜能。张老师所处的教师发展阶段是(　　)(易混)

A. 专家生涯阶段　　B. 退缩生涯阶段

C. 更新生涯阶段　　D. 预备生涯阶段

3. 陶行知说:"活的人才教育不是灌输知识,而是将开发文化宝库的钥匙,尽我们知道的交给学生。"这句话隐含的学生观不包括的是(　　)

A. 教师要重视学生的完整性　　B. 教师要重视学生的主体性

C. 教师要重视学生的发展性　　D. 教师要重视学生的独立性

4. 张老师选择用诗歌《我用残损的手掌》的教学开展课例研究,并写成课例研究报告提供给青年教师学习。张老师的角色是(　　)

A. 教学过程的管理者　　B. 同侪共进的合作者

C. 学生成长的示范者　　D. 校本课程的开发者

5. 李丁的妈妈情绪一直不好,经常拿李丁撒气,李丁身上总是青一块紫一块。马老师为此多次找李丁妈妈谈话,李丁妈妈就找校长撒泼。了解真相后,校长批评马老师"多管闲事"。校长的做法(　　)

A. 正确,管教孩子是家长的权利,与学校无关

B. 正确,马老师只要管好学校里的事情就行了

C. 不正确,学校应当最大限度地为教师提供条件保障

D. 不正确,学校应当支持教师制止有害于学生的行为

6. 某中学将操场租借给当地一个企业主为其女儿办婚事,体育课改在教室上自习。学校的行为(　　)(常考)

A. 合法,学校有自主安排教学场地的权利　　B. 合法,学校有创收增加教育经费的义务

C. 不合法,学校侵犯了学生的受教育权　　D. 不合法,学校侵犯了学生的财产权

7. 派出所的两位警察来到一所中学,要求找该中学12岁的小华了解情况。得知警察没有联系小华的父母,班主任拒绝了他们当面询问小华的要求。该班主任的做法(　　)

A. 正确,依法履行了保护未成年人的职责

B. 正确,依法保护了小华的人格尊严权利

C. 不正确,公民有配合公安机关办案的义务

D. 不正确,干扰了公安机关的行政执法

8. 小刚父母离异,法院判决其随母亲一起生活。小刚学习不太好,母亲多次要求小刚的父亲关心小刚学习,小刚的父亲却认为自己只负担小刚的生活费用,教育问题应由小刚母亲全部负责。下列说法正确的是(　　)

A. 小刚母亲应该全权承担监护职责　　B. 小刚父亲已尽到法律规定的责任

C. 离异父母对子女都有教育的义务　　D. 小刚的学习应该由学校全权负责

9. 班主任李某怀疑班里学生张某早恋,为掌握张某的思想动向,多次翻看张某书包。李某的做法(　　)

A. 正确,教师有管理学生的责任　　B. 正确,教师有教育学生的权利

C. 不正确,侵犯了学生的财产权　　D. 不正确,侵犯了学生的隐私权

10. 依据《中华人民共和国宪法》的规定,地方各级人民代表大会每届任期(　　)

A. 六年　　B. 五年　　C. 四年　　D. 三年

11. 李某开设的营业性电子游戏厅,没有在显著位置设立未成年人禁入标志。责令其改正的管理机关是(　　)

A. 检察机关　　B. 公安机关　　C. 文化行政部门　　D. 教育行政部门

12. 14岁的初中生崔某借爸爸的名义买烟,扫码支付后,烟酒店老板王某给了崔某一包烟。王某的行为(　　)

A. 合法,因为王某有经营自主权

B. 合法,因为崔某说是替父亲买的

C. 不合法,任何经营场所不得向未成年人出售烟酒

D. 不合法,如果是高中生购买就可以向其出售烟酒

13. 姜老师在担任班主任期间，经常资助家庭困难的学生，并有针对性地对学生在学习中出现的心理压力进行疏导。姜老师的教育行为选择是(　　)

A. 基于关怀　　B. 基于直觉　　C. 基于原则　　D. 基于关注

14.《关于加强和改进新时代师德师风建设的意见》提出，要定期开展教师思想政治轮训，增进对中国特色社会主义的(　　)

A. 政治认同、思想认同、理论认同、知识认同

B. 政治认同、思想认同、理论认同、情感认同

C. 政治认同、思想认同、理论认同、意志认同

D. 政治认同、思想认同、理论认同、行为认同

15. 暑假来临，王老师找到主管校长说："我教了几十年书，虽说已经有了比较丰富的经验，也获得过不少奖励，而且过几年就退休了，但学无止境，我还是希望和几位年轻老师一起外出参加培训。"这表明王老师(　　)

A. 重视教师道德荣誉　　B. 善于核算教育行为利益

C. 关注教师集体利益　　D. 注重公平分配教育资源

16. 某中学规定：教师在课堂上不能穿超短裙、破洞牛仔裤等服装。这一规定是(　　)(常考)

A. 对教师着装个性的规范　　B. 对教师教学行为的规范

C. 对教师仪表得当的规范　　D. 对教师举止文明的规范

17. 随着佛教在中国的发展，人们对佛经译文的质量要求日益提高。有一位僧人有感于中国经律残缺，西行求法，前后凡十四年游历三十余国，带回大量梵本佛经并进行翻译，又将其旅行见闻撰成《佛国记》。这位僧人是(　　)

A. 法显　　B. 玄奘　　C. 朱士行　　D. 竺法护

18. 指南针是中国古代四大发明之一。中国人很早就认识到磁石指南的特性，先后发明了磁针和罗盘。指南针经阿拉伯传到欧洲，大大促进了世界远洋航海技术的发展。下列选项中，中国最早使用指南针航海的朝代是(　　)

A. 唐朝　　B. 北宋　　C. 元朝　　D. 明朝

19. 信息系统的安全关系到国家机关的运行、企业的经营和人们的日常生活。如果对信息系统安全掉以轻心，对安全风险置之不理，就可能给个人、企业、国家带来难以估量的损失甚至灾难。下列操作中，可能泄露个人信息的是(　　)

A. 在公共区域中关闭免费 WiFi 的自动连接

B. 包含个人信息或隐私内容的文件加密发送

C. 在电子邮件客户端直接打开附件文件查看

D. 不轻易更改防火墙的入站规则和出站规则

20. "地理标志"是在具有特定地理来源并因该来源而拥有某些品质或声誉的产品上使用的一种标志。地理标志可使原产地生产者提升商品的质量和信誉，也使消费者免受假冒伪劣坑害。下列选项中，地理标志产品与原产地所在地区不对应的是(　　)

A. 香槟——比利时　　B. 帕尔玛火腿——意大利

C. 杜奥——葡萄牙　　D. 蒙切哥乳酪——西班牙

21. 法国作家司汤达的长篇小说《红与黑》塑造了一个野心勃勃、个人奋斗的经典形象，这一人物形象是(　　)

A. 于连　　B. 杜洛瓦　　C. 莫罗　　D. 拉斯蒂涅

22. 古人在交际或著述中，谈及年龄，除了直接用数量词，还常使用隐喻、转喻和借助诗词、典故来代称。下列选项中，代称与所表示的年龄对应不正确的是(　　)(易混)

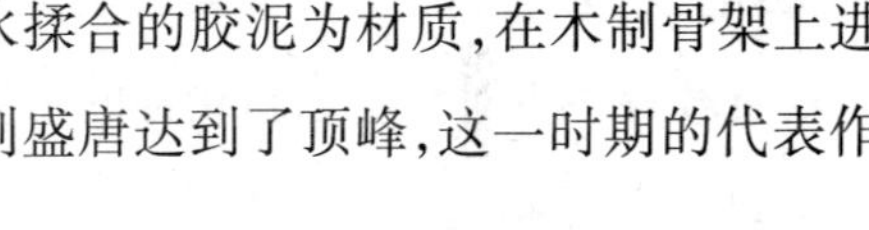

A. 豆蔻年华—13 岁　　B. 桃李年华—30 岁

C. 知天命—50 岁　　D. 古稀—70 岁

23. 彩塑是中国民间手工艺品之一，以黏土加上纤维物、河沙、水揉合的胶泥为材质，在木制骨架上进行形体塑造，阴干后填缝、打磨，再着色描绘。我国的彩塑到盛唐达到了顶峰，这一时期的代表作品是(　　)

A. 云冈石窟像　　B. 山西晋祠像　　C. 麦积山石窟像　　D. 甘肃敦煌塑像

24. 第 24 届冬季奥林匹克运动会将于 2022 年在中国北京和张家口举办，共设 7 大项、15 个分项、109 个小项的比赛。下列体育图标中，"高山滑雪"的标识是(　　)(易错)

A. 　B. 　C. 　D. 

25. 在一次测试中，高分组通过某试题的百分比为 85%，低分组通过该试题的百分比为 25%，则该试题的区分度是(　　)

A. 0.25　　B. 0.55　　C. 0.60　　D. 0.85

26. 如下图所示，在 Excel 中单击单元格 E2，欲求出甲班 20 名学生成绩的标准差，应输入的公式是(　　)

	A	B	C	D	E	F
1	甲班	乙班			标准差	
2	78	76		甲班		
3	79	77		乙班		
4	80	80				
5	65	79				
6	82	80				

A. =SUM(A2:A21)　　B. =STDEVP(A2:A21)

C. =MODE(A2:A21)　　　　D. =AVERAGE(A2:A21)

27. 下列选项中,属于商业机构网址后缀名的是(　　)

A. .gov　　B. .edu　　C. .org　　D. .com

28. 下列选项中,与"大学生—志愿者"的逻辑关系不一致的是(　　)

A. 英文书和教材　　B. 铅笔和画笔　　C. 老年人和科学家　　D. 医生和护士

29. 根据所给图形的逻辑特点,下列选项中,填入空白处最恰当的是(　　)

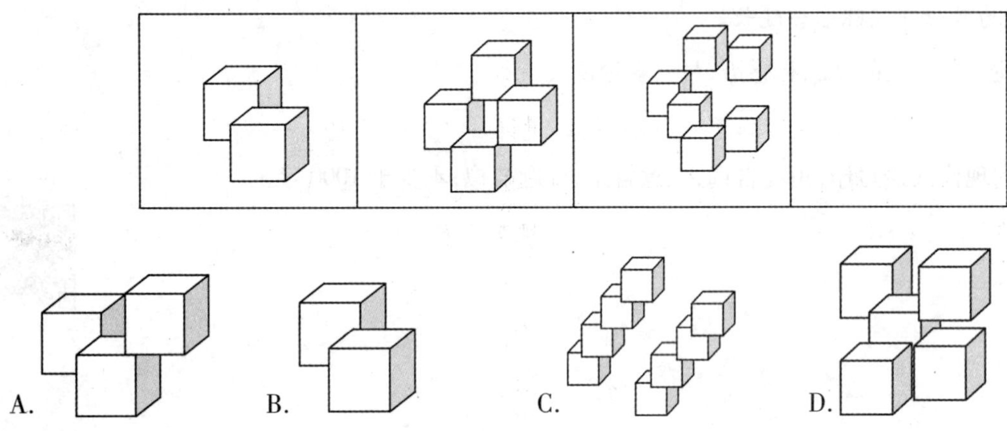

二、材料分析题(本大题共 3 小题,每小题 14 分,共 42 分)阅读材料,并回答问题。

30. 材料:

有一天,李老师在多媒体教室上英语公开课,听课的一位教研员发现坐在教室最后一排的学生无精打采,也不跟着课堂的节奏走。趁学生做练习的时候,教研员悄声问坐在最后一排的那几个学生怎么回事,那几个学生不好意思地说明了缘由,原来那几个学生都是班上的英语"差生",上课之前,李老师特意安排那几个学生坐在最后面,以免影响公开课的效果。下课之后,在与李老师的交谈中,教研员说:"既然那几个学生英语学习跟不上,为什么不给那几个学生另外布置适合他们的学习任务呢?哪怕让他们记几个单词也比干坐一节课好啊!"李老师一脸茫然,并不认可这个建议,只是勉强地点点头。

问题:

请结合材料,从学生观的角度分析李老师的行为,并提出另一种对"差生"的正确处理方式。

31. 材料:

刚毕业的邹老师被安排担任我们这个"难管"班级的班主任。我们可高兴了,因为从年龄、性格上看,他是我们这些"顽皮生"不难对付的老师。我们决定给他来个"下马威"。于是,我们不断制造各种无聊的"难题",出乎意料的是,他并不生气,还总是不厌其烦地解决这些"难题"。他不仅在课堂上对我们难懂的问题一遍又一遍地解释,直到我们弄懂为止,还利用课余时间跟我们聊生活、学习,甚至还带我们到校外参观、郊游。我们平时有什么意见和要求,他总能站在我们的角度去理解,或进行解释,或尽量满足。

我曾悄悄问邹老师:"您为什么不像别的老师那样呢?为什么我们犯了错误,您也不严厉地惩罚我们呢?"他说:"你觉得我是惩罚你们管用,还是现在这样更好呢?你们犯了错误,我帮你们指出来,你们改正了,我就高兴。老师和学生也是可以成为朋友的吧?"

其实我们也不是冷血动物。一段时间过去,邹老师终于把我们都感动了。慢慢地,我们真把他当成了好朋友,不好意思再"为难"他,甚至为了表达对他的"哥们"情谊,在他生日的时候,我们这些"顽皮"学生还凑钱买了一条名牌领带送给他。可是,这回他不乐意了,执意不要,坚持和我们一起到商场把领带退了。

问题:

请结合材料,从教师职业道德的角度,评析邹老师的教育行为。

32. 材料:

在漫长的历史进程中,非洲社会大体上与自然环境保持着良好关系,疟疾和昏睡病的发病率较低。15 世纪起,葡萄牙等欧洲国家开始向非洲进行殖民扩张,非洲与外部世界的联系日益密切,使得外来寄生虫和疾病开始传播至非洲。在长达数世纪的奴隶贸易期间,欧洲、北非、南亚的殖民者和商人将麻疹、水痘、肺结核和梅毒等传染病带到非洲各地。随着奴隶贸易从东、西两个方向逐渐深入非洲中部地区,这些传染病也从沿海渗透到内陆地区。不过,与欧洲殖民征服导致天花和麻疹传入美洲的情况不同,疟疾和黄热病在数个世纪里使得非洲内陆并未遭受欧洲殖民者的直接征服。直至 19 世纪中叶,热带非洲一直被称作"白人坟墓"。

随着西方医学和科学技术的发展,尤其是奎宁被用于疟疾防治,19 世纪中叶起,欧洲殖民者得以深入非洲内陆地区。19 世纪末,帝国主义国家掀起了瓜分世界狂潮,非洲被欧洲列强瓜分殆

尽,殖民征服加剧了传染病在非洲的传播。1881年,意大利人将牛瘟传入非洲之角,导致非洲东部和南部90%以上的牲畜死亡。牛畜在当地社会中是财富与社会地位的象征,因此,这场牛瘟不仅加剧了一系列传染病的蔓延,而且破坏了非洲东部和南部的社会经济结构。19世纪20年代,英国军队和军舰将霍乱从印度带到东非;60年代以后,霍乱又对塞内加尔等西非殖民地造成了严重冲击。

19世纪90年代,欧洲列强基本上完成了对非洲的殖民瓜分。此后直至20世纪60年代,非洲处于殖民统治时期,微观生态体系和传统社会关系遭受严重破坏。在殖民统治下,非洲经历了前所未有的生态、社会与经济变动。这方面的典型案例是20世纪上半叶昏睡病在东非的蔓延。殖民者在非洲进行矿山开采、橡胶采集、修筑公路和铁路以及军事招募,都需要大量非洲劳动力。殖民政府通过征税、工资以及强制等手段,迫使非洲人离开农村外出务工。强制劳动以及公路和铁路交通使得非洲民众的流动更为频繁,在客观上加剧了传染病在不同地区之间的传播。

理解当代非洲面临的传染病问题,离不开对传染病历史维度的认知。当前非洲所面临的很多传染病,早在19世纪和20世纪之交就已经存在于非洲。一百多年来,非洲传染病的传播过程与非洲生态变迁和社会历史进程密切相关。殖民主义导致很多外来传染病在非洲的传播,殖民主义还打破了非洲社会与自然环境之间长期的平衡关系,从而引发了昏睡病等疾病的蔓延。通过研究殖民主义对于非洲传染病传播所造成的影响,有助于我们深入理解当前非洲所面临的传染病状况。例如,艾滋病作为非洲国家独立后才出现的传染病,由于其严重的社会破坏性而受到国际社会高度关注。近年来,非洲学家的研究表明,当前艾滋病在非洲的传播模式,与殖民时代梅毒等性病的传播模式之间,有着很大相似性,是“旧危机,新病毒”。更严重的是,欧洲殖民者关于非洲疾病的偏见根深蒂固。殖民者认为,非洲面临的传染病主要是由非洲自身的“愚昧”“落后”造成的,他们将非洲标签化为“疾病横生的”“黑暗的”大陆,只有欧洲“文明使命”才能将非洲社会从这一状态中“拯救”出来。殖民时代的这种错误观念,至今仍然影响着一些欧美国家对非洲的认知。

(摘自李鹏涛《殖民主义加剧非洲传染病传播》)

问题:

(1)文章认为当代非洲传染病有哪两个来源?请简要概括。(4分)

(2)总体来看,造成一个地区传染病传播加剧的原因是哪些?请结合文本,简要分析。(10分)

三、写作题(本大题1小题,50分)

33.阅读下面的材料,按要求作文。

材料一:湖南留守女孩小钟高考成绩优秀,考取北京大学冷门的考古专业,引发热议。女孩发微博称从小就喜欢历史和文物,把“敦煌的女儿”樊锦诗当作自己的偶像,所以才考取北大考古专业。樊锦诗得知后,特意把自己的《我心归处是敦煌:樊锦诗自述》赠送给她。

材料二:樊锦诗1963年北大毕业后在敦煌坚持工作40余年,被评为“感动中国2019年度人物”。现为敦煌研究院名誉院长。

综合上述材料引发的联想和感悟,写一篇论说文。

要求:

用规范的现代汉语写作,角度自选,立意自定,标题自拟;不少于1000字。

机密★启封前　　　　　　　　姓名＿＿＿＿＿＿　准考证号＿＿＿＿＿＿

2020年下半年中小学教师资格考试真题试卷(二)

综合素质(中学)

注意事项:

1. 考试时间为120分钟,满分为150分。
2. 请按规定在答题卡上填涂、作答,在试卷上作答无效,不予评分。

一、单项选择题(本大题共29小题,每小题2分,共58分)

在每小题列出的四个备选项中只有一个是符合题目要求的,请用2B铅笔把答题卡上对应题目的答案字母按要求涂黑。错选、多选或未选均无分。

1. 开学了,为把素质教育落到实处,某中学语文老师为同学们确定了学期素质教育目标:“每个月读一本名著,识两位名人,听三首名曲,品四幅名画,背五首古诗。”该教师的做法(　　)

A. 干扰了学生学习的节奏　　B. 优化了学生学习的方法

C. 窄化了素质教育的内涵　　D. 指明了素质教育的途径

2. 入职工作满两年的教师在专业发展中需要解决的主要问题是(　　)

A. 适应教育教学环境　　B. 熟练掌握教育教学方法

C. 凝练教育教学经验　　D. 系统学习基础理论知识

3. 年轻的男老师王勇在课堂上与男生互动多,与女生互动很少,理由是“避免别人认为我与女生太亲近”。王老师的做法(　　)

A. 合理,体现教育智慧　　B. 合理,符合传统观念

C. 不合理,违背因材施教的原则　　D. 不合理,有违公平待生的理念

4. 每次实施新的教学设计之后影老师都会问自己:“有没有必要?是不是最好?能不能改进?要不要调整?”这说明影老师(　　)(常考)

A. 善于自我反思　　B. 善于自我激励　　C. 缺乏教育自信　　D. 缺乏学习方法

5. 下列选项中,不属于我国《宪法》所规定的公民自由的是(　　)

A. 出版自由　　B. 纳税自由

C. 宗教信仰自由　　D. 科学研究自由

6. 沈某购买用于考试作弊的隐形耳机,以每副1000元的价格向参加高考的考生出售,累计获利1万元。依据《中华人民共和国教育法》,当地公安机关可对沈某处以罚款的金额是(　　)

A. 1千元以上,5千元以下　　B. 5千元以上,1万元以下

C. 1万元以上,5万元以下　　D. 5万元以上,10万元以下

7. 姜某前往一所初中后勤部门求职,陈校长了解到姜某曾因为故意犯罪被剥夺政治权利,拒绝了姜某的求职。陈校长的做法(　　)

A. 不合法,侵犯了姜某的隐私权

B. 不合法,侵犯了姜某的平等就业权

C. 合法,学校没有自主聘任教师及其他职工的权利

D. 合法,姜某不具备从事义务教育工作的基本条件

8. 教师何某时常在微信朋友圈暗示学生家长送礼,还在家长群里展示家长送的礼物,造成了不良影响。依据《中华人民共和国教师法》,当地教育行政部门可对何某采取的措施是(　　)(易错)

A. 给予行政拘留或者罚款　　B. 给予行政处分或解聘

C. 责令退还礼物,加倍罚款　　D. 责令停课,永久取消教师资格

9. 某次体育课上因老师迟迟未到,班长刘某组织同学到操场踢足球,在踢球时,学生宋某突然昏倒在地,经抢救无效死亡。经调查得知,宋某患有先天性心脏病,而学校事先并不知晓。在这次事故中,应依法承担责任的是(　　)(易混)

A. 学校和宋某的监护人　　B. 学校和刘某的监护人

C. 刘某和宋某的监护人　　D. 刘某的监护人和宋某的监护人

10. 寒假期间,某中学要求所有教师加班两周,对于不加班的教师予以扣发工资处理。学校的做法(　　)

A. 正确,学校有权给教师布置工作任务

B. 正确,学校可以合理使用教师的时间

C. 不正确,学校侵犯了教师自由发展权

D. 不正确,学校侵犯了教师带薪休假权

11. 孤儿陈明常年在外过着流浪乞讨的生活,好心人士发现后把陈明送到了当地的未成年人救助机构。依据《中华人民共和国未成年人保护法》,该救助机构可以采取的措施是(　　)

A. 将陈明交儿童福利机构收留抚养　　B. 将陈明送专门学校接受教育改造

C. 将陈明送当地学校完成义务教育　　D. 将陈明交当地人民政府收容教养

12. 周老师在某地一所高级中学负责招生录取工作,在招生录取工作中,周老师发现学生张晓的分数比较高,但有过在专门学校就读的经历,于是做了退档处理,周老师的做法(　　)

A. 合法,学校有招生录取的自由　　B. 合法,不妨碍张晓选择第二志愿

C. 不合法,侵犯了张晓的学习自由权　　D. 不合法,侵犯了张晓的平等升学权

13. 上课铃响后,章老师走进教室准备上课,发现黑板上有一幅丑化自己的画像,同学们在座位上窃窃私语。面对这样的情境,章老师应该(　　)

A. 立即停课,查出捣乱分子　　B. 继续上课,留待课后处理

C. 召开班会,开展批评教育　　D. 压制怒火,等待学生检举

14. 作为班长，晓月成功组织了很多班级活动。可是，晓月的妈妈担心班级事务影响晓月的学习，私下对班主任范老师说："不要让晓月担任班干部了。"范老师二话没说就照办了。范老师的做法(　　)

A. 体现了对家长意见的尊重　　B. 体现了教师与家长的合作

C. 忽视了学生发展的完整性　　D. 忽视了班级管理的差异性

15. 新入职的丁老师和同事们不熟悉，经常独来独往。王校长推荐他参加学校教职工排球队，并建议他和队友交流排球技巧。在教育局组织的运动会上，大家齐心协力，获得排球比赛第一名，丁老师也迅速地融入了集体。这表明王校长(　　)

A. 注意引导教师克服道德信念构成中的心理障碍

B. 重视教师道德情感生成的基础性要素构建

C. 强调教师集体利益高于个人利益

D. 注重面对教师非道德行为的引导

16. 晓甜上课经常开小差，有时还不交作业。乔老师发现她喜欢写作，就经常在班上表扬她作文写得好，还经常给她推荐阅读书目。慢慢地，晓甜开始信赖乔老师，学习也认真起来。乔老师的做法体现的教师关怀特点是(　　)

A. 非对等性　　B. 可互换性　　C. 方法性　　D. 形式性

17. 人的血液成分中，主要功能为吞噬异物和产生抗体，以帮助机体防御感染的是(　　)

A. 白细胞　　B. 红细胞　　C. 血小板　　D. 蛋白质

18. 有些世界性的科技竞赛，是该学科在国际上影响最大、水平最高的大赛，只在中学生里开展。下列选项中，不属于国际性中学生科技竞赛的项目是(　　)

A. 数学奥林匹克竞赛　　B. 物理奥林匹克竞赛

C. 化学奥林匹克竞赛　　D. 电子奥林匹克竞赛

19.《汉谟拉比法典》是世界迄今完整保存下来的最早的法典，其中包括了诉讼、财产、家庭以及买卖奴隶等内容。这部法典的呈现形式是(　　)

A. 刻在岩石上　　B. 刻在甲骨上　　C. 写在羊皮上　　D. 写在绢绸上

20. 古人在炼丹过程中，了解到一些矿物学和化学知识，对我国古代化学的发展做出了一定的贡献，《抱朴子》一书对此有过记载。这部著作的作者是(　　)

A. 许逊　　B. 魏伯阳　　C. 葛洪　　D. 陶弘景

21. "都云作者痴，谁解其中味"言简意赅，意味深长。它出自中国四大古典文学名著之一，这部著作是(　　)

A.《红楼梦》　　B.《水浒传》　　C.《西游记》　　D.《三国演义》

22. 音乐通过一定形式的音响组合，表现人们的思想情感和生活情态，有不同的流派与风格。下列选项中，泛指过去时代具有典范意义或代表性音乐的是(　　)

A. 爵士音乐　　B. 古典音乐　　C. 标题音乐　　D. 主调音乐

23. "八仙过海"的故事流传广泛，民间有"八仙过海，各显神通"的俗语，用来比喻各有各的本领，各有各的办法。下列剪纸画中，韩湘子是(　　)

A.　　B.　　C.　　D.

24. 在教育测量中，题目难度计算常用极端分组法。现共有 200 人回答了某道试题，总分排名最前面的 54 人中有 45 人答对，总分排名最后面的 54 人中有 9 人答对，则这道题的难度是(　　)

A. 0.83　　B. 0.58　　C. 0.50　　D. 0.32

25. 信度是用来反映某测试题在测量学生相应水平时的一致性程度，它受题目的类型和数量的影响。现有针对某知识点的考试，要从题库中抽题组成标准化试卷，因考试时间限制，总题数不得超过 60 道。下列四种组卷题数，信度最高的是(　　)

A. 45 道　　B. 50 道　　C. 55 道　　D. 60 道

26. 在 Word 中，下列关于表格操作的表述不正确的是(　　)

A. 两个连续单元格可合并成一个单元格　　B. 两张表格可以合并成一张完整的表格

C. 一张表格可拆分成多张表格　　D. 表格的外框可加上实线边框

27. 在 Excel 中，下列函数表达式可完成计算工作表中数据平均值的是(　　)

A. =SUM(A1:A6)　　B. =COUNTIF(A1:A6)

C. =MIN(A1:A6)　　D. =AVERAGE(A1:A6)

28. 下列选项中，与"绿茶—茶叶"的逻辑关系相同的是(　　)

A. "蔬菜"和"水果"　　B. "雨伞"和"雨具"

C. "跑鞋"和"跑道"　　D. "面粉"和"面包"

29. 找规律填数字是一个很有趣的活动，特别锻炼观察和思考能力。将选项中的数填入"8、10、20、32、______、88"空缺处，符合该组数字排列规律的是(　　)

A. 50　　B. 52　　C. 54　　D. 56

二、材料分析题(本大题共 3 小题，每小题 14 分，共 42 分)阅读材料，并回答问题。

30. 材料：

崔老师刚工作就担任了副班主任。

崔老师对学生很"宽容"，有的学生偏科，他说："没有关系，很多天才都偏科。"有的学生不喜欢体育锻炼，他也表示理解："人有自己喜欢的事情，也有自己不喜欢的事情，不可能什么都喜欢。"

崔老师很喜欢学习好的学生，经常召集这些学生谈话，告诉他们要有远大的理想，并引导他们树立正确的人生目标。对于成绩不太好的同学，他也不加干预，还说："学习上的差异古今中外都存在，十个手指头还不一样长呢。"

班主任与崔老师商量,打算分头联系家长,了解学生的基本情况,敦促家长为学校工作提供支持,但崔老师觉得没有必要,理由是:"家长平时都很忙,我们应该理解家长。教育孩子是我们老师的责任,不能给家长增加负担。"

很多老师对崔老师的做法很不理解。

问题:

请结合材料,从教育观的角度,评析崔老师的教育行为。

31. 材料:

预备铃已响,很多同学仍三五成群在教室里说着、笑着、吃着、闹着,嘈杂无章,一片混乱。班主任毕老师气不打一处来,使劲把教材往地上一摔,大声训斥道:"孙涛,你这个班长能不能管点事? 当不了班长,就别当啊!"孙涛一脸委屈,一言不发。

下课后,孙涛的辞职信就放在了毕老师的办公桌上,他辞职的理由是当班长影响学习。毕老师想:"这不是故意拆我的台吗?"他不由得火冒三丈,怒气冲冲地跑到教室,宣布罢免孙涛的班长职务。

平静下来以后,毕老师意识到罢免孙涛的做法很不妥当。第二天,毕老师找孙涛进行了一次长谈。毕老师首先表达了歉意,接着给孙涛讲了上一届班长学习和班级工作相互促进的故事。讲着讲着,毕老师发现孙涛已沉浸在故事中,便心平气和地说:"你想想,为什么他能学习和班级工作双丰收?"孙涛说:"他把当班长变成学习的动力了。"毕老师点头称赞道:"只要你努力认真,就一定能做好!"孙涛答应重新当班长。

问题:

请结合材料,从教师职业道德的角度,评析毕老师的教育行为。

32. 材料:

地方性写作是一个视角,无名或隐名的写作也是一个视角。早在前几年,我们就后者进行过讨论,我们认为后者支撑起了一种"泛文学"的写作。人们早就应该注意到,随着国民教育程度的普遍提高,每个人都具有相当的写作潜能。市场经济又使得每个人获得了文学的权利,表达意识的觉醒使大众有了交流与自我表现的欲望,而技术最终使这一切得以实现。技术对这个世界的影响还没有充分地被估计到,即以写作而言,正是因为技术支持下的新兴媒体才催生出新的写作形态如博客、电子杂志、微博和微信等。在现实中,文学几乎以日常生活的样态存在着,只不过在现代发表体制看来,它们并不是文学罢了。而如今,计算机、网络、移动终端、电视互动等一系列新媒体,将这些自然的、自在的、丰富多样的文学呈现出来了,将其从匿名状态中彰显出来。它们与传统的出版或发表方式虽然有着本质上的区别,但是它们所呈现的内容已经不是私人性的了,它们同样进入了与他者的交流,进入了公共领域。我们不能因为散文家们的创作散文就否定了普通人日常表达的价值,比如现在每时每刻都在出现的微信,我们不妨称那些原创的微信为"微散文"或"微文"。微信圈有大有小,但一则原创微文哪怕只感动了几个人甚至一个人,我们都不能无视它的价值。村上春树曾经叙述过日常生活中许多微小但确切的幸福,他简称为"小确幸",文学之于人有太多这样的关系与状态,我们不能因经典带给人们巨大的感动就否认那些难登大雅之堂的文字所给予的微小而确切的幸福,这已经关系到文学的人道主义了。事实上,在我们固守的传统文体以外,文学的边缘或模糊地带已经越来越广阔,文学泛化的局面已经形成。这种局面产生的一个根本原因是美化时代的到来,美化已经成为这个社会的重要表征与生活方式,它渗透到各个领域。我们的一切文字表达无不在如何美化上努力,广告、招聘、求职、策划书、纪实报道、即时新闻,以及几乎所有的文字出版物,连同原先严格规整的人文社会学科甚至自然科学的表达都莫不如此。在当今,人们可以在更多的空间进入文学的氛围,也可以从更多的媒介和更多的文字作品中获得文学生活的满足。

但这一切又确实很少进入专业的文学研究领域,也常常不入所谓纯文学作家们的法眼。究其原因,应该是文学专业化带来的结果。应当心平气和地承认这些,而不是相反,像一些理论仍然在做的一样,或者视当今的文学现实状况于不顾,或者以自己过时的理论和立场强作解人。不可否认,古代的文人文化,现在的知识分子文化都对俗文化、对大众文化抱有成见甚至敌意。除了美学趣味上的分歧之外,可能还有对权力、地位与利益的占有欲和对这些可能失去的恐惧。约翰·凯里早就认为,自教育普及化和报刊业兴盛后,读写不再是精英的特权,特别是报刊培养出了市民趣味后,知识分子被冷落了,"大众报纸构成了一种威胁,因为它造就了一种新的文化,完全忽视知识分子,并使他们成为多余的人。"当他们不可能阻止大众文化时,只能加大写作的难度,从而将自己与大众区别开来,并运用自己在教育、制度与学术上的话语权贬低大众文化,造成后者的自卑,以达到保存自己的脸面与利益的目的。事实上,专业与职业的文学并不只是因为其审美优势而获得地位,许多非文学的因素一直是文学的支撑力量,所谓"纯文学"就一直没有纯过,各种权力和利益一直是文学的潜在或显在的影响力。而文学也参与了社会资源的再分配。

行文到此,我表达了两层意思,一是客观地描述地方与无名或隐名状态中蓬勃的文学生态,二

是对这一客观存在的文学生态长期被忽视的原因略作分析。毫无疑问，我对地方与无名或隐名状态的文学存在是抱有同情态度的。但这并不意味它们没有问题，也不意味它们无需反思。事实上，在这方面确实需要警惕民粹主义与反智倾向。也就是这些年的调查和观察，我以为地方与无名或隐名写作存在着不少令人忧虑的状况。当我们为海量的地方与无名或隐名写作所欣喜时又不得不承认它们在思想质量上的差强人意。我不是在所谓文学质量上来衡量他们的写作，而首先是在价值层面上表达我的遗憾。价值是客体与主体需要之间的一种关系，它关系到主客体方方面面许多要素。因为社会在变，人在变，人们的实践活动也在变，所以价值也在变。特别是社会发展迅速的时期，价值的变化也更为剧烈。如今的情形是，不管是从社会还是从个体来说，物质价值的创造与拥有在相当大的程度上压倒了精神价值的创造与实现。功利主义的价值观占据了主流。这必然导致价值与价值观的复杂和混乱，一些社会与个体发展的根本性的价值被悬置了，碎片化了，空心化了。社会的建设、连续与进步被畸形地理解和推进，大大小小不同类型的人类生命与文化共同体面临分化和解体，个体的物质与欲望被开发和放大，而精神与心灵的完善则弃之如敝履……如此的价值失衡特别是负面价值与伪价值的生成已经近乎一场人文灾难。如果揆诸历史，民间常常守护着传统的价值，或者会提出新价值观，但在目前的中国民间，确实缺少这样的力量与动因。这在地方与无名或隐名写作中就可以看出来，一种常见的现象就是宣泄式、怨怼式甚至破坏式写作成为潮流。而事实上，腐败与沉沦不是我们生活的全部，批判、怨怼与绝望也不是我们全部的态度。我们还应该有更为积极的方式，那就是探讨或肯定理想与价值。人与社会都是自觉的生活主体，他们按照自己设定的目标来设计和规约自己的生活，并且认为只有这样的生活才是有意义和有价值的。所以，人们对生活的权衡，也必定从这些意义和价值出发。也正因为此，我们当下生活所出现的问题并不在现象与问题本身，而在于意义与价值出现了偏差。当人与社会在意义与价值这些根本性的基准出现偏差以后，个体的生活方式，人与人的关系，人与自然的关系，社会的结构与动作模式，一直到人与社会形而下的技术层面都随之发生变化。所以，不少学者与社会管理者都在呼吁重建社会，不是说社会不存在了，而是说这个社会不是原先的社会，也不是理想的或好的社会。如前所述，我之所以强调民间写作的意义就是它的功能不仅在于文学，而且在于它们可以转换成社会建设的路径，但恰恰在这方面，目前不管是地方抑或是无名或隐名写作，都还不能说能够担此重任。

（节选自汪政《文学以外的文学》，有删改）

问题：

（1）第三段中加点短语“思想质量上的差强人意”指的是什么？请简要概括。（4 分）

（2）文章认为目前的地方与无名或隐名写作，有哪些不足？对于地方性写作，作者所期望的理想状态是怎样的？（10 分）

三、写作题（本大题 1 小题，50 分）

33. 阅读下面的材料，按要求作文。

“抢红包”是近年来流行的话题之一。各类抢红包活动此起彼伏，好不热闹。

与此同时，有关“抢红包”的争议也越来越大，有人认为是高科技时代的民俗变化，值得发扬；有人认为把亲情友情晾在一边，只认钱，坏了社会风气，也有人认为玩点游戏并没有错。

综合上述材料引发的联想和感悟，写一篇论说文。

要求：

用规范的现代汉语写作，角度自选，立意自定，标题自拟，不少于 1000 字。

2019年下半年中小学教师资格考试真题试卷(三)

综合素质(中学)

注意事项:

1. 考试时间为120分钟,满分为150分。
2. 请按规定在答题卡上填涂、作答,在试卷上作答无效,不予评分。

一、单项选择题(本大题共29小题,每小题2分,共58分)

在每小题列出的四个备选项中只有一个是符合题目要求的,请用2B铅笔把答题卡上对应题目的答案字母按要求涂黑。错选、多选或未选均无分。

1. 下列关于素质教育的表述中,不正确的是(　　)(易错)

A. 素质教育更要重视德育　　B. 素质教育主要适用于基础教育

C. 素质教育应遵循教育规律　　D. 素质教育不要求学生平均发展

2. 吴老师在指导青年教师时说道:"我们是生物老师,自己就知道生物的多样性和保护这种多样性的重要,所以对各有所长的学生,我们可不能做一个把学生修剪得整整齐齐的园丁。"这种说法表明教师劳动具有(　　)

A. 差异性　　B. 协作性　　C. 复杂性　　D. 示范性

3. 每周五,崔老师都会带领老师们研讨并反思学校教学中出现的问题,经常通过电子邮件、电话和登门拜访等形式向大学教授请教,或是与校外名师共同探讨,以找到解决问题的方法。该做法体现的教师专业发展途径是(　　)

A. 校本研修　　B. 自主学习　　C. 行动研究　　D. 专业支援

4. 某校将成绩较好的学生单独编班,并组织优质师资对这个班进行重点辅导,提高了中考优秀率,得到了该班学生家长的好评。该校的做法(　　)(常考)

A. 违反了义务教育的公平原则　　B. 践行了因材施教的教学原则

C. 弱化了学校办学的鲜明特色　　D. 遵循了长善救失的教学原则

5. 《中华人民共和国宪法》规定,上级监察委员会对下级监察委员会的工作进行(　　)

A. 监督　　B. 监察　　C. 领导　　D. 指导

6. 某高中对严重违反校纪的学生张某处以留校察看处分,并将处分文件在学校宣传栏公开张贴。该学校的行为(　　)

A. 侵犯了张某的名誉权　　B. 保障了师生的财产安全

C. 侵犯了张某的隐私权　　D. 履行了学校的管理职责

7. 下列做法中没有违反相关法律规定的是(　　)

A. 学生王某不遵守课堂纪律,被任课教师罚站3小时

B. 初中生李某偷窃了王老师500元钱,学校将其开除

C. 赵某为减轻家庭经济负担,让13岁的儿子辍学打工

D. 人民法院对17岁的张某抢劫一案进行了不公开审理

8. 依据《中华人民共和国未成年人保护法》,依法设置的专门学校(　　)

A. 由公安机关进行管理　　B. 由司法部门进行管理

C. 由教育行政部门进行管理　　D. 由地方人民政府进行管理

9. 中学生熊某曾经偷拿过同学的财物,班主任总是以此为由,不让他参加班级活动。该班主任的做法(　　)

A. 正确,可以督促学生改正错误　　B. 不正确,不得歧视犯错误学生

C. 正确,班主任有管理学生的权利　　D. 不正确,侵犯了熊某的名誉权

10. 初中生付某与同学钱某放学后在校外餐馆就餐,席间付某与钱某发生争执,付某拿起餐馆的菜刀砍伤了钱某。针对此次伤害事件,下列说法正确的是(　　)

A. 付某的监护人应承担主要赔偿责任　　B. 付某的监护人应承担全部赔偿责任

C. 付某所在学校应承担主要赔偿责任　　D. 餐馆应承担主要赔偿责任

11. 16岁的蒋某因抢劫被公安机关抓获,当地电视台将蒋某接受审讯的清晰画面在当地新闻节目中播出。该电视台的行为(　　)

A. 不违法,如实报道没有构成侵权　　B. 不违法,传播正能量不构成侵权

C. 违法,侵犯了蒋某的隐私权　　D. 违法,侵犯了蒋某的名誉权

12. 13岁的初中生张某伙同校外青年抢劫本校女教师。学校可以对张某采取的措施是(　　)

A. 开除学籍并送公安机关　　B. 申请将其送到工读学校

C. 记大过处分并处以罚款　　D. 通知家长并强制其退学

13. 近一段时间,班上流行大操大办过生日的风气,孩子过生日家长们纷纷比阔。在班会上,班主任孙老师对这种情况进行了批评,要求大家厉行节俭。孙老师的做法体现了教师是(　　)

A. 文化知识的传播者　　B. 高尚情操的塑造者

C. 社会风气的改造者　　D. 学生品行的引导者

14. 王老师在教学中总是尝试新的教学方法。在音乐课上,王老师鼓励同学们给经典音乐重新填词,评选"最美歌词"和"最具创意奖",同学们对音乐课的兴趣大增。下列选项中是孔子所说,且与王老师做法相符的是(　　)

A. "吾生也有涯,而知也无涯"　　B. "学而不已,阖棺乃止"

C. "古人于为学,终生与之俱"　　D. "朝闻道,夕死可矣"

15. 李老师发现一些学生卫生习惯不好，经常在教室里面乱扔废纸。面对这种情况，李老师恰当的做法是(　　)

A. 严肃教育学生，严重时将学生赶出教室

B. 建立惩罚机制，罚扔废纸的学生扫走廊

C. 不再强调卫生，只要学生成绩好即可

D. 批评教育学生，督促学生养成好习惯

16. 班主任田老师鼓励同学们开展兴趣小组活动，却招来了一些科任教师的反对，因为他们觉得这样做会影响学生的考试成绩。面对这种情况，田老师恰当的做法是(　　)

A. 取得同事支持，继续指导学生活动　　B. 尊重同事意见，暂停兴趣小组活动

C. 利用校长威信，平息同事反对意见　　D. 接受科任老师意见，重视考试成绩

17. 下列不是因地球公转而产生的现象是(　　)

A. 昼夜的变化　　B. 四季的变化

C. 日食　　D. 月食

18. "北斗卫星导航系统"是中国自主研发、独立运行的卫星导航系统，已成功应用于测绘、电信、交通、减灾等诸多领域，产生了显著的经济效益和社会效益。下列关于"北斗卫星导航系统"的表述中，不正确的是(　　)

A. 尚未正式进入民用市场　　B. 具有定位和通信双重功能

C. 定位精度正在不断地提高　　D. 已覆盖中国本土的全部区域

19. 下列选项中，不属于15世纪到17世纪地理大发现时期的航海家是(　　)

A. 哥伦布　　B. 迪亚士

C. 阿蒙森　　D. 麦哲伦

20. 下列选项中，不是美国作家马可·吐温的作品的是(　　)

A.《竞选州长》　　B.《老人与海》

C.《汤姆·索亚历险记》　　D.《哈克贝里·费恩历险记》

21. 楚辞在中国诗歌史上被视为浪漫主义传统的源头，最有代表性的诗人是屈原。下列选项中，属于屈原作品的是(　　)

A.《九辩》　　B.《风赋》

C.《高唐赋》　　D.《湘夫人》

22.《世界记忆遗产名录》是经联合国教科文组织世界记忆工程国际咨询委员会确认的文献遗产项目。下列选项中，关于《世界记忆遗产名录》的表述正确的是(　　)

A. 收录具有世界意义的文献遗产　　B. 包含文物、建筑群、遗址三类

C. 首批世界记忆遗产包含中国昆曲　　D. 由联合国大会评估、审查、公布

23. 公元前221年，秦始皇统一中国后，颁布诏书统一度量衡。下列选项中，刻有这一诏书的是(　　)

A. 秦半两钱　　B. 秦铜马车

C. 阳陵虎符　　D. 商鞅方升

24. 古希腊罗马文化，深刻地影响了西方世界的文明进程。下列选项中，不是产生于古希腊罗马的是(　　)

A. 公民教育　　B. 陪审法庭　　C. 君主立宪　　D. 全民公决

25. 甲乙两地各抽取100名初中一年级的学生进行了体重测量，相关的统计结果见下表。下列选项中，对这次测量结果的解释，最恰当的是(　　)

地别	人数	平均体重(kg)	标准差	标准差系数
甲地	100	37.3	11	0.295
乙地	100	38.2	13	0.340

A. 甲地的标准差为11，甲地学生的体重更具有代表性

B. 乙地的标准差为13，乙地学生的体重更具有代表性

C. 甲地的标准差系数为0.295，甲地学生的体重更具有代表性

D. 乙地的标准差系数为0.340，乙地学生的体重更具有代表性

26. 在Word的编辑状态下，选择整个表格，执行"表格"菜单中的"删除行"命令，对其结果表述正确的是(　　)

A. 表格中一行被删除　　B. 整个表格被删除

C. 表格中一列被删除　　D. 表格没有被删除

27. 如下图所示，在Excel中单击单元格F2，欲求出表中所列6名学生的总成绩排名，应输入的公式是(　　)

	A	B	C	D	E	F
1	学号	语文	数学	外语	总分	排名
2	001	75	73	68	216	
3	002	82	89	83	254	
4	003	70	72	79	221	
5	004	85	82	79	246	
6	005	92	87	91	270	
7	006	78	81	84	243	

A. =RANK(E1,$E$1:$E$7)　　B. =RANK(E1,$E$2:$E$7)

C. =RANK(F2,$E$1:$E$7)　　D. =RANK(E2,$E$2:$E$7)

28. 下列选项中的概念关系，与“教授”和“科学家”一致的是(　　)(常考)

A. 夹克—衬衫　　B. 中文书—英文书　　C. 足球—篮球　　D. 大学生—运动员

29. 找规律填数字是一项很有趣的游戏，特别锻炼观察和思考能力。按照“1 = 4”“2 = 8”“3 = 24”的规律，下列选项中，应填入“4 = (　　)”空缺处的是(　　)

A. 88　　B. 96　　C. 104　　D. 112

二、材料分析题(本大题共3小题，每小题14分，共42分)阅读材料，并回答问题。

30. 材料：

多年来，徐老师一直坚持还课堂于学生。他安排的“课前五分钟”深受好评。其做法是在每堂课的开始安排一名学生上台演讲，主要程序是：学生讲述——大家评论——师生共同给出成绩。此项活动让学生得到了多方面的锻炼。除了这项活动，徐老师鼓励学生开展的自编课本剧活动、班级读书交流活动、创办文学刊物等活动都收到了很好的效果。

徐老师的教学方式别具一格。他尝试过用分析讨论法讲议论文、用欣赏分析法讲小说、用朗读品味法讲诗歌、用形象体会法讲散文等。他重视利用各种教学手段尤其是现代教育技术手段，不断变换教学思路，寻找最佳切入口。大家评价说：“徐老师玩转了课堂！”

徐老师说，当老师要舍得“折腾”自己。为此，他每天梳理自己的课堂，写教学日志。多年下来，他积累的教学日志多达二十多万字，还被学校当作校本培训的资料。

问题：

请结合材料，从教师观的角度，评析徐老师的教学行为。

31. 材料：

我刚担任初一(2)班班主任时，班上的晓义经常打架、抽烟、旷课，一开学就和任科老师发生冲突。几次家访后，我掌握了晓义的基本情况：他从小就调皮，爸爸经常打他，而且家长对他的学习不抱希望，久而久之，他的毛病越来越多。

我该怎么办呢？

我注意到晓义精力充沛，喜欢运动，于是决定让他担任体育委员来试一下。这个决定宣布后，学生们一片哗然，当晚就有家长打电话表达不满。我耐心地向家长解释说：“我会对所有孩子负责的。请您给我时间，也给晓义一个机会。”

刚开始，晓义并没有因为做了体育委员而格外兴奋，甚至有时在带领大家跑操时还有些满不在乎。一次跑操时，有个同学不小心摔了一跤，晓义马上过去扶了他一把。我抓住时机表扬了他，看得出来，晓义有所触动。

初三时，他代表学校参加了区运动会，还获得了铅球比赛第二名的好成绩，全班都为他欢呼，他不好意思地笑了。这是我第一次在他脸上看到这样的表情。

初中三年，我和晓义的谈话不计其数，我还经常与其家长沟通，希望他们多鼓励晓义。

初中毕业三年后的一天，晓义再次出现在我面前，兴高采烈地告诉我：“老师，我已经应征入伍了！”那一刻，我知道当初的决定是正确的。

问题：

请结合材料，从教师职业道德的角度，评析“我”的教育行为。

32. 材料：

最近偶然看《红楼梦》，书中讲到有个丫鬟很喜欢陆放翁的两句诗“重帘不卷留香久，古砚微凹聚墨多”，林黛玉却对她说：“这种诗千万不能学，学作这样的诗，你就不会作诗了。”黛玉又说：“你应当读王摩诘、杜甫、李白跟陶渊明的诗。每一家读几十首，或是一两百首，得了了解以后，就会懂得作诗了。”这一段话讲得很有意思。

放翁这两句诗，对得很工整，其实则只是字面上的堆砌，而背后没有人。若说它完全没有人，也不尽然，到底该有个人在里面。这个人，在书房里烧了一炉香，帘子不挂起来，在那里写字，或作诗，有很好的砚台，磨了墨，还没用。则是此诗背后原是有一人，但这人却教什么人来当都可，因此人并不见有特殊的意境与特殊的情趣，这就算作俗。高雅的人则不然，应有他一番特殊的情趣和意境。

此刻先拿黛玉所举三人王维、杜甫、李白来说，他们恰巧代表了三种性格，也代表了三派学问。王摩诘是释，是禅宗；李白是道，是老庄；杜甫是儒，是孔孟。禅宗常讲“无我、无住、无着”。后来人论诗，主张要“不著一字，尽得风流”。但作诗怎能不著一字，又怎能不著一字而尽得风流呢？我们可选摩诘一联句来作例。这一联是大家都喜欢的：

雨中山果落，灯下草虫鸣。

此一联拿来和上引放翁一联相比，两联中都有一个境，境中都有一个人。放翁一联的境中人如何，上面已说过。现在且讲摩诘这一联。在深山里有一所屋，有人在此屋中坐，晚上下了雨，听到窗外树上果子给雨一打，朴朴地掉下。草里很多的虫，都在雨下叫。那人呢？就在屋里雨中灯下，听到外面山果落，草虫鸣，当然还夹着雨声。这样一个境，有情有景，拿来和陆联相比，便知一方是活的动的，另一方却是死而滞的了。

这一联中重要字面在“落”字和“鸣”字。在这两字中透露出天地自然界的生命气息来。大概是秋天吧，所以山中果子都熟了。给雨一打，禁不起在那里朴朴地掉下。草虫在秋天正是得时，都在那里叫。这声音和景物都跑进这屋里人的视听感觉中。那坐在屋里的这个人，这时顿然感到此生命，而同时又感到此凄凉。生命表现在山果草虫身上，凄凉则是在夜静的雨声中。我们请问当时作这诗的人，他碰到那种境界，他心上感觉到些什么呢？我们如此一想，就懂得“不著一字，尽得风流”这八个字的含义了。正因他所感觉的没讲出来，这是一种意境。而妙在他不讲，他只把这一外境放在前边给你看，好让读者自己去领略。若是接着在下面再发挥了一段哲学理论，或是人生观，或是什么杂感之类，那么这首诗就减了价值，诗味淡了，诗格也低了。

但我们看到这两句诗，我们总要问，这在作者心上究竟感觉了些什么呢？我们也会因为读了这两句诗，在自己心上，也感觉出了在这两句诗中所含的意义。这是一种设身处地之体悟。亦即所谓欣赏。我们读上举放翁那一联，似乎诗后面更没有东西，没有像摩诘那一联中的情趣与意境。

摩诘诗之妙，妙在他对宇宙人生抱有一番看法，他虽没有写出来，但此情此景，却尽已在纸上。这是作诗的很高境界，也可说摩诘是由学禅而参悟到此境。

（摘编自钱穆《中国文学论丛》）

问题：

(1)为何黛玉认为不能学“重帘不卷留香久，古砚微凹聚墨多”这样的诗？请结合文本，简要概括。(4分)

(2)文章认为“雨中山果落，灯下草虫鸣”体现了王维怎样的作诗境界？请简要分析。(10分)

三、写作题(本大题1小题，50分)

33. 阅读下面的材料，按要求作文。

一位老人上了公交车，发现忘带老年卡，对司机说：我没带老年卡，让我上车行吧？

司机说：抱歉。按规定，您不出示老年卡，就必须投币。

有位乘客听到，怒了：你这人咋这么不通情达理？人家都已经说明了，你还刁难。

司机说：公司规定，我不能违背；你既然这么好心，要不替老人把车费付了吧？

这位乘客后退，说：凭什么？

司机自己掏出钱来，替老人投了币。

综合上述材料所引发的联想和感悟，写一篇论说文。

要求：

用规范的现代汉语写作；角度自选，立意自定，标题自拟；不少于1000字。

机密★启封前　　　　　　　　　姓名＿＿＿＿＿＿　准考证号＿＿＿＿＿＿

2019年上半年中小学教师资格考试真题试卷(四)

综合素质(中学)

注意事项：

1. 考试时间为120分钟,满分为150分。
2. 请按规定在答题卡上填涂、作答,在试卷上作答无效,不予评分。

一、单项选择题(本大题共29小题,每小题2分,共58分)

在每小题列出的四个备选项中只有一个是符合题目要求的,请用2B铅笔把答题卡上对应题目的答案字母按要求涂黑。错选、多选或未选均无分。

1. 某中学校长对素质教育检查组说:"我们学校对素质教育十分重视,课外活动开展得丰富多彩,有科技小组、美术小组、音乐小组……但现在学生正在上课,下午课外活动时,请你们指导。"该校长对素质教育的理解(　　)(常考)

A. 不正确,素质教育不等于课外活动　　B. 不正确,素质教育不包括兴趣小组
C. 正确,素质教育要开展课外活动　　D. 正确,素质教育要组建兴趣小组

2. 陈涛成绩不太好,但上课时总是爱举手回答问题。有时老师问题还没说完,他便把手高高举了起来,让他回答时他又不会,不时被其他同学讥笑。老师课下向陈涛问明原因后给予鼓励。老师的做法(　　)

A. 正确,不得罪每一个学生　　B. 正确,不放弃每一个学生
C. 不正确,挫伤了其他同学的主动性　　D. 不正确,伤害了其他同学的正义感

3. "孟母三迁"是我国历史上著名的故事,它说明了环境对人的成长具有重要作用。关于学校优化育人环境,下列说法不恰当的是(　　)

A. 促进了人的认识的发展　　B. 促进了人的气质的发展
C. 促进了人的精神的发展　　D. 促进了人的实践的发展

4. 张老师在教学中经常考虑的问题是:"对班上不同层次的学生,我用哪些方法教学更有效呢?""这些材料适不适合所有学生?"张老师所处的教师专业发展阶段是(　　)

A. 关注发展阶段　　B. 关注生存阶段
C. 关注情境阶段　　D. 关注学生阶段

5.《中华人民共和国宪法》规定,我国的根本制度是(　　)

A. 人民民主协商制度　　B. 民主专政制度

C. 人民代表大会制度　　D. 社会主义制度

6. 某初中向学生收取练习本费用,未向社会公开收费项目。该校做法(　　)

A. 不合法,义务教育学校不能收费　　B. 不合法,学校必须公开收费项目
C. 合法,学校有自主管理权　　D. 合法,学校是按规定收费

7. 某中学教师黄某认为自己的学历和能力都已达标,拒绝参加教育行政部门利用假期组织的教师培训活动。黄某的做法(　　)

A. 正确,教师可以放弃个人权利　　B. 不正确,教师不能放弃培训的权利
C. 正确,教师享有专业自主权利　　D. 不正确,提升业务水平是教师义务

8. 大学毕业的陈某曾因故意犯罪被判处有期徒刑1年。刑满释放后,他前往某初级中学应聘。学校(　　)

A. 不得聘用　　B. 可以聘用
C. 应当聘用　　D. 暂缓聘用

9. 15岁的李明经常纠集他人结伙滋事,扰乱治安。其监护人提出申请,将李明送往工读学校进行矫治和接受教育。对于这一申请具有审批权的是(　　)

A. 当地公安部门　　B. 教育行政部门
C. 李明所在学校　　D. 当地人民政府

10. 17岁的高中生江某涉嫌犯罪被采取刑事强制措施,案件尚在审理阶段,所在学校以此为由取消了其学籍。该校做法(　　)

A. 合法,学校可以取消江某学籍
B. 合法,学校有处罚学生的权力
C. 不合法,判决生效学校也不得取消江某学籍
D. 不合法,判决生效前学校不得取消江某学籍

11. 初中生林某在参加学校组织的春游时不慎摔伤。经认定,学校有一定过错。对于该起事故,学校应当(　　)

A. 对林某补偿经济损失　　B. 对林某补偿精神损失
C. 对林某依法赔偿损失　　D. 与林某平均分担损失

12. 某私人企业在某省投资兴建了一所中学,学校拟聘请一位外籍人士担任学校校长。这所学校的做法(　　)(易错)

A. 正确,我国学校的校长可以由外籍人士担任
B. 正确,外籍人士经过许可可以担任民办学校的校长
C. 错误,中国学校的校长只能由具有中国国籍的公民担任
D. 错误,外籍人士必须在中国居住一段时间才可担任校长

13. 初一语文单元测验中，王老师发现某学生抄袭了一道1分的题目。阅卷时，他在这个学生的试卷上打分为“90－1”。该生拿到试卷后非常惭愧，要求改为89分。王老师给他批了一个“89＋1”，并对他说：“知错能改就好。这1分是对你能认识和改正错误的奖励。”王老师的做法所体现的教师劳动特殊性不包括（　　）（易混）

A. 阶段的特殊性　B. 任务的特殊性　C. 对象的特殊性　D. 工具的特殊性

14. 教师“廉洁从教”要求的具体内容不包括（　　）

A. 不在学生面前抱怨自己的薪酬　B. 不收取学生及家长的任何礼物

C. 校外兼职不得影响本职工作　D. 不贪占公共和他人钱物

15. 方老师和家长联系紧密，要求家长每天检查孩子的学习情况，还从专业的角度要求家长完全按老师说的方法教育孩子。每当学生犯错，就把家长请到学校，共谋对策。方老师的做法（　　）

A. 不可取，不应把家长当作教师的“助教”

B. 不可取，不应把教育的责任推卸给家长

C. 值得提倡，共同教育学生可以增强教育的效果

D. 值得肯定，发挥了“闻道在先，学有专攻”的优势

16. 新学期开学，王老师在点名时，被“肖德枨”这个名字难住了。前两个字已经读出口了，第三个字到底读什么呢？“枨”字虽然能看清但恰好打印不如前两字清晰，他想凭感觉读一下，又怕读错了，一时间觉得非常尴尬。王老师的做法恰当的是（　　）

A. 承诺课后查字典　B. 当场用手机查询

C. 立即向学生请教　D. 借打印不清掩饰

17. 大航海时代，长期在海上航行的水手经常得坏血病，有些水手上岸后吃一些柑橘、蔬菜，坏血病就痊愈了。科学家研究发现，果蔬中存在着一种可治愈坏血病的物质。该物质是（　　）

A. 叶酸　B. 维生素C　C. 谷氨酸　D. 维生素B

18. 直角三角形两直角边的平方和等于斜边的平方，这是平面几何的一条定理。下列选项中，不是用来指称这一定理的是（　　）

A. 毕达哥拉斯定理　B. 欧几里得定理

C. 勾股定理　D. 商高定理

19. 1974年，考古学家发掘出一艘南宋时期的“福船”，发掘地点为“海上丝绸之路”的起点、当时世界上著名的大港口。这一发掘地所在的城市是（　　）

A. 广州　B. 福州　C. 泉州　D. 汕头

20. 德国历史上长期处于城邦分治的封建割据状态，直至1871年才统一。下列人物中，领导德意志经过三次王朝战争实现统一的是（　　）

A. 拿破仑　B. 俾斯麦　C. 黑格尔　D. 希特勒

21. 中国是丝绸的故乡。下列传说人物中，首创种桑养蚕之法、抽丝织绢之术，被后世奉为“先蚕圣母”的是（　　）

A. 黄帝　B. 神农

C. 女娲　D. 嫘祖

22. 右图是《鲁迅小说插图集》中的一幅，与这一插图相关的小说是（　　）

A.《故乡》　B.《社戏》

C.《孔乙己》　D.《祝福》

23. 甲骨文的发现极大地推动了殷商史的研究，学界将中国近代四位研究甲骨文的著名学者合称为“甲骨四堂”。下列人物中，属于“甲骨四堂”的是（　　）

A. 王国维　B. 孙诒让

C. 季羡林　D. 陈寅恪

24. 1987版电视连续剧《红楼梦》的插曲《枉凝眉》《红豆曲》《葬花吟》等，风格各异而又主题鲜明。这些作品的曲作者是（　　）

A. 谭盾　B. 王立平

C. 苏聪　D. 徐沛东

25. 某试题得分分布如下表所示，该试题得分的众数是（　　）

分值	0	1	2	3	4	5
频数	7	121	489	256	196	18

A. 1　B. 2　C. 3　D. 4

26. 在Word中，要实现在文档中添加特殊符号“※”。在默认设置下，首先选择的功能菜单是（　　）

A. “文件”　B. “编辑”　C. “格式”　D. “插入”

27. 在Excel中，点击编辑栏上的功能按钮，可实现在工作表中插入的是（　　）

A. 图表　B. 数字　C. 函数　D. 文字

28. 找规律填数字是一个很有趣的活动，特别锻炼观察和思考能力。下列选项中，填入数列“101、169、305、577、________、2209”空缺处的数字，正确的是（　　）

A. 1118　B. 1119　C. 1120　D. 1121

29. 下列表述，与“并非‘只有本地人当经理，才能把企业搞好’”的判断一致的是（　　）

A. 要想把企业搞好，必须由本地人当经理

B. 只要把企业搞好了，谁来当经理都可以

C. 不由本地人当经理，也可以把企业搞好

D. 不由本地人当经理，就不能把企业搞好

二、材料分析题(本大题共 3 小题,每小题 14 分,共 42 分)阅读材料,并回答问题。

30. 材料:

下面是李老师的教学札记中的一篇。

上学期,在我任教的初三(2)班上,有一位男生特别聪明,但对我所教的物理不感兴趣,成绩较差。他特别喜欢操作计算机,有时装载一些新软件,有时诊断一下计算机运行中的问题,还时不时编写一些小程序……如果我能对这位学生加以引导,应该能调动其学习的积极性。恰好我也正在学习现代教育技术,于是我利用课间特意跑到班级,向他请教计算机方面的问题。一次又一次,时间长了,他被我这样努力学习的精神所感动,我借机开导他:"计算机方面你是老师,我是学生,在问你之前我对计算机方面的这些问题一窍不通,觉得很难,无从入手,但我觉得只要我多问多学,就一定能掌握计算机知识。同样的,如果你能把学习计算机的那股劲放在学习物理上,你的成绩也一定会像我的计算机水平一样突飞猛进。"经过多次谈心,他终于有所触动,不仅学习上积极主动,而且经常与我探讨物理知识。期末时他的物理竟考了 95 分。

问题:

请结合材料,从教师观的角度,评析李老师的教育行为。

31. 材料:

初一新生刚刚离开小学,进入陌生的新环境,往往摸不着头绪。为了让他们尽快适应,我在接新班时,反复琢磨,采取了下列措施:

1. 建立家长微信群。一拿到学生信息,我马上建立了班级家长微信群,让家长第一时间了解孩子所在班级和班主任的情况,我也提前了解了学生和家长的情况。

2. 招募学生"志愿者"提前布置教室。为了让孩子和家长第一次进教室就能有一种温馨的感觉,我在班级里招募"志愿者"。请住得较近的孩子提前一天来校打扫布置教室,还特别招募几名有特长的学生为班级出第一期黑板报,呈现我的带班理念及经家长和学生讨论通过的班训和班名。劳动过程中,我一一拍照,并将照片发到微信群里。

3. 引导学生树立集体观念。对一个新班而言,让孩子们树立集体观念是首要任务。开学前,我在微信群里发起讨论和交流,耐心听取家长的意见。开学第一天,我不急于向孩子们宣布班规,而是先讲解我们的班训和班名。

同时,我还设立了各种为班级服务的"志愿者"岗位,如领取教材"志愿者"、领取校服"志愿者"……孩子们积极报名认领岗位,每个学生都成了班级"志愿者",班级每一项工作都有"志愿者"在服务。

这样,我班学生的几十颗心很快就凝聚在一起,成为一个有灵魂的集体。

问题:

请结合材料,从教师职业道德的角度,评析"我"的教育行为。

32. 材料:

人的认识能力在很大程度上是受制于思想环境。不同的人会被不同的见识簇拥和包围,我们会发现,有些人一辈子也没有接触过重要的思想,那些在看历史上具有划时代意义的重要的思想家的著作,几乎没有稍稍深入地阅读。他们长期以来依赖和接受的所谓"思想",不过是来自平时生活中人与人之间的交流,或者从各种小报、娱乐媒体上得到的各种"见解"。就是这些构成了一个人最基本的"思想"资源。虽然这其中也可能包含和掺杂了一些重要观念,如古老传统中的先哲思想之类,但大致都是多次转手之物,是凌乱的或被他人改造过的、与种种世俗见解搅拌和嫁接在一起的。所有这一切都可以影响所谓的"思想"的形成,左右日常生活观念。长此以往,一个人看待事物的角度和高度,遵循的标准,不过是取自庸常的似是而非,对社会的判断,对文学艺术的判断,对人的判断,对时事的判断,对诸多问题的判断,不可能具备更高、更清晰的思维坐标。

人的力量来自思想。一般来说,我们需要最起码的阅读,否则就不知道世界之大、历史之长、思想之多,难免将自己封闭在平庸的见识中。求知者的痛苦来自交流的障碍,比如不能阅读其他民族的思想原著,或不能顺畅无碍地接受中国古典。有些译品的确难懂,只好勉强吞咽。许多思想家的原作是平易流畅的,经过译者翻译就变得疙疙瘩瘩了。获取古今中外的思想是我们的权利,获得这样的权利需要一些条件,比如语言的条件,好在我们生活在一个译事发达的时代,孔子、孟子、荀子、韩非子、墨子、程颢、朱熹、王阳明,这些古代哲人的著作虽然难懂,好在都有译文。这些重要的思想家说过什么,主要的观点是什么,当然应该知道。在生活中,有时我们会自认为有了深刻的发展,却不知早在几千年前他人就已经说过了。国外的思想家,康德、海德格尔、弗洛伊德、达尔文,世界上的几大宗教等,其阅读意义与中国先哲相同。总之争取机会跟人类历史上最高的思想对话,哪怕是浅浅的理解,都是极其有益的事情。我们不会容忍自己的茫然无知,形同懵懂,不知道我们人类历史上有过这么多杰出的思想家、这么多了不起的见解和发现。

思想和知识与艺术理解紧密相连,比如谈到西方文学,有人读得很熟,开口即可历数其中的情节人物,但听起来总有点"隔",总让人觉得不对劲。为什么?因为读者对基督教、天主教知识并没有入门,而西方文学大都滋生于基督教、天主教的文化土壤上,哪怕是反对这些宗教的人也同样如此。有人曾发出感慨:过去读托尔斯泰、陀思妥耶夫斯基,觉得一切都懂了,后来深入接触过基督教,回头再看他们的著作就有了更大的自由和方便,简直就是豁然开朗,这是因为真正的理解还要从文化开始。

生活中最重要的是反省,问自己是否闭塞和懒惰,是否错过了一些了不起的思想与智慧。检点下来,我们会发现整体听来的一些见解、主意和方法,都是在世俗风尘中转来递去之物,它们几乎无不带有实用主义的目的、个人的欲望和自私狭隘的认识。即便是转引于思想家的,也往往没能真正地全面地传达出思想家的本意。就精神层面而讲,我们极容易生存在庸俗社会学、市井意识和浅薄机灵交织而成的所谓"见识"之中,并以此构造其个人的思想基础,成为我们的思想来源。思想环境一旦破坏了,也就意味着长期处于低微的精神水准之下。

(摘编自张炜《海边兔子有所思》)

问题:

(1)文章第一段所言"见解"指什么?依据这些"见解"形成的"思想"来为人处世,有什么"后果"?请根据文意,分别做出简要概括。(4分)

(2)文章认为理想的"思想环境"是怎样的,有何意义?请简要分析。(10分)

三、写作题(本大题1小题,50分)

33. 阅读下面的材料,按要求作文。

丹麦队与伊朗队的一场足球赛进行到第45分钟时,场上响起了清晰和响亮的结束哨声。伊朗队后卫队员在球门区内捧起足球,准备交给裁判,裁判却立刻判他手球犯规,并示意丹麦队罚点球。原来,此前的哨音是球迷造假的"杰作"。

伊朗队队员追着裁判理论,企图说服裁判改变初衷。丹麦队主教练奥尔森悄悄把队长韦格斯特招到场边,告诉他这个点球的来龙去脉和怎样处理这个球。韦格斯特重新回到罚球点,飞起一脚,将球故意踢飞,全场顿时一片哑然,继而爆发出雷鸣般的掌声。在掌声中,裁判吹响了上半场结束的哨音。

综合上述材料所引发的联想和感悟,写一篇论说文。

要求:

用规范的现代汉语写作;角度自选,立意自定,标题自拟;不少于1000字。

机密★启封前　　　　　　　　　姓名____________　准考证号____________

2018年下半年中小学教师资格考试真题试卷(五)

综合素质(中学)

注意事项：

1. 考试时间为120分钟,满分为150分。
2. 请按规定在答题卡上填涂、作答,在试卷上作答无效,不予评分。

一、单项选择题(本大题共29小题,每小题2分,共58分)

在每小题列出的四个备选项中只有一个是符合题目要求的,请用2B铅笔把答题卡上对应题目的答案字母按要求涂黑。错选、多选或未选均无分。

1. 李老师坚持写“作业札记”,其中记录了学生做作业过程中的一些有趣、特殊的现象,并据此分析学生在完成作业过程中的心理变化,然后再将自己的判断结果作为设计、布置、批改和反馈作业的重要依据。从学生观的角度分析,该教师的做法(　　)(常考)

A. 注重了学生发展的差异性　　B. 发挥了教学的专业自主性

C. 注重了学生发展的主体性　　D. 提升了布置作业的有效性

2. 关于图1反映的情形,正确的说法是(　　)

图1

A. 忽视了学生的智力发展　　B. 忽视了学生的全面发展

C. 忽视了学生的主动发展　　D. 忽视了学生的个性发展

3. 桂老师专门找朱松谈话,告诉他:“你这段时间虽然学习效果不太好,但比以前刻苦多了,只要你改进学习方法,会有明显进步的。”桂老师的做法(　　)

A. 有利于激发朱松的学习动力　　B. 不利于保护学生的自尊心

C. 有利于激发朱松的合作意识　　D. 不利于发展学生的个性

4. 青年教师王老师为提高教学水平,从课堂教学设计、教学方法,乃至教学语言都严格认真模仿特级教师李老师的做法,但教学效果仍然不佳,导致王老师教学效果不佳的原因不包括(　　)

A. 王老师缺乏反思意识　　B. 王老师忽视了学生的差异性

C. 王老师缺乏教学创新　　D. 王老师缺乏诚恳学习态度

5. 某中学非法招生获利80多万元。依据《中华人民共和国教育法》,教育行政部门或其他有关行政部门可以对该校采取的措施是(　　)

A. 对直接负责的主管人员追究民事责任　　B. 责令其退回所招学生并退还所收费用

C. 对其他直接责任人员处以罚款　　D. 没收其非法所得的财物

6. 某中学规定,教师因休产假不能工作的,其工资由学校扣除用作其他代课教师的代课费用。该学校的做法(　　)

A. 不合法,侵犯了教师享受国家规定的福利待遇的权利

B. 不合法,代课教师的工资应由学校自筹经费予以保障

C. 合法,学校享有对教师实施奖励或处分的权利

D. 合法,学校享有按照章程进行自主管理的权利

7. 某足球学校是专门招收适龄儿童、少年进行足球专门训练的学校,依据《中华人民共和国义务教育法》,对该学校自行对适龄儿童、少年实施义务教育具有审批权的主体是(　　)(易混)

A. 市级人民政府　　B. 市级人民政府教育行政部门

C. 县级人民政府　　D. 县级人民政府教育行政部门

8. 为防止学生受到网络伤害,班主任李老师要求班上所有学生将手机上交接受检查,以便及时了解情况。李老师的这种做法(　　)

A. 合法,班主任对学生有管教权　　B. 合法,班主任对学生有监护权

C. 不合法,侵犯了学生的隐私权　　D. 不合法,侵犯了学生的财产权

9. 人民法院依法对14岁的赵某涉嫌违法犯罪案件进行审理,依据《中华人民共和国预防未成年人犯罪法》,对于这一类型的案件(　　)

A. 一律不公开审理　　B. 公开审理

C. 经人民政府批准可公开审理　　D. 经检察机关批准可公开审理

10. 在李老师的课上,中学生顾某起立回答问题时,后排的陈某悄悄将顾某的座椅移开,导致顾某坐下时重重地摔在地上。后经医院检查发现其尾椎骨裂,需要长期治疗。在这起事故中,应当依法承担相应法律责任的是(　　)

A. 陈某　　B. 李老师　　C. 陈某和学校　　D. 陈某和李老师

11. 依据《中华人民共和国教育法》,学校及其他教育机构中的管理人员应当实行(　　)

A. 教学辅助人员职务制度　　B. 管理职员制度

C. 专业技术职务聘任制度　　D. 教育职员制度

12.《中华人民共和国宪法》规定,国家的法律监督机关是(　　)

A. 中华人民共和国人民检察院　　B. 中华人民共和国监察委员会

C. 全国人民代表大会常务委员会　　D. 中华人民共和国人民法院

13. 一直受学生喜欢的韩老师每次板书后，都习惯性地将剩余粉笔头"潇洒地"投向教室后面的垃圾桶，只要一投中就会引起学生啧啧称赞。此举被很多学生模仿，现已成为学生们课后常玩的一个游戏——"旋风粉笔"。这表明韩老师要注重(　　)(易错)

A. 加强职业归属感　　B. 道德心理优化

C. 增强职业安全感　　D. 道德行为内化

14. 初三(1)班的李凡考试成绩一直不佳。班主任召开家长会时说："我们班有几个像李凡这样的孩子，考试成绩一直落在全班后面，他们今后的发展很令人担忧啊！"这位班主任的做法(　　)

A. 不恰当，应私下提醒家长做好心理准备　　B. 不恰当，应综合评价之后再与家长沟通

C. 恰当，能帮助家长正确预期孩子的发展　　D. 恰当，能帮助李凡等学生准确定位自己

15. 高二(1)班的历史课上，杨老师与张军发生了语言冲突，双方争执不下。杨老师便把张军拉到班主任办公室。班主任应该(　　)

A. 请政教处老师处理　　B. 问清缘由再行处理

C. 先让张军道歉再了解缘由　　D. 建议他们相互道歉握手言和

16. 上课时，程老师发现后排的一名学生在偷偷吃零食，刚开始程老师没有理会，但这名学生吃了很长时间也没停下。程老师忍无可忍，便快速走到这名学生跟前，抢过零食扔出窗外。程老师的做法(　　)

A. 恰当，体现教师的严格要求　　B. 恰当，符合学校的管理规定

C. 不恰当，不应简单粗暴处理问题　　D. 不恰当，不应干预学生个人行为

17. 豆腐原产于中国，以它为原材料的菜肴，做法多种多样。"文思豆腐"是将柔软脆弱的豆腐切成毛发粗细制作而成，以刀工见长。下列菜系中，擅长制作"文思豆腐"的是(　　)

A. 鲁菜　　B. 苏菜　　C. 粤菜　　D. 徽菜

18. 望远镜的发明推动了近代天文学的发展。1609 年，伽利略亲手制造和改进了望远镜，并用来巡视天空。他的国籍是(　　)

A. 法国　　B. 英国　　C. 意大利　　D. 奥地利

19. "二战"结束后，在亚洲和欧洲分别对主要战犯进行了审判，亚洲审判史称"东京审判"，欧洲审判被称为(　　)

A. "伦敦审判"　　B. "柏林审判"

C. "纽伦堡审判"　　D. "波茨坦审判"

20. 战国时期，诸侯间的兼并战争愈演愈烈，产生了多种外交、军事策略。下列人物中，主张"远交近攻"策略的是(　　)

A. 孙膑　　B. 苏秦　　C. 张仪　　D. 范雎

21. 农历中的二十四节气，反映气候、物候的变化，用以指导农事。下列节气中，白昼最长的是(　　)

A. 春分　　B. 夏至　　C. 秋分　　D. 冬至

22. 1972 年，考古学家在发掘一座汉墓时发现一具女尸，不仅千年不腐，而且各部位和内脏器官的外形相当完整，各组织细微结构保存较好，为世所罕见。该墓葬的名称是(　　)

A. 满城汉墓　　B. 狮子山汉墓

C. 西汉南越王墓　　D. 马王堆汉墓

23. 为纪念卫国战争胜利 70 周年，俄罗斯 2015 年推出了根据同名小说改编的电影《这里的黎明静悄悄》新版。该小说的作者是(　　)

A. 肖洛霍夫　　B. 瓦西里耶夫　　C. 法捷耶夫　　D. 帕斯捷尔纳克

24. 图 2 的人像雕塑出自组雕《地狱之门》，原是法国雕塑家奥古斯特·罗丹为巴黎装饰艺术博物馆大门而作。此雕塑后来被放大三倍复制，成为独立作品，作品的通行名称是(　　)

图 2

A. 诗人　　B. 守门人　　C. 瞭望　　D. 思想者

25. 下列选项中，对图 3 的解释不正确的是(　　)

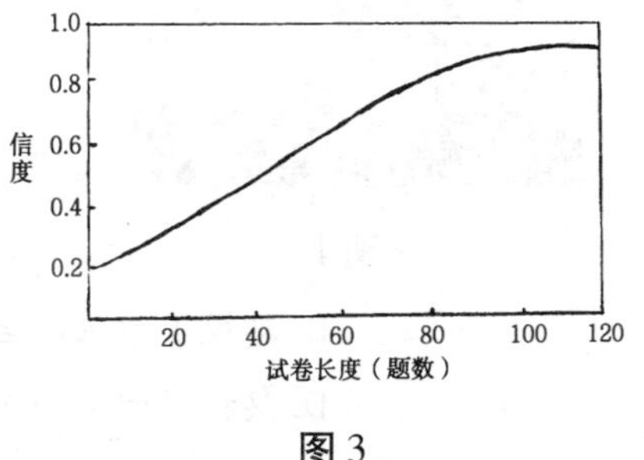

图 3

A. 在一定的试卷长度范围内，改变题量能够明显改变考试结果的信度

B. 当试卷长度达到一定程度后，增加题量不会明显改变考试结果的信度

C. 试卷题量少于 80 时，题量与信度正相关，题量越少考试的信度越低

D. 当试卷长度达到某一极高的程度后，考试结果的信度也会达到极值 1

26. 在 Word 中，要实现对文档中的文字进行"替换"，在默认设置下，首先选择的功能菜单是(　　)

A. "工具"　　B. "文件"　　C. "视图"　　D. "编辑"

27. 在 Excel 工作表中,单元格区域 B3: E5 所包含的单元格的个数是(　　)

A. 11　　B. 12　　C. 13　　D. 14

28. 找规律填数字是一个很有趣的活动,特别锻炼观察和思考能力。下列选项中,填入数列“11、55、187、583、________、5335”空缺处的数字,正确的是(　　)

A. 1771　　B. 1772　　C. 1773　　D. 1774

29. 下列表述,与“以事实为根据,以法律为准绳”不属于同类判断的是(　　)

A. 团队重要,平台也很重要　　B. 品德看言行,知识看谈吐

C. 若想人不知,除非己莫为　　D. 善人必勤俭,恶人必奢华

二、材料分析题(本大题共 3 小题,每小题 14 分,共 42 分)阅读材料,并回答问题。

30. 材料:

陈老师在语文教学中,总是先让学生明确学习目标,然后提出问题,让学生围绕问题各自探索,并在小组内进行交流。大家都解决不了的问题,就由陈老师讲解,一学期下来,很多学生觉得不但收获了知识,解决问题的能力也增强了。

当然,陈老师也会遇到一些“意外”情况,有的同学老是找不到学习的方法,也不愿意发言,习惯当听众,王春就是这样的孩子。陈老师有一次点名让王春发言,王春站起来紧张得面红耳赤,陈老师示意王春坐下。课后,陈老师把王春叫到办公室说:“你既然不愿意在班上公开讲,那我们就私下聊吧,现在只有我们两个人,你就补上你的课堂发言吧。”在陈老师的多次鼓励下,王春慢慢克服了胆怯,也敢上台发言了。

作为班主任,陈老师号召学生扩大阅读面,他给学生推荐了很多书目,包括古今中外的文学名著,也包括科技史、通俗哲学读物、成功者的励志故事……他还经常组织学生交流阅读体会,一学期下来,学生的视野明显开阔了,知识面也明显扩宽了。

问题:

请结合材料,从学生观的角度,评析陈老师的教育行为。

31. 材料:

葛华和李强在课间因为一件小事吵架,葛华挨了两拳,刚要还手,上课铃响了,李强迅速跑进教室。葛华觉得吃了亏,怒不可遏。他站在教室门口指着李强大声叫嚷:“有本事你给我出来,我非把你揍扁不可!”此时,正好来上数学课的于老师看到了这一幕,于老师愣了一下,马上和蔼地对葛华说:“葛华,你看老师拿了这么多作业本,你能帮老师发给同学们吗?”葛华虽然还在生气,但还是很快接过作业本发了下去,于老师又对全班同学说:“刚才葛华虽然和别人闹了点小矛盾,可是他为了不影响上课,愉快地帮助我发作业,这很好!我相信他下课后会正确处理这件事的。”葛华听到老师的表扬,转怒为喜,上课也非常认真。

下课后,于老师请李强帮他把教具拿回办公室,趁机问明了事件发生的过程。听完李强的诉说,于老师耐心地对他说:“虽然双方都有责任,但打人给别人造成了伤害,如果是你被打了,你会感觉怎样?我们已经是中学生了,要学会用自己的智慧,友好地解决与他人的冲突,老师相信你会处理好这件事的。”之后,李强主动找葛华道歉,两人重归于好。

问题:

请结合材料,从教师职业道德的角度,评析于老师的教育行为。

32. 材料:

中国古典文学很善于用意象表达作者的思想情感。特别是古典诗词,利用意象传神达意,是诗人的一项重要的艺术手法,历代不乏这方面的大家高手。例如李白的《忆秦娥·箫声咽》,被后人誉为“怀古咏史诗中无与伦比的典范之作”。这首词运用意象体现作者的所感、所思、所想时,可谓驾轻就熟、出神入化,达到了炉火纯青的程度。作者选择的几个意象,原本有些风马牛不相及,但在作者的大手笔中,不仅活了起来,还一脉相承为一首千古绝唱:

箫声咽,秦娥梦断秦楼月。秦楼月,年年柳色,灞陵伤别。乐游原上清秋节,咸阳古道音尘绝。音尘绝,西风残照,汉家陵阙。

不难看出,这首词中有十个意象:箫声、秦娥、秦楼月、柳色、灞陵、乐游原、咸阳古道、西风、残照、汉家陵阙。围绕着这些意象,几幅生机盎然的画面,随着深夜的箫声渐次浮现出来。

现代学者浦江清在其《词的讲解》一文中认为,李白的这首《忆秦娥·箫声咽》,是“几幅长安

素描的合订本”。所谓“合订本”,显然意指词中的画面都是“独立成篇的”,看上去这是事实。然而每吟诵这首《忆秦娥·箫声咽》,“秦楼月”的悲苦幽怨中,总是升起一股荡尽千古风尘的浩气,将词中画面一气呵成为色彩浓烈的悲剧,从而使人并不觉得那些画面是支离散乱的,甚至并不感到它们是“独立成篇的”,那些画面在读者的心神体会中,成为一个密不可分的有机整体,所谓“素描的合订本”中的合订,其实是一种血肉相连的内在联系。这种内在联系是审美的结果。也就是说,词中的十个意象,实质上是作者“阅尽人间春色”后的怀古伤今中的审美选择。没有崇高的审美情操,没有敏锐的审美判断及娴熟的文学技巧,是不可能有这种恰到好处的意象选择的。这是只有李白这样的大诗人才有的天才的艺术想象的结果。

诗词家常说,意象选择是诗词创作的主要方法,这是经验之谈。然而意象选择的原则是什么?换言之,是什么指导了意象选择?从《忆秦娥·箫声咽》中可以看出,作者选择的十个意象,能在一首小令中得到淋漓尽致的体现。诚然,这里的思想不是理性思考的结果,而是善感于外界产生的浮想联翩中的看法。毋宁说,一个心智正常的人,这种“看法”绝无可能前后矛盾,而是一以贯之的。这种一以贯之的“看法”,才是《忆秦娥·箫声咽》中十个意象之间内在联系的灵魂。也就是说,唯思想才是诗词创作中意象选择的主导。严格说没有思想的主导,则不会有正确的意象选择,整篇诗词创作也就失败了。李白之所以能在《忆秦娥·箫声咽》中将十个意象完美无缺地排列组合成一首意义深远、气势磅礴的精妙好词,主要得力于他那气贯古今的思想。说实在的,《忆秦娥·箫声咽》中的十个意象,在一般人那里,都是司空见惯的平常物,但这些平常物在李白思想的驾驭中,都有了非同寻常的意义,都在思想的指挥下发挥自身的“音阶”功用,汇成了一支既悲苦凄清又威武苍凉的乐曲。

(摘编自李工《古典文学意象的示范》)

问题:

(1)文章认为中国古典诗词意象选择的原则是什么?请简要概括。(4分)

(2)请结合文章,对中国古典诗词意象是“合订本”这一特征予以分析。(10分)

三、写作题(本大题1小题,50分)

33. 阅读下面的材料,按要求作文。

“木桶原理”认为,一个木桶能装多少水,取决于最短的那个板。(图4)

近来又有人提出了“新木桶原理”,认为当木桶倾斜一定角度后所能装的水,才是它的真正容量,也就是说,木桶的长板越长,装的水越多。(图5)

图4

图5

综合上述材料所引发的联想和感悟,写一篇论说文。

要求:

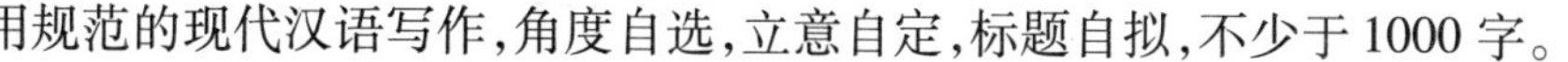

用规范的现代汉语写作,角度自选,立意自定,标题自拟,不少于1000字。

机密★启封前　　　　　　姓名＿＿＿＿＿＿　准考证号＿＿＿＿＿＿＿＿

2018年上半年中小学教师资格考试真题试卷(六)

综合素质(中学)

注意事项：

1. 考试时间为120分钟,满分为150分。
2. 请按规定在答题卡上填涂、作答,在试卷上作答无效,不予评分。

一、单项选择题(本大题共29小题,每小题2分,共58分)

在每小题列出的四个备选项中只有一个是符合题目要求的,请用2B铅笔把答题卡上对应题目的答案字母按要求涂黑。错选、多选或未选均无分。

1. 在全县校长经验交流会上,某校校长介绍完教学改革的情况后,强调素质教育就是减负和增加课外活动。该校长的认识(　　)(常考)

A. 是对素质教育的片面理解　　B. 体现素质教育与学科教学的结合

C. 符合提升学校实力的需要　　D. 符合凝练学校办学特色的需要

2. 刚开学,班主任周老师就言辞恳切地对学生讲:“迎接中考是这一年的重中之重,关系到你们的人生发展,大家不要把时间浪费在课外活动上。”周老师的说法(　　)

A. 合理,有利于学生复习应考　　B. 合理,体现了强烈的责任心

C. 不合理,不利于学生全面发展　　D. 不合理,不利于学生主动发展

3. 张老师在班上鼓励学生进行课外阅读,开展“分享知识”的活动,引导学生在班上分享收获,并及时加以点评。张老师的做法(　　)

A. 减轻了教师教学负担　　B. 拓展了学生学习资源

C. 加重了学生学习负担　　D. 促进了教师专业发展

4. 某班主任制定的班干部竞选条件中规定,成绩在后10名的同学不能参选。理由是:“自己都管不好,怎么能管好别人”。这种做法(　　)

A. 正确,有利于学困生安心学习　　B. 正确,有利于刺激学困生上进

C. 不正确,不能促进学生个性发展　　D. 不正确,未能平等对待所有学生

5.《国家中长期教育改革和发展规划纲要(2010~2020年)》提出了教育战略目标,在下列关于教育战略目标的选项中,不正确的是(　　)

A. 到2020年,进入人力资源强国行列　　B. 到2020年,基本形成学习型社会

C. 到2020年,终身教育体系全面形成　　D. 到2020年,基本实现教育现代化

6. 某中学违规向学生收取补课费。依据《中华人民共和国教育法》的规定,责令该校退还所收费用的机关是(　　)

A. 教育行政部门　　B. 工商管理部门

C. 纪检部门　　D. 公安部门

7. 中学教师黄某认为当地教育行政部门侵犯其权利而提出申诉。依据《中华人民共和国教师法》的规定,受理其申诉的机关是(　　)

A. 同级教育行政部门　　B. 同级人民政府

C. 上级人民法院　　D. 同级纪律检查部门

8. 某初级中学向学生推销学习用品,谋取利益。依据《中华人民共和国义务教育法》的规定,下列处理此事的方式不正确的是(　　)

A. 给予通报批评　　B. 没收违法所得

C. 对直接负责的主管人员依法给予处分　　D. 对其他直接责任人员给予行政处罚

9. 15岁的初二学生梁某,因抢劫被判处有期徒刑3年。依据《中华人民共和国未成年人保护法》的规定,应当(　　)(常考)

A. 在梁某服刑期间对其进行义务教育　　B. 在梁某服刑完毕对其进行义务教育

C. 剥夺梁某接受义务教育的权利　　D. 免除梁某接受义务教育的义务

10. 初中生冯某经常夜不归宿,其父母放任不管。依据《中华人民共和国预防未成年人犯罪法》的规定,应由公安机关对冯某父母(　　)

A. 予以拘留　　B. 予以罚款

C. 予以训诫　　D. 予以劝诫

11. 某初中根据学生分数开设了两个重点班,实行末位淘汰制,非重点班学生根据成绩可以补缺。该校的做法(　　)

A. 合法,利于因材施教　　B. 合法,利于激励学生

C. 不合法,义务教育学校不得分设重点班　　D. 不合法,义务教育学校不得实行动态管理

12. 初中生孙某在课间活动时跌倒摔伤,其亲属在事故处理过程中无理取闹,扰乱学校教育教学秩序。依据《学生伤害事故处理办法》的规定,此种情形下,学校应当(　　)

A. 报告教育行政部门处理　　B. 报告公安机关处理

C. 报告纪检监察部门处理　　D. 报告人民法院处理

13. 晚自习时,刘老师在辅导学生学习,不知哪位同学将一张“老虎贴纸”粘在了刘老师的身上,引起同学们一阵窃笑。经调查,这个恶作剧是李钰搞的。此后,刘老师对李钰不闻不问。刘老师的行为(　　)(易错)

A. 正确,可以促进李钰的自我反思

B. 正确,可以警示班上其他的同学

C. 不正确,这样压制了李钰的个性

D. 不正确,这是对李钰的不当惩罚

14. 夏老师工作很努力,教学能力强,业余时间经常自学教育教学理论和专业知识,他对教学能力差的同事不屑一顾,致使一些老师不愿意搭理他。夏老师应该( )

A. 置之不理,继续提高自己的教学水平

B. 反思自己,想办法改善与同事的关系

C. 团结同事,降低自身专业发展的要求

D. 减少往来,避免与同事发生正面冲突

15. 有三十多年丰富教学经验的段老师,特别重视外出学习,一有机会就向其他老师取经,观摩别人的课堂,反思自己的教学方法,努力提高教育教学水平。这说明段老师具有( )

A. 模仿其他老师的意识　　B. 关心学生的意识

C. 实施素质教育的意识　　D. 追求进步的意识

16. 面对一张张充满期待的面孔,新来的班主任说:"新学年到来了,你们的人生也翻开了新的篇章。以前的你们是怎样的,我不想知道,老师只想看到现在的你们有多棒!"这表明班主任( )

A. 关爱全体学生　　B. 未能严慈相济

C. 保护学生隐私　　D. 未能因材施教

17. 中国、俄罗斯、美国和欧盟都发展了自己的全球卫星定位系统。下列选项中,国家或组织与卫星定位系统对应正确的是( )(易混)

A. 中国——"GPS"　　B. 俄罗斯——"北斗"

C. 美国——"格洛纳斯"　　D. 欧盟——"伽利略"

18. 量子概念的提出,第一次把能量的不连续性引入对自然过程的深入认识,对其后量子理论的进一步发展起到了重要作用。量子概念的提出者是( )

A. 普朗克　　B. 洛伦兹

C. 爱因斯坦　　D. 麦克斯韦

19. 公元395年,罗马帝国分裂为东、西两部分,其中东罗马帝国地处亚、非、欧交界处,延续了千年之久。东罗马帝国的首都是( )

A. 罗马　　B. 安条克

C. 大马士革　　D. 君士坦丁堡

20. 春秋时代统治阶级内部分为不同的阶层,下列选项中,其等级由高到低的排序,正确的是( )

A. 公、王、大夫、士　　B. 公、王、士、大夫

C. 王、公、士、大夫　　D. 王、公、大夫、士

21. 图1为2005年正式公布的中国文化遗产标志,标志图案取自出土文物"四鸟绕日"金饰,该金饰被视为中国先民"天人合一"的哲学思想、丰富的想象力、非凡的艺术创造力和精湛的工艺水平的完美结合。金饰出土的地点是( )

图1

A. 陕西半坡遗址　　B. 四川金沙遗址

C. 河南安阳殷墟　　D. 湖南长沙马王堆汉墓

22. 中国古代有一种被称为诗余、长短句、曲子词等的文学样式,其特点是:调有定格、句有定数、字有定声。这种文学样式的名称是( )

A. 诗　　B. 词

C. 曲　　D. 赋

23. 下列选项中,作家与作品对应不正确的是( )

A. 曹禺——话剧《原野》　　B. 鲁迅——散文诗集《野草》

C. 沈从文——小说《边城》　　D. 闻一多——新诗集《女神》

24. 欧洲绘画流派众多,出现过很多伟大的画家和作品。下列画家中,把科学与艺术想象有机地结合起来,使当时的绘画表现水平发展到一个新阶段的是( )

A. 拉斐尔　　B. 凡·高

C. 达·芬奇　　D. 毕加索

25. 汉画像石是汉代的石刻画,主要用于墓室、墓前祠堂、石阙等墓葬建筑的建造与装饰,内容丰富多彩。图2是以汉画像石为图案的纪念邮票,该图案表现的神话故事是( )

图2

A. 女娲补天　　B. 精卫填海

C. 嫦娥奔月　　D. 羲和浴日

26. 在 Word 编辑状态下,点击功能图标可完成的操作是(　　)

A. 左对齐　　　　B. 右对齐

C. 居中对齐　　　　D. 分散对齐

27. 在 Excel 中,下列选项与公式“=SUM(A1:A4)”等值的是(　　)

A. SUM(A1+A4)　　　　B. SUM(A1*A2*A3*A4)

C. SUM(A1/A4)　　　　D. SUM(A1+A2+A3+A4)

28. 下列选项中,与“教授”和“科学家”两概念的关系一致的是(　　)

A.“图书”和“英文书”　　　　B.“昆明”和“春城”

C.“学生”和“运动员”　　　　D.“足球”和“篮球”

29. 下面图形组合的变化呈现出一定的规律性。下列选项中,最适合填在问号处的是(　　)

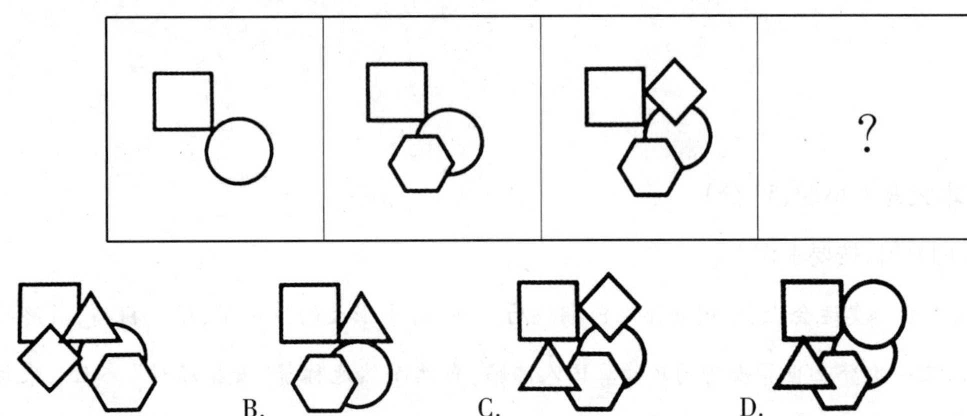

二、材料分析题(本大题共 3 小题,每小题 14 分,共 42 分)阅读材料,并回答问题。

30. 材料:

有一天,我请学生读课文,只有四名学生举手,我说:“杨萌你读”。她大大方方地读起来。等她坐下后,我说:“还有谁愿意读?”一个举手的都没有了,是什么原因呢?

课后,我专门就这一现象与学生聊起来。一位学生说:“老师,您每堂课提问,总是先叫杨萌,我们这些无名小卒没有她答得好,就不想回答了。”我恍然大悟,是啊,让杨萌先回答问题已成习惯。她的语文功底好,回答问题准确严密、简洁利落。

下午,我组织了一次“为老师出主意”的班会。大家畅所欲言,我详细记录了大家的想法,收获了好多方法。我还请大家通过打电话、发信息、发邮件等形式继续给我提建议。

在以后的课堂互动中,我鼓励学生积极回答问题。有的学生说话不流畅,我会引导他组织语言;有的学生不敢站起来回答,我就让他先坐着说;有的学生内向、声音小,我就到他身边听清楚之后再复述给大家……

后来,我又尝试让学生参与组织教学,共同探索出了“辩论教学”“说书教学”“戏剧教学”等以前没有尝试过的形式。

慢慢地,我的课堂再也不是死水一潭了。

问题:

请结合材料,从学生观的角度,评析“我”的教育行为。

31. 材料:

在一节语文公开课上,当我讲到“一千万万颗行星”这句话时,班上最调皮的赵强同学突然阴阳怪气地问道:“老师,‘万万’是什么意思?”惹得全班同学哄堂大笑。面对听课老师们关切的目光,我平静地说:“大家都知道‘万万’等于‘亿’,那么,这里为什么不用‘亿’而用‘万万’呢?”全班同学马上安静下来,开始认真思考,并且发表了自己的看法。大家讨论完后,我进行了分析和总结。最后我又问了一句:“请大家想想,今天这一‘额外’的收获是怎么来的呢?大家要感谢谁呢?请让我们用掌声表达对他的谢意!”大家把目光转向赵强同学,对他鼓起掌来。赵强不好意思地低下了头。

为了进一步了解赵强的情况,我决定进行家访。他知道后,立刻紧张起来,他特意找到我,让我千万别向他爸妈告状。因为从前的老师经常告他状,事后他总免不了皮肉之苦,所以至今心有余悸,我安慰他:“不用担心,我只是想更多地了解你。”那天,我在他家,他因为害怕,躲在房间不敢出来,但不时探出头来想听我讲些什么。在他爸妈面前,我不但没有告他的状,反而夸奖他的进步。回到学校,他对我说:“老师,你够朋友,以后瞧我的!”此后,我经常在课后找机会针对他学习中存在的问题进行辅导,还专门针对他的学习情况制订了教学计划。赵强很努力,在各方面都有了进步,像变了个人似的。

问题:

请结合材料,从教师职业道德的角度,评析“我”的教育行为。

32. 材料：

"风萧萧兮易水寒，壮士一去兮不复还。"

荆轲以此得名，而短短的两句诗乃永垂于千古。在诗里表现雄壮的情绪之难，在于令人心悦诚服，而不在嚣张夸大；在能表现出那暂时的感情后面蕴藏着的更永久更普遍的情操，而不在那一时的冲动。大约悲壮之辞往往易于感情用事，而人在感情之下便难于辨别真伪，于是字里行间不但欺骗了别人，而且欺骗了自己。许多一时兴高采烈的作品，事后自己读起来也觉得索然无味，正是那表现欺骗了自己的缘故。《易水歌》以轻轻二句遂为千古绝唱，我们读到它时，何尝一定要有荆轲的身世。这正是艺术的普遍性，它超越了时间与空间而诉之于那永久的情操。

"萧萧"二字诗中常见。古诗："白杨多悲风，萧萧愁杀人。""风萧萧"三字所以自然带起了一片高秋之意。古人说"登山临水兮送将归"，而这里说："壮士一去兮不复还"，它们之间似乎是一个对照，又似乎是一个解释，我们不便说它究竟是什么，但我们却寻出了另外的一些诗句。这里我们首先记得那"明月照积雪"的辽阔。

"明月照积雪"，清洁而寒冷，所谓"琼楼玉宇，高处不胜寒"。《易水歌》点出了"寒"字，谢诗没有点出，但都因其寒而高，因其高而更多情致。杜诗说"风急天高猿啸哀"，猿啸为什么要哀，我们自然无可解释。然而我们不见那"朔风劲且哀"吗？朔风是北风，它自然要刚劲无比，但这个哀字却正是这诗的传神之处。那么壮士这一去又岂可还乎？"一去"正是写一个劲字，"不复还"岂不又是一个哀字？天下巧合之事必有一个道理，何况都是名句，何况又各不相关。各不相关而有一个更深的一致，这便是艺术的普遍性。我们每当秋原辽阔，寒水明净，独立在风声萧萧之中，即使我们并非壮士，也必有壮士的胸怀，所以这诗便离开了荆轲而存在。它虽是荆轲说出来的，却属于每一个人。"枯桑知天风，海水知天寒"，我们人与人之间的这一点相知，我们人与自然间的一点相得，这之间似乎可以说，又似乎不可以说，然而它却把我们的心灵带到了一个更辽阔的世界去。那广漠的原野乃是生命之所自来，我们在狭小的人生中早已把它忘记，在文艺上乃又认识了它，我们生命虽然短暂，在这里却有了永生的意味。

专诸刺吴王，身死而功成，荆轲刺秦王，身死而事败。然而我们久已忘掉了专诸，而在赞美着荆轲。士固不可以成败论，而我们之更怀念荆轲，岂不正因为这短短的诗吗？诗人创造了诗，同时也创造了自己，它属于荆轲，也属于一切的人们。

（摘编自林庚《论〈易水歌〉》）

问题：

(1)文章论述的中心观点是什么？请简要概括。(4分)

(2)怎样理解"诗人创造了诗，同时也创造了自己，它属于荆轲，也属于一切的人们"？请结合文本内容简要分析。(10分)

三、写作题(本大题1小题，50分)

33. 阅读下面的材料，按要求作文。

2016年里约奥运会上，中国女排在前期战局不利、对手强大的情况下，艰苦拼搏，最终战胜塞尔维亚队，又一次登上世界女排的顶峰。国人沸腾，自然而然地称赞"女排精神"。记者采访女排主教练郎平，希望她谈谈"女排精神"，她回答："不要因为我们赢了一场就谈女排精神，也要看到我们努力的过程。女排精神一直在，单靠精神不能赢球，还必须技术过硬。"

结合材料的内容，联系社会生活，写一篇论说文。

要求：

用规范的现代汉语写作。角度自选，立意自定，标题自拟，不少于1000字。

机密★启封前　　　　　　　　姓名＿＿＿＿＿＿　准考证号＿＿＿＿＿＿＿

2017年下半年中小学教师资格考试真题试卷(七)

综合素质(中学)

注意事项:

1. 考试时间为120分钟,满分为150分。
2. 请按规定在答题卡上填涂、作答,在试卷上作答无效,不予评分。

一、单项选择题(本大题共29小题,每小题2分,共58分)

在每小题列出的四个备选项中只有一个是符合题目要求的,请用2B铅笔把答题卡上对应题目的答案字母按要求涂黑。错选、多选或未选均无分。

1. 在生物实验课上,韩老师自始至终引导学生完成事先准备好的填空题:"实验步骤一:从＿＿＿＿号烧瓶倒入＿＿＿＿号烧瓶……""显微镜的取镜和放置:右手紧握＿＿＿＿,左手托住＿＿＿＿……"这说明韩老师(　　)

A. 教学理念偏失　　B. 教学态度不端　　C. 教学评价不当　　D. 教育行为失范

2. 综合实践活动中,段老师设计了主题为"社会旅游资源"的调查。有部分同学对一座古塔的建筑材料、风格产生了兴趣。在指导大家完成调查报告之后,段老师又指导这部分同学确定了新课题——"古塔建筑材料、风格与保护"。对于段老师的做法,下列评价不恰当的是(　　)

A. 尊重了学生的学习需要　　B. 培养了学生的探究意识

C. 激发了学生的学习兴趣　　D. 纠正了学生的研究方法

3. 下列教学用语中,不利于促进学生学习的是(　　)

A. "你读得很响亮,若再有感情一点就好了,你再试试。"

B. "刚才这位同学概括得不准确,还是我来吧。"

C. "这位同学的发言并没有重复前面同学说过的话,有自己的观点,非常好!"

D. "请大家想一想,刚才这两位同学报告的结论,有何不同?"

4. 多年来,曾老师坚持让学生采用反思记录表、学习日志或成长记录袋等多种方法来记录学习过程,并不断指导学生优化记录的方法。曾老师的做法(　　)(常考)

A. 忽视了学生的发展性　　B. 忽视了学生的差异性

C. 尊重了学生的创造性　　D. 尊重了学生的自主性

5. 《国家中长期教育改革和发展规划纲要(2010~2020年)》提出,要把教育摆在优先发展的战略地位。对于教育优先发展战略的理解,下列选项中不恰当的是(　　)

A. 财政资金优先保障教育投入　　B. 社会资源优先向教育领域倾斜

C. 经济社会发展规划优先安排教育发展　　D. 公共资源优先满足教育和人力资源开发需要

6. 中学生邹某上课时玩手机游戏,班主任王老师发现后,当场删除了邹某的游戏账号和他购买的游戏装备,并告诫邹某不要在上课时玩游戏。课后,王老师将手机返还给了邹某。王老师的做法(　　)

A. 合法,教师有权批评和管教学生　　B. 不合法,侵犯了邹某的财产权

C. 合法,教师无权没收学生的手机　　D. 不合法,侵犯了邹某的隐私权

7. 某地区教育行政部门未经公开招标,直接将当地两所较为薄弱的公办学校移交给一家民办教育集团承办,并规定对该校所有学生按市场价格收费。该地区教育行政部门的做法(　　)

A. 合法,有利于促进薄弱学校本身的内涵发展

B. 合法,有利于实现优质教育资源的均衡共享

C. 不合法,不得以任何名义改变或变相改变公办学校的性质

D. 不合法,不得以任何方式或理由规避公开招标的原则要求

8. 某中学规定,凡主动参加所在地区教研室组织的教研活动的教师,在职称晋升、评优评先中予以优先考虑。该学校的做法(　　)

A. 合法,有利于教师科学研究权的落实和保障

B. 合法,有利于教师教学自由权的落实和保障

C. 不合法,侵犯了其他教师享受平等待遇的权利

D. 不合法,违反了教师考核评价的客观公正原则

9. 某中学化学老师宋某正组织学生上实验课,学生李某因借用坐在实验桌对面的学生的钢笔,碰倒了酒精灯,酒精溅在本组同学韩某的手上并燃烧,致使韩某手部皮肤被灼伤。在这起事故中,应当承担赔偿责任的是(　　)(常考)

A. 学校和宋某　　B. 宋某和李某的监护人

C. 学校和李某的监护人　　D. 李某的监护人和韩某的监护人

10. 林某长期辱骂、虐待亲生儿子晓光,经有关单位教育后仍拒不悔改。依据《中华人民共和国未成年人保护法》的规定,当地人民法院可以采取的措施是(　　)

A. 撤销林某的监护人资格　　B. 给予林某行政处分

C. 责令林某赔礼道歉　　D. 要求林某赔偿损失

11. 为了提高学生的法制意识,预防可能发生的未成年人犯罪事件,学校拟采取应对措施。下列选项中不正确的是(　　)

A. 聘任优秀的律师担任法制教育的兼职教师

B. 聘任当地派出所干警担任校外法律辅导员

C. 要求未成年学生的父母配合开展法制教育

D. 要求班主任承担对未成年学生的监护责任

12. 在一次雷雨天气中,某中学教学楼遭到雷击,多名学生不同程度地被击伤。后经调查得知,由于教学楼没有采取防雷措施,这才导致学生被雷击伤。对于这起事故的法律责任,下列说法中正确的是(　　)

A. 学校无法律责任　　B. 学校应承担过错责任

C. 学校应承担无过错责任　　D. 学校应承担补充责任

13. 体育课上,苏老师发现张刚坐在操场边发呆,便询问情况,张刚说:"我最好的朋友走了,我很难过!"苏老师从此注意观察张刚,跟他聊天。有一天,张刚哭着告诉苏老师:"我最好的朋友就是我爸爸,他出车祸去世了!"于是,苏老师经常开导他,帮助他从悲伤中走了出来。对于苏老师的行为,下列说法正确的是(　　)

A. 偏爱张刚,未能关注其他同学　　B. 专心教学,不必承担其他责任

C. 细心观察,适时捕捉教育契机　　D. 侵犯隐私,干扰学生私人生活

14. 李老师多次得过全省教学比赛一等奖,35 岁就评上了高级职称,在学校里还是其他年轻老师的"师傅"。但他坚持学习,积极参加教学研讨。有些同事不理解,认为李老师是"劳碌命"。对于李老师的行为,下列说法正确的是(　　)

A. 教师需要不断提高教育教学水平　　B. 教师发展首先应该考虑团结协作

C. 中学教师不需要深厚的理论知识　　D. 中学教师应该合理安排闲暇时间

15. 王明同学成绩不好,跟夏老师关系很紧张。一天,王明悄悄在黑板上写了"夏某某是个大笨蛋"。夏老师查出后暴跳如雷,多次勒令王明当着全班同学的面向自己做深刻检讨。夏老师的行为(　　)

A. 正确,有利于遏制其他同学的类似行为　　B. 正确,应该维护教师的尊严和威信

C. 不正确,不应该对此类学生如此宽容　　D. 不正确,不利于构建良好的师生关系

16. 李丽同学的爸爸跟学校校长是好朋友。班主任知道后,主动给李丽调整了座位,在课堂教学中给李丽更多的机会回答问题,并让其担任班长。班主任的行为(　　)

A. 有利于促进家校合作　　B. 有利于履行班主任职责

C. 影响了其他学生的成长　　D. 影响了校长的廉洁从教

17. 时间计量包括时间间隔和时刻两方面,前者指物质运动经历的时段,后者指物质运动的某一瞬间。下列选项中,是时刻表述的是(　　)(易错)

A. 百米赛跑世界纪录在 10 秒内　　B. 通常一节课的时间是 45 分钟

C. 从甲地步行到乙地需要 2 小时　　D. 新闻联播节目每天 19 时开始

18. 大陆漂移说是一种解释地壳运动和海陆分布、演变的科学假说,为板块构造学说的建立和发展奠定了基础,对地球科学的发展起到了很大的推动作用。下列人物中,正式提出该学说的是(　　)

A. 培根　　B. 洪堡

C. 魏格纳　　D. 达尔文

19. 贞德是法国历史上著名的民族英雄,被后人赞颂为"圣女"。她曾率领法国军队对抗外国入侵,并多次打败侵略者。该事件发生的时期是(　　)

A. 普法战争时期　　B. 英法百年战争时期

C. 第一次世界大战时期　　D. 欧洲三十年战争时期

20. 国际关系中,主权国家会在建交国设立外交代表机构。外交代表机构通常划为三个等级。下列选项中,不属于三个等级的外交代表机构是(　　)(易混)

A. 大使馆　　B. 领事馆　　C. 公使馆　　D. 代办处

21. 太阳系是太阳和以太阳为中心、受它的引力支配而环绕它运动的天体所构成的系统,其中包含八大行星。下列行星中,距离太阳最远的是(　　)

A. 天王星　　B. 海王星　　C. 土星　　D. 木星

22. 莎士比亚的喜剧大都以爱情、友谊、婚姻为主题,歌颂进步、美好的人文主义新风,充满着乐观、明朗的基调。下列作品中,属于莎士比亚喜剧的是(　　)

A.《奥赛罗》　　B.《雅典的泰门》

C.《麦克白》　　D.《威尼斯商人》

23.《人间词话》是著名学者王国维的一部文学理论著作,他提出的关于创作原则和批评标准的核心理论是(　　)

A."气质"说　　B."境界"说

C."神韵"说　　D."格律"说

24. 咏叹调是歌剧中的声乐独唱曲,始用于 17 世纪初的歌剧和康塔塔,此后历经发展,变得更为精致复杂。下列关于咏叹调的表述,不正确的是(　　)

A. 咏叹调是一种"朗诵"式的歌曲,依附于歌剧情节,相当于戏剧中的"对白"

B. 咏叹调通常安排在剧情发展的重要时刻,着重表现剧中人物在特定情景中的情感

C. 咏叹调旋律优美,故也常常单独在音乐会上演唱

D. 咏叹调富有艺术魅力,要求有较高驾驭声音的技巧

25. 我国是一个多民族的国家,不少民族都拥有自己独特的风俗习惯和形象特征。下列选项中,表现了傣族形象的是(　　)

A.　　B.　　C.　　D.

26. 在 Word 中,如果当前文档中的文字下方出现红色波浪线,则表示该文字出现(　　)

A.“拼写和句法”错误　　B.“句法和连接”错误

C.“拼写和语法”错误　　D.“语法和连接”错误

27. 在 PowerPoint 中,下列视图模式可用于播放幻灯片的是(　　)

A. 大纲模式　　B. 幻灯片模式

C. 幻灯片浏览模式　　D. 幻灯片放映模式

28. 下列选项中,与“教师”和“戏剧爱好者”两概念的关系一致的是(　　)

A.“军人”和“军医”　　B.“杨树”和“柳树”

C.“蛋糕”和“面包”　　D.“作家”和“画家”

29. 下面图形组合的变化呈现出一定的规律性。下列选项中,最适合填在问号处的是(　　)

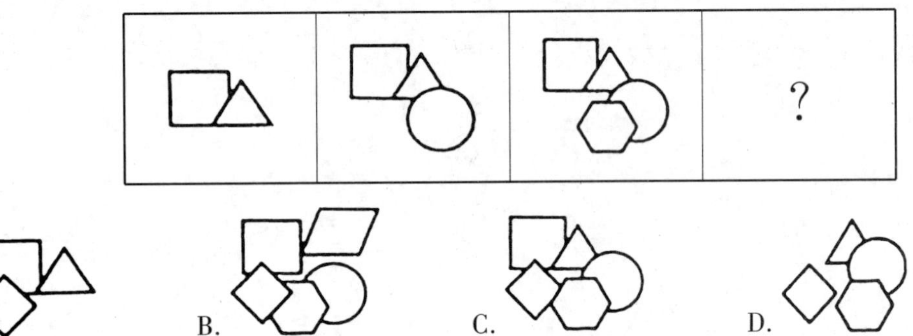

二、材料分析题(本大题共 3 小题,每小题 14 分,共 42 分)阅读材料,并回答问题。

30. 材料:

本节课的教学内容是引导学生欣赏几幅字画,其中有一幅是郑板桥的“丝竹图”。可是,课堂上许多学生说不懂国画,谈不出体会,课堂出现了冷场。

教师看到这一情况,立即调整了教学思路,不再要求学生谈体会,而是从学生实际出发,从他们最熟悉的竹子入手来引导他们打开思路。教师给出了一个学习任务“由竹子所想到的……”,并要求学生由竹子展开多角度、多方面的想象,很快学生就进入了情境,发言变得十分踊跃。

学生说:“竹子的外形没有牡丹花那么华贵,它朴实无华。”“竹子中空外直,好像人的品格——谦虚、正直。”“由竹子的挺拔想到人的高风亮节。”“竹子一年四季都郁郁葱葱,说明它不畏严寒、不畏酷暑。”“竹子对人无所求——不需灌溉、不需施肥;给予人的却很多——竹笋、竹竿、竹叶各有其用处。”还有的学生引用“墙上芦苇头重脚轻根底浅,山间竹笋嘴尖皮厚腹中空”说有人华而不实。

学生注意力高度集中,各抒己见,说完了竹子再来看画,学生对这幅画就有了理解与看法,发言更加热烈。在发言中,学生们谈竹子、谈画,既陶冶了学生的审美情趣,又使学生懂得了许多做人的道理。

课后,教师对这次教学行为进行了反思。

问题:

请结合材料,从学生观的角度,评析该教师的教学行为。

31. 材料:

师范大学毕业后,孙斌凭借自己的努力成了一名初中语文教师。工作前几年,为了适应教学工作,他向其他同事学习,教学水平逐渐提高,教学效果得到了家长们的认可。这时,他认为教学工作并不神秘,自己的经验、知识与能力已经足以应付,没有必要继续深入钻研教学。

一天,几位学生的家长找到孙老师,希望他能在课后帮助孩子补习,孙老师认为这事有利于提高学生成绩就答应了。补习结束时,家长们为了感谢孙老师,给了他一笔可观的补课费,孙老师推辞不过只好接受。

自此以后,越来越多的学生找孙老师补课,其他班级甚至其他学校的学生也来找他。为了保证补习效果,孙老师常将课堂教学与课后辅导联系起来,还专门编印了系列学习资料,仅收取成本费和辛苦费。随着参与辅导学生的规模扩大,孙老师家里的空间已不足以容纳,于是他在小区里专门租了地方方便学生参与辅导。为了节省学生购买学习资料和学习用具的费用,孙老师还要求学生统一从自己这里购买。家长们对孙老师的辅导非常满意,还给他送了锦旗。

问题:

请结合材料,从教师职业道德的角度,评析孙老师的教育行为。

32. 材料：

创新是一个人人熟知的名字。但创新到底意味着什么？创新要面对什么样的挑战？对这个貌似简单的问题，不同的人可能有不同的看法。所以我们需要讨论一下到底什么是创新。我们要想创新，必须首先搞清楚什么是创新。

我们有知道的东西，这就是所谓的知识。我们有知道不知道的东西，如未解决的难题，还没有证明的猜想，还没有达到的技术水平等等。这属于一种类型的未知。但这还不是全部。我们除了知道的东西，和知道不知道的东西，我们还有不知道不知道的东西。科学研究不仅要把“知道的不知道”变为“知道”，还要把“不知道的不知道”变为“知道的不知道”，从而进一步把它们变成“知道”。把“不知道的不知道”，变为“知道”，是最高层次的，最重要的创新。连不知道什么都不知道，这真是什么都不知道。做这种科研是老虎吃天，无从下口。这也正是“山重水复疑无路，柳暗花明又一村”所描写的无中生有的意境。

把不知道的不知道，变成知道的不知道，就是提出问题。所以，科学更重要的创新就在于提出问题。要开拓新知识就要能够提出新问题。但提出新问题不是那么简单的。通常如果你能把问题讲出来的话，这说明你还是在以前知识的范畴内。这种问题也许不是真正的新问题。真正的新问题常常你连讲都讲不出来。因为新问题所针对的东西，从来没人想到过，从来没人见到过。所以这东西连名字都没有，我们连提问题的语言都没有，有问题也讲不出来。我小时候在一本科普书上看到一个原始部落的故事。这个部落只有四个词是用于计数的：一、二、三、很多很多。在这个部落的人想要描写一大群鹿的时候，就会遇到讲不出来的情况。

所以，要提出真正的新问题，我们要让我们的想象自由奔驰，突破语言的束缚，突破数学的牢笼。当你感觉到遇到了这类讲不出来的问题时，也许是一个信号：你碰到“大金矿”了，碰到知识的一个新疆界了。这是令人激动的时刻，也是老子“道可道非常道”的意境。在这种没有语言没有数学的状态下，我们怎么继续往前发展，我们如何做研究，如何进行思考？这就是科学创新所要面对的挑战。

我们看到，真正的科学创新没有目标，没有方向。因为这些目标和方向连名字都没有。给这些目标方向起名字是科学创新的一部分。发明描写新知识的语言和数学也是科学创新的一部分。只有当创新结束以后，我们才能把问题讲出来，把新知识讲出来。所以真正的科学创新无法计划、无法造势，无法成为一个轰轰烈烈的国家重点项目。

但作为一个进行创新的科学家，如果没有目标、没有方向，这工作如何开展？对个人来说，创新的内涵是制定美的标准。创新之前，大家不知道什么是美，不知道往什么方向努力。这时每个研究人员都可能有自己对美的认知，都有看问题不同的方式，都有不同的努力方向。但慢慢地，会有一个人对美的认知和思想被越来越多的人欣赏接受，从而成为美的标准，成为大家共同的努力方向，这就是创新过程。可以看出，科学创新和艺术创新是非常相通的。当然科学创新还需要通过实验的检验。实验不认可的创新是不会被接受的。

牛顿所发现的物体运动规律就是一个创新的例子。牛顿意识到天上行星的运动和地上苹果的坠落实际上是同一种物理现象。可当他想定量描写这些物体的运动时，却发现自己什么也讲不出来。因为当时还没有描写非匀速运动的数学语言。所以牛顿又成为了数学家，发明了微积分，使他可以写出他的物体运动定律。这是物理的发现第一次出现在数学的发现之前。

（摘编自文小刚《创新就是孩子的游戏》）

问题：

（1）文章所说的“创新”有几个层次？请简要概括。（4 分）

（2）文章认为如何应对科学创新所要面对的挑战？请简要分析。（10 分）

三、写作题（本大题 1 小题，50 分）

33. 阅读下面的材料，按要求作文。

共享单车火了，不到半年，在北京、上海等大城市，大街小巷随处可见橙、黄等各种颜色的共享单车。与公交车站、地铁站等交通枢纽接驳，解决出行最后一公里的问题，对缓解交通拥堵和环境保护，共享单车都很有用。

然而，在单车数量飙升的同时，共享单车“任性”停放的问题也日益突出。有的无规则随意摆放，让本来就狭窄的非机动车停车区域更显紧张；有的直接停在出入口台阶下，挡住进站通道；有人甚至将车塞进绿化带里，锁在栏杆上，靠在大树边。

根据材料所引发的思考和感悟，写一篇论说文。

要求：

用规范的现代汉语写作，角度自选，立意自定，标题自拟，不少于 1000 字。

机密★启封前　　　　　　　　　　　姓名＿＿＿＿＿＿　准考证号＿＿＿＿＿＿＿＿

2017年上半年中小学教师资格考试真题试卷(八)

综合素质(中学)

注意事项:

1. 考试时间为120分钟,满分为150分。
2. 请按规定在答题卡上填涂、作答,在试卷上作答无效,不予评分。

一、单项选择题(本大题共29小题,每小题2分,共58分)

在每小题列出的四个备选项中只有一个是符合题目要求的,请用2B铅笔把答题卡上对应题目的答案字母按要求涂黑。错选、多选或未选均无分。

1. 由于生源存在差异,某中学将学生按入学成绩高低分为快慢班,该学校的做法(　　)

A. 正确,有利于因材施教　　B. 正确,有利于资源配置

C. 错误,不利于教育公平　　D. 错误,不利于均衡发展

2. 为了改变学生从课本中找"标准答案"的习惯,刘老师经常在课堂上设计一些开放性问题,引导学生自由讨论,探索答案。同事马老师对刘老师说:"你这样做会使学生思维太发散,也浪费时间,将来考试肯定会吃亏的。我从不这样做!"下列选项中正确的是(　　)

A. 马老师的说法合理,有利于提高学生学习成绩

B. 刘老师的做法得当,有利于培养学生创新意识

C. 马老师的说法欠妥,不利于维持课堂教学秩序

D. 刘老师的做法欠妥,不利于保证正常教学进度

3. 进入初三年级后,班主任石老师把每周的综合实践活动课用于补数学。中考时,该班的数学成绩名列前茅。石老师的做法(　　)

A. 正确,是提高学习成绩的有效途径

B. 正确,是提高班级声誉的有力措施

C. 错误,不利于学生公平竞争

D. 错误,不利于学生全面发展

4. 吴老师把课堂教学中存在的突出问题归纳、提炼为若干主题进行研究,并发表系列论文。这表明吴老师具有(　　)

A. 良好的教学研究能力　　B. 良好的课堂管理能力

C. 良好的课堂开发能力　　D. 良好的校本研修能力

5. 《国家中长期教育改革和发展规划纲要(2010~2020年)》提出,建立城乡一体化义务教育发展机制,在有些方面向农村倾斜。下列选项中不符合要求的是(　　)(易错)

A. 财政拨款向农村倾斜　　B. 课程标准向农村倾斜

C. 教师配置向农村倾斜　　D. 学校建设向农村倾斜

6. 某初级中学违反国家有关规定向学生收取补课费,依据《中华人民共和国教育法》的规定,有权责令该校退还所收费用的是(　　)

A. 教育行政机关　　B. 纪检部门

C. 公安机关　　D. 物价部门

7. 某高中教师孙某旷工给学校教学工作造成一定损失,依照《中华人民共和国教师法》的规定,学校可依法(　　)

A. 给予孙某行政处分　　B. 给予孙某行政处罚

C. 取消孙某教师资格　　D. 给予孙某罚款处理

8. 母亲杨某外出打工,将15岁的儿子小强留下长期单独居住。杨某的做法(　　)

A. 合法,可以改善小强的物质生活条件

B. 合法,可以提高小强的独立生活能力

C. 不合法,不得让不满16周岁者脱离监护单独居住

D. 不合法,不得让不满18周岁者脱离监护单独居住

9. 某初中教师李某上课前发现部分学生未完成家庭作业,要求这部分学生完成作业后再进教室听课。李某的做法(　　)(常考)

A. 合法,教师有管理学生的权利　　B. 合法,教师有教育学生的职责

C. 不合法,侵犯了学生的受教育权　　D. 不合法,侵犯了学生的人身权

10. 高一学生小峰的父母不履行监护职责,放任小峰强行索要他人财物,依据《中华人民共和国预防未成年人犯罪法》,有权对小峰父母给予训诫的是(　　)

A. 教育行政部门　　B. 公安机关　　C. 学校　　D. 人民法院

11. 16岁的学生王某放学途中不慎将同学孙某眼部戳伤,依据《学生伤害事故处理办法》的规定,对于该事故承担损害赔偿责任的主体是(　　)(易错)

A. 学校　　B. 班主任　　C. 王某本人　　D. 王某的监护人

12. 中学生程某经常违反班规,班主任张某让其缴纳"违纪金"充作班费。班主任张某的做法(　　)

A. 合法,教师有惩戒学生的权利　　B. 合法,教师有管理班级的权利

C. 不合法,教师没有罚款的权利　　D. 不合法,学校才有罚款的权利

13. 某校实施了"师徒制",经验丰富的吴老师对新入职的蒋老师进行帮助时,要做到(　　)

A. 尊重同行,等蒋老师请教时才进行指导

B. 主动指导,和蒋老师商讨并确定教学方案

C. 推门听课,发现不妥之处及时在课堂上纠正

D. 充分信任,让蒋老师独自探索并积累教学经验

14. 晚自习时,高老师发现班上的一位男生在给一位女生递纸条。高老师走上前去对他们说:"你们在干嘛？是不是在递情书啊？现在可不是谈恋爱的时候啊,考上大学后再谈吧。"高老师的声音不大但同学们都听到了,这两位同学顿时羞红了脸。关于高老师的做法,下列说法中正确的是(　　)

A. 明察秋毫,及时引导学生　　B. 有亲和力,巧妙杜绝早恋

C. 方法粗暴,侵犯学生隐私　　D. 工作武断,伤害学生自尊

15. 右图是丰子恺的漫画《某种教师》,该教师的做法(　　)

A. 正确,维护了知识的权威性

B. 正确,保证了教学的科学性

C. 不正确,违背了勤恳执教的师德要求

D. 不正确,违背了探索创新的师德要求

16. 牛老师在班级管理中采取了一系列措施,其中正确的是(　　)

A. 鼓励学习能力强的学生主动帮助学困生

B. 编排座位时让学生按成绩排名自己选择

C. 有学生丢失东西时马上检查全班学生的书包

D. 私下告知无记名票选的"最差生"并提出要求

17. 下列历史故事,与曹操有关的是(　　)(易混)

A. 破釜沉舟　　B. 望梅止渴

C. 三顾茅庐　　D. 草木皆兵

18. 17 世纪西方对东方进行商业垄断贸易和殖民扩张中,一些国家纷纷建立"东印度公司",其中英国的"东印度公司"最为人熟知。下列国家中,也建立"东印度公司"的是(　　)

A. 德国　　B. 荷兰

C. 西班牙　　D. 葡萄牙

19. 1979 年为纪念某位德国化学家诞辰 150 周年发行了邮票(右图),该化学家提出了苯的分子结构理论。这位化学家是(　　)

A. 凯库勒　　B. 拉瓦锡

C. 法拉第　　D. 诺贝尔

20. 根据我国《食品卫生法》的规定,食品添加剂是为改善食物的色、香、味等品质,以及为防腐和加工工艺的需要而加入食品中的人工合成或者天然物质。其中,山梨酸钾、苯甲酸钠是(　　)

A. 着色剂　　B. 增味剂

C. 甜味剂　　D. 防腐剂

21. 诗句"孤舟蓑笠翁,独钓寒江雪"出自《江雪》,其作者是(　　)

A. 王维　　B. 韩愈

C. 柳宗元　　D. 李商隐

22. 下列名句中,不是出自屈原《离骚》的是(　　)(易错)

A. 路漫漫其修远兮,吾将上下而求索　　B. 亦余心之所善兮,虽九死其犹未悔

C. 悼良会之永绝兮,哀一逝而异乡　　D. 惟草木之零落兮,恐美人之迟暮

23. 西安市历史悠久,其建制在各朝各代中曾有不同名称。下列选项中,不是其历史名称的是(　　)

A. 镐京　　B. 西京

C. 临安　　D. 长安

24. 古人有称名、称字、称官职、称籍贯以及称谥号等习惯。有些诗文中称岳飞为"岳武穆","武穆"是(　　)

A. 籍贯　　B. 表字

C. 谥号　　D. 官职

25. 巴赫是 17 世纪杰出的作曲家、管风琴家,其创作广泛吸取 16 世纪以来意大利、法国等国音乐的成功经验,成就很高,对后世音乐发展有深远影响。他的国籍是(　　)

A. 德国　　B. 法国

C. 英国　　D. 俄国

26. 在 Excel 中,数据筛选是广泛使用的统计工具。下列有关其功能的表述,正确的是(　　)

A. 将满足条件的记录显示,而删除不满足条件的数据

B. 将满足条件的记录显示,而隐藏不满足条件的数据

C. 将不满足条件的记录显示,而删除满足条件的数据

D. 将不满足条件的记录显示,而隐藏满足条件的数据

27. 关于 PowerPoint 设计模板,下列说法正确的是(　　)

A. 只限定了模板类型,版式不受限定

B. 既限定了模板类型,也限定了版式

C. 既不限定模板类型,也不限定版式

D. 不限定模板类型,但限定了其版式

28. 下列选项中,与“重庆——直辖市”逻辑关系相同的是(   )

A. 法国——法兰西　　B. 华盛顿——纽约

C. 英国——联合国　　D. 北京——首都

29. 找规律填数字是一项很有趣的游戏,特别锻炼观察和思考能力。按照“2 +5 +7→144935”“3 +5 +6→184830”“4 +4 +9→367236”的规律,下列选项中正确的是(   )(常考)

A. 7 +6 +4→285224　　B. 7 +6 +4→284270

C. 7 +6 +4→422452　　D. 7 +6 +4→422824

二、材料分析题(本大题共 3 小题,每小题 14 分,共 42 分)阅读材料,并回答问题。

30. 材料:

李老师是一名中学美术老师,他常常说:“美术课堂不仅要教会学生画画,还应该培养学生更多的能力。”有一次,在和学生聊天时,李老师听说学生家里都有不少闲置的废旧衣物,弃之可惜,留之占地。于是,李老师组织了“变旧为新”创意大赛,号召大家收集家里无用的旧衣物,将其进行改造。这一活动吸引了很多学生和家长参与,有的学生将旧衣服改成符合时尚潮流又具有独特魅力的新衣服;有的学生将旧衣物裁剪成布条、布块,制作成灯笼、小布娃等布艺饰品……学生们给旧衣物赋予了新的功能和价值,制作出缤纷多彩的作品。

在教学中,李老师经常运用绘图技术进行视觉教学,听音乐作画、古诗词意境配画等,他还带学生去郊外写生。每年市里举办美术展览,他都带学生去参观,引导学生仔细观察,用心体会。李老师的美术课成了学生追捧的热门课,他个人也被称为学校最受学生喜爱的“十大明星老师”之一。

问题:

请结合材料,从教育观的角度,评析李老师的教育行为。

31. 材料:

刚参加工作,我就担任高一(2)班的班主任。一个月过去了,我所带的班自习课上基本没有安静的时刻,学生肆意串桌,嬉戏打闹,纸飞机在教室内飞来飞去。我厉声斥责,摔粉笔盒,还抓过几个捣蛋头罚站,让他们写检查,打扫卫生……办法想了一个又一个,可见效甚微。隔壁杨老师班上却总是静悄悄的,我几次从他们班门前走过,都发现杨老师只是坐在讲台上看书,学生在安静学习。

我纳闷,杨老师有什么“魔法”让学生如此安静?我向她询问管理学生的方法,她微笑着说:“我其实有点‘不负责任’呢,他们嬉闹的时候,我不说一句话,就在那里看书,慢慢地,他们也就安静了。”她说得风轻云淡,可我知道,事情绝没有那么简单。看到我疑惑的样子,杨老师换了一种方式跟我解释:“我曾看过两幅画,都叫《安静》,一幅画的是一个湖,湖面平静如镜,湖中倒映着远山和花草;另一幅画的是激流直泻的瀑布,旁边有一棵小树,小枝丫上有一个鸟巢,巢里一只可爱的小鸟正在酣睡,你觉得哪一幅画更好呢?”

我想了一下,回答说:“后者更好,通过直泻瀑布与酣睡小鸟这一动一静的细节对比,凸显内心的静然。”

“对啊。”杨老师笑着说,“他们不是都喜欢闹吗?那我就来个动静对比,一个人安静地看书,看我安安静静的,他们怎么好意思再嬉闹呢?您知道吗?有时候安静要比喧闹更有力量。”

我豁然开朗。

问题:

请结合材料,从教师职业道德的角度,评析杨老师的教育行为。

32. 材料：

从最根本的意义上来说，文学是一项寻求认同的事业——作家通过写作来寻求理解，寻觅知音，而读者则通过阅读，来发现作者并与他们建立认同。作家通过区分不同的读者类型，针对特定的阅读对象，使用相应的语言和叙事策略，为他们提供读物，从而获得读者和市场的认同。但实际上，真正意义上的文学写作，不仅考虑现实的读者，同时也在向未来和可能的读者寻求认同。

比如说，在文学出版、印刷、传播很不发达的古代社会中，作家们的作品在当世的传播受到极大的限制。对古代的作者而言，他们的写作大多没有任何商业报酬，也很少有现实的读者，正因为如此，他们只有对未来的读者加以想象，才能获得写作的基本动力。所谓的"文章千古事"，说的就是这个意思。而在现代社会中，很多作家的写作也向未来敞开，当时不为人知，在后世却成为一代经典的作品，即便是在近现代文学史上也比比皆是。所以说，文学本身就具有某种"待访"的性质：作家有点像是在茫茫大海上建立岛屿的人，而读者则像是航海者和旅行者。作家之所以在孤寂中建立岛屿，当然是希望有一天能与他们的读者相遇。

对于另一些作家来说，他们的目光也会投向过去。他们试图与那些早已不在人世的文学先辈们进行对话。从某种意义上说，他们是在与先驱者所确立的文学标准对话。当然，他们也是在跟自己内心的目标进行对话。每一个优秀的作家，心中都有一个隐秘而清晰的目标。读者和社会的认同、商业上的成功是一回事，而能否接近和达到这个目标，则是另一回事。就中国文学而言，李白、杜甫、苏轼、曹雪芹等人确立了古典文学的标准，而鲁迅先生则代表了近现代以来中国文学和思想的新高度。也可以说，我们实际上面对着两个伟大的传统。我们置身于这两个传统之中，受到它们的护佑，分享它们的文学资源，向它们表达敬意，同时也在与它们进行对话，并尝试着做出新的文学变革。因此，任何有价值的写作，都是对传统的某种回应，即便是对传统的质疑和挑战，也是一种重要的回应。

所以，严格地来说，文学写作中对读者的想象，既是一种向现实和未来读者寻求认同的过程，同时也是对传统的再确认过程。我认为，这种具备了过去、现实和未来开放性视野的创作，才称得上是一种开放的写作。

（摘编自格非《文学在读者中寻求认同》）

问题：

(1)画线句"文学是一项寻求认同的事业"中"认同"的含义是什么？请简要概括。(4 分)

(2)如何理解文末所言的"开放的写作"？请结合文本，简要分析。(10 分)

三、写作题(本大题 1 小题，50 分)

33. 阅读下面的材料，按要求作文。

一位著名演员在一次表演课上，对即将成为职业演员的学员们说："上山的人永远不要瞧不起下山的人，因为他们曾经风光过；山上的人不要瞧不起山下的人，因为他们不定什么时候就能爬上来。"

根据材料所引发的思考和感悟，写一篇论说文。

要求：

用规范的现代汉语写作。角度自选，立意自定，标题自拟，不少于 1000 字。

机密★启封前　　　　　　姓名＿＿＿＿＿＿　准考证号＿＿＿＿＿＿

2016 年下半年中小学教师资格考试真题试卷(九)

综合素质(中学)

注意事项:

1. 考试时间为 120 分钟,满分为 150 分。
2. 请按规定在答题卡上填涂、作答,在试卷上作答无效,不予评分。

一、单项选择题(本大题共 29 小题,每小题 2 分,共 58 分)

在每小题列出的四个备选项中只有一个是符合题目要求的,请用 2B 铅笔把答题卡上对应题目的答案字母按要求涂黑。错选、多选或未选均无分。

1. 某校的校训是“卓越立于全面,广博产生精专”。这体现的教育理念是(　　)

A. 开拓创新　　B. 全面发展
C. 自主发展　　D. 因材施教

2. 图 1 中某些学校的做法(　　)

A. 抑制了学生的创造能力
B. 阻碍了学生的应试能力
C. 提高了学生的竞争能力
D. 提升了学生的综合素质

图 1

3. 初一学生小武想做一名科学家,班主任说:“你现在学数学那么吃力,以后学物理、化学肯定也学不好,一定不能把当科学家作为人生目标”。班主任的说法(　　)

A. 忽视了学生的主体性　　B. 忽视了学生的发展性
C. 忽视了学生的创造性　　D. 忽视了学生的差异性

4. 邱老师在工作日志中写道:“在今天的教研会上,我说做教研跟写论文的方法是一样的,居然没有得到认可。是我错了?还是大家不理解我?我得把这个问题搞清楚。”这表明邱老师(　　)

A. 善于自我反思　　B. 缺乏探索精神
C. 缺乏问题意识　　D. 善于自我暗示

5. 中学生王某上课玩手机,被班主任李某当场没收。王某课后向李某承认错误并要求归还其手机,被李某以王某违反校规为由拒绝。李某的做法(　　)(常考)

A. 正确,学校规章应该人人遵守　　B. 正确,教师有惩戒学生的权利
C. 不正确,侵犯了学生的财产权　　D. 不正确,应上交学校销毁

6. 根据《中华人民共和国教师法》的规定,下列情形中,学校不能给予教师行政处分或者解聘的是(　　)

A. 故意旷课,损害教学的　　B. 体罚学生,屡犯不改的
C. 穿戴不整,影响仪表的　　D. 侮辱学生,影响恶劣的

7. 某中学上课时,高年级学生李某到教室外喊赵某,说有事让其出去一趟,班主任张某默许了。赵某走出教室后被李某殴打,导致右眼失明。对赵某所受伤害应当承担赔偿责任的主体是(　　)

A. 李某　　B. 张某
C. 学校　　D. 李某和学校

8. 下列关于教师与学生之间法律关系的说法,不正确的是(　　)

A. 教育与被教育的关系　　B. 管理与被管理的关系
C. 保护与被保护的关系　　D. 控制与被控制的关系

9. 初中生钱某屡次在学校偷盗其他同学的财物,学校对钱某的正确处理方法是(　　)

A. 学校提出申请,送工读学校进行矫治　　B. 扭送公安机关,依规开除钱某的学籍
C. 劝说钱某退学　　D. 责令钱某转学

10. 某中学在资助贫困生的公示中,将拟资助学生的家庭住址、父母姓名、电话号码、身份证号等信息予以公布。该校的做法(　　)

A. 符合校务公开的办事原则　　B. 体现了学校自主管理权利
C. 侵犯了学生的个人隐私权　　D. 违背公平待生的教育理念

11. 中学生王某的脸上有一块疤痕,同学李某便给王某起了外号“王疤”,并在同学中广而告之。李某侵犯王某的权利是(　　)(易混)

A. 隐私权　　B. 姓名权
C. 荣誉权　　D. 人格权

12.《国家中长期教育改革和发展规划纲要(2010—2020 年)》提出,教育公平是社会公平的重要基础。教育公平的关键是(　　)

A. 机会公平　　B. 过程公平
C. 结果公平　　D. 起点公平

13. 某中学曾老师,每次布置课后作业后,都只是在下次课堂上给学生核对一下答案,曾老师的做法(　　)

A. 合理,可以提高教学效率　　B. 不合理,教师应认真批改作业
C. 合理,可以促进学生自学　　D. 不合理,增加了学生课后负担

14. 方老师工作勤奋，为人直爽，教学能力也极强，但经常和同事发生矛盾冲突，甚至和有的教师已经发展到了互不理睬的地步。方老师应该(　　)

A. 不予理睬，只需关注教学质量　　B. 反思自我，加强与同事的沟通

C. 无需改变，继续保持独特个性　　D. 避免冲突，减少与同事的来往

15. 毛泽东在写给他的老师徐特立的信中说："你是我二十年前的先生，你现在仍然是我的先生，你将来必定还是我先生。"这说明教师对学生的影响具有(　　)

A. 层次性　　B. 自觉性

C. 深远性　　D. 规范性

16. 某学生家长给余老师送礼，想让余老师给其孩子安排最好的座位，余老师拒绝了。余老师的做法(　　)

A. 不正确，不利于取得家长信任　　B. 不正确，不符合家校沟通要求

C. 正确，符合严慈相济的要求　　D. 正确，符合廉洁从教的要求

17. 下列历史故事，与秦始皇有关的是(　　)(易错)

A. 图穷匕见　　B. 指鹿为马

C. 望梅止渴　　D. 三顾茅庐

18. 1848年法国爆发的"二月革命"，推翻了"七月王朝"，重新建立了共和国，该共和国的名称是(　　)

A. 法兰西第二共和国　　B. 法兰西第三共和国

C. 法兰西第四共和国　　D. 法兰西第五共和国

19. 诺贝尔奖是根据化学家诺贝尔的遗嘱设立的，包括自然科学和人文科学的综合性、国际性和永久性系列奖项，为国际最高荣誉奖项。诺贝尔的国籍是(　　)

A. 瑞士　　B. 德国

C. 英国　　D. 瑞典

20. 不锈钢制品与我们的日常生活密切相关，不锈钢的主要组成元素是(　　)(易错)

A. 铜、锌　　B. 铜、铁、铬

C. 铁、碳　　D. 铁、铬、镍

21. 16世纪法国作家拉伯雷的一部小说风靡一时，两个月的销量，就超过了《圣经》九年的销量，这一部赞颂人文主义的伟大杰作是(　　)

A.《神曲》　　B.《十日谈》

C.《巨人传》　　D.《堂吉诃德》

22. 名句"落霞与孤鹜齐飞，秋水共长天一色"出自《滕王阁序》，其作者是(　　)

A. 王勃　　B. 范仲淹

C. 苏轼　　D. 陶渊明

23. 北京市历史悠久，其建制在各朝各代中曾有不同名称。下列选项中，不是其历史名称的是(　　)

A. 蓟城　　B. 燕京

C. 汴梁　　D. 大都

24. 下列有关"乐"的古代名句，出自《论语》的是(　　)

A. 知之者不如好之者，好之者不如乐之者

B. 子非我，安知我不知鱼之乐

C. 独乐乐，与人乐乐，孰乐

D. 先天下之忧而忧，后天下之乐而乐

25.《西斯廷圣母》(图2)是意大利文艺复兴时期极负盛名的油画，塑造了端庄、娴静、温婉的圣母形象，体现了画家的美学追求。该油画的作者是(　　)

A. 伦勃朗　　B. 毕加索

C. 安格尔　　D. 拉斐尔

图2

26. 在Excel中，下列方法可实现快速查找满足条件的数据内容的是(　　)

A. 排序　　B. 自动筛选

C. 数据单　　D. 分类汇总

27. 在Word中，单击"插入"选项卡下的"表格"按钮，然后选择"插入表格"命令，如图3所示，则(　　)

A. 只能选择行数

B. 可以选择行数和列数

C. 只能选择列数

D. 只能使用表格设定的默认值

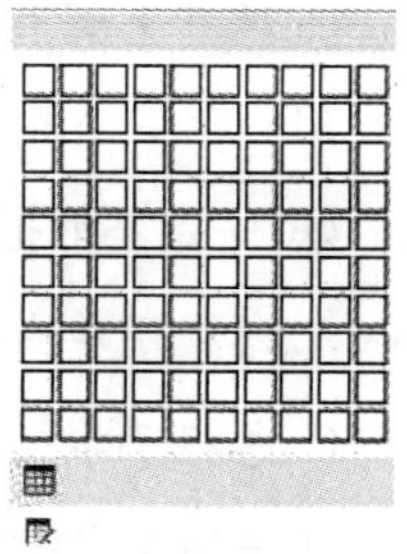

图3

28. 下列选项中，与"中国—香港"的逻辑关系相同的是(　　)

A. 北京—承德　　B. 宁夏—银川

C. 新疆—西藏　　D. 太原—山西

29. 按规律填数字是一项很有趣的游戏，特别锻炼观察和思考能力，按照"3+4+5→151227""5+3+2→101525""8+2+4→321648"的方法，下列选项中正确的是(　　)(常考)

A. 7+6+5→423585　　B. 7+6+5→423577

C. 7+6+5→354277　　D. 7+6+5→354285

二、材料分析题(本大题共 3 小题,每小题 14 分,共 42 分)阅读材料,并回答问题。

30. 材料:

汤老师接手 3 班班主任一个月了,他在课间经常把做作业的同学"撵"出教室,还"异想天开"地让学生自主设计去世界文化遗产的考察路线,让学生模仿在联合国发言,让学生设计一次公益募捐的方案……

就在其他老师议论汤老师的这些做法时,他又在"折腾"分层教学,现在他需要投入更多的时间和精力进行准备,上课要同时兼顾班上多个小组的精神状态……有老师建议他少"折腾",还说:"你关注大多数学生就行了,何必那么费劲,再说即使你这样辛苦,也不一定保证每个学生都能学好。"汤老师依然坚持他的做法,在经过多次试验后,他慢慢发现分层教学还有很多窍门,如可以把分层教学和"小先生制"结合起来,可以让学生自己总结所学所思所得。例如,在学完《屈原》之后,学生交上来的作业有读后感,有续写、改写,有诗歌、图画、短剧,角度多样,观点鲜明。一段时间之后,汤老师发现学生越来越乐于在作业中另辟蹊径地表达自己的想法了。

问题:

请结合材料,从学生观的角度,评价汤老师的行为。

31. 材料:

刚参加工作的夏老师,承担高中一年级的英语教学。第一次上课时,夏老师正在用英语做自我介绍,其他同学都在认真地听,唯独坐在第一排的一个男生没有抬头,夏老师注意到他正在看一本英文小说,她虽有些不快,但也未多想,就开始教学,夏老师朗读课文的时候,发现那个男生根本就没有把课本拿出来,"要不要提醒他呢?"夏老师一分神,结果读错了一个单词。"切!"那个男生发出了不屑的声音,夏老师感觉特别尴尬,上课也没了状态。课后,夏老师从别的老师那里了解到,这个男生叫李奇,曾经因父母工作的关系在国外上了几年学,英语水平已经很高了。

夏老师向有经验的老师请教,并主动找到李奇交流,夏老师了解到李奇非常喜欢外国文学,于是,夏老师找来许多最新原版英文书籍,认真阅读、思考,并利用课外时间与李奇交流心得。渐渐地,李奇也喜欢主动找夏老师交流,夏老师让李奇担任班级英语课代表,还鼓励他在班上积极分享阅读体会和学习经验,一段时间后,夏老师发现,李奇不仅在课堂上积极发言,还主动带领其他同学一起学习,整个班级学习英语的氛围越来越浓厚了。

问题:

请结合材料,从教师职业道德的角度,评析夏老师的教育行为。

32. 材料：

影视产品挤压纸媒读物是当下一个明显趋势，正推动文化生态的剧烈演变。前者传播快、受众广、声色并茂，还原如真，具有文字所缺乏的诸多优越，不能不使写作者们疑惑：文学是否已成为夕阳？

没错，如果文字只是用来记录实情、实景、实物、实事，这样的文学确实已遭遇强大对手，落入螳臂当车之势，出局似乎是迟早的事。不过，再想一想就会发现，文学从不限于实录，并非某种分镜头脚本，优秀的文学实外有虚，实中寓虚，虚实相济，虚实相生，常有镜头够不着的地方。钱钟书先生早就说过：任何比喻都是画不出来的。说少年被“爱神之箭”射中，你怎么画？画一支血淋淋的箭穿透心脏？今人同样可以质疑：说恋爱者在“放电”，你怎么画？画一堆变压器、线圈、插头？

画不出来，就是拍摄不出来，就是意识的非图景化。其实，不仅比喻，文学中任何精彩的修辞，任何超现实的个人感觉，表现于节奏、色彩、韵味、品相的相机把握，引导出缺略、跳跃、拼接、置换的变化多端，使一棵树也可能有上千种表达，总是令拍摄者为难，没法用镜头来精确地追踪。在另一方面，文字的感觉化之外还有文字的思辨化。钱先生未提到的是：人是高智能动物，对事物总是有智性理解，有抽象认知，有归纳、演绎、辩证、玄思等各种精神高蹈，所谓“白马非马”，具体的白马黑马或可入图，抽象的“马”却不可入图；即便拿出一个万马图，但“动物”“生命”“物质”“有”等更高等级的相关概念，精神运行的诸多妙门，还是很难图示和图解，只能交付文字来管理，若没有文字，脑子里仅剩一堆乱糟糟的影像，人类的意识活动岂不会滑入幼儿化、动物化、白痴化？

一条是文字的感觉承担，一条是文字的思辨负载，均是影视镜头所短。有了这两条，写作者大可放下心来，即便撞上屏幕上的声色爆炸，汉语写作的坚守、发展、实验也并非多余。恰恰相反，文字与图像互为基因，互为隐形推手。一种强旺的文学成长，在这个意义上倒是优质影视生产不可或缺的重要条件。

（摘编自韩少功《镜头够不着的地方》）

问题：

(1)文中画线处“镜头够不着的地方”指的是什么？请简要概括。(4 分)

(2)如何理解文中认为“文字与图像互为隐形推手”？请结合文本具体分析。(10 分)

三、写作题(本大题 1 小题,50 分)

33. 阅读下面的材料，按要求作文。

在一次网络访谈中，国家邮政局市场监管司某领导谈到，快递业务的便捷，形成了邮政的一种新业务：为高校学生服务，可把积攒的脏衣服寄洗，再通过快递寄回。这一现象引发社会热议。

根据材料所引发的思考和感悟，写一篇不少于 1000 字的论说文。

要求：

用规范的现代汉语写作，角度自选，立意自定，标题自拟。

机密★启封前　　姓名________　准考证号________

2016年上半年中小学教师资格考试真题试卷(十)

综合素质(中学)

注意事项:

1. 考试时间为120分钟,满分为150分。
2. 请按规定在答题卡上填涂、作答,在试卷上作答无效,不予评分。

一、单项选择题(本大题共29小题,每小题2分,共58分)

在每小题列出的四个备选项中只有一个是符合题目要求的,请用2B铅笔把答题卡上对应题目的答案字母按要求涂黑。错选、多选或未选均无分。

1. 邱老师经常梳理教学工作中遇到的问题,并运用教育学、心理学的知识分析问题的成因,寻找解决策略。邱老师在这一过程中扮演的主要角色是(　　)

A. 教育教学的研究者　　B. 行为规范的示范者

C. 心理健康的维护者　　D. 学生学习的组织者

2. 康老师经常在班上开展"成语知识竞赛""演讲赛""辩论赛"等活动,营造运用语文知识的情境。康老师的做法有利于(　　)(常考)

A. 提高学生实践能力　　B. 发展学生的互补性

C. 促进教师专业发展　　D. 减轻教师工作压力

3. 期末考试要到了,数学老师请综合实践活动课的吴老师把课时让给他上数学课,吴老师欣然同意。他们的做法(　　)

A. 合理,体现了教师双方的意愿　　B. 不合理,不利于学生的全面发展

C. 合理,有利于提高学生的成绩　　D. 不合理,违背了团结协作的要求

4. 学校派骨干教师王老师外出参加培训。王老师说:"我经常给别人开讲座,哪里还需要去接受培训?还是让刚参加工作的年轻人去吧!"下列关于此事的说法中,正确的是(　　)

A. 王老师具有团队协作的意识　　B. 王老师具有专业发展的意识

C. 王老师缺乏终身学习的意识　　D. 王老师缺乏课程建设的意识

5. 根据《中华人民共和国教育法》的相关规定,某地拟设立一所新学校,下列不属于该学校设立的必备条件的是(　　)

A. 有组织机构和章程　　B. 有充足的生源

C. 有合格的教师　　D. 有稳定的经费来源

6. 某初中为提高生源质量,自行组织入学考试,实行跨学区招生。该学校的做法(　　)

A. 合法,学校有招收学生的权利　　B. 合法,学校有自主办学的权利

C. 不合法,违反了尊重学生人格的规定　　D. 不合法,违反了免试、就近入学的规定

7. 某县级政府为了提高本县的中考成绩,将辖区内两所初中列为重点学校,并给予政府倾斜。该县级政府的做法(　　)

A. 合法,县级政府有权自主管理　　B. 合法,有助于校际教育质量竞争

C. 不合法,不能设置重点学校和非重点学校　　D. 不合法,应该平均分配各类教育资料

8. 张老师责令考试成绩不及格的小强停课半天写检查,张老师的做法(　　)(易错)

A. 合法,有助于警示其他学生　　B. 合法,教师有管理学生的权利

C. 不合法,侵犯了小强的人身权　　D. 不合法,侵犯了小强的受教育权

9. 某教师积极参加学校工会活动,并对学校的改革发展建言献策。该教师行使的权利是(　　)

A. 教育教学权　　B. 控告检举权

C. 民主管理权　　D. 培训进修权

10. 根据《中华人民共和国未成年人保护法》的规定,对未成年人的社会保护不包括(　　)

A. 预防未成年人沉迷网络　　B. 禁止拐卖、虐待未成年人

C. 履行监护职责,抚养未成年人　　D. 任何人不得在中小学教室吸烟

11. 初中生晓东放学后在校外玩耍时不慎摔伤。对此事故,承担责任的主体应是(　　)(常考)

A. 晓东　　B. 学校　　C. 晓东及学校　　D. 晓东及其监护人

12. 根据《国家中长期教育改革和发展规划纲要(2010~2020年)》的规定,下列选项中不属于改革教育质量评价和人才评价制度的做法是(　　)

A. 探索多种评价方式　　B. 完善综合素质评价

C. 建立多样的评价标准　　D. 树立终结性评价理念

13. 孙老师把没有按时完成作业的学生赶到操场上,让他们在冷风中把作业写完,说要让学生明白学习的艰辛。这说明孙老师没有做到(　　)

A. 关爱学生　　B. 因材施教　　C. 廉洁从教　　D. 严谨治学

14. 钟老师在班上设立"进步展示台",分类展示在不同方面有进步的学生。这表明钟老师(　　)

A. 不以分数作为评价学生的唯一标准　　B. 不关心学生的全面发展

C. 不注重与学生家庭密切联系　　D. 不主动与教师密切合作

15. 班主任苏老师发现,承担本班数学教学任务的林老师经常让学生罚站。面对这种情况,苏老师应该(　　)

A. 严厉批评林老师,责令其立即改正

B. 耐心与林老师交流,探讨更好的学生管理办法

C. 学习借鉴林老师的做法,提升自己的课堂管理能力

D. 尊重林老师的主动权,不干预林老师的这种课堂管理行为

16. 蒋老师的亲戚开办了一家培训公司,希望蒋老师推荐自己班上的学生参加辅导班,或者提供班上学生的联系方式。面对这种情况,蒋老师应该(　　)

A. 推荐学生参加辅导班,促进学生全面发展

B. 坚决拒绝亲戚的请求,并说明自己的理由

C. 提供学生的联系方式,同时推荐学生参加辅导班

D. 仅提供学生的联系方式,不推荐学生参加辅导班

17. 微积分学的创立,极大地推动了数学的发展,过去很多初等数学束手无策的问题,运用微积分,往往能迎刃而解。下列科学家中,与微积分理论创立和发展没有重大关系的是(　　)

A. 牛顿　　B. 柯西　　C. 爱因斯坦　　D. 莱布尼茨

18. 人类社会经历了三次科技革命,第一次科技革命的标志是(　　)

A. 蒸汽机的发明　　B. 纺织机的发明

C. 电力的发明　　D. 电子计算机的发明

19. 战国时代有七个强大的诸侯国争雄称霸,史称"战国七雄"。下列选项中,不属于"战国七雄"的是(　　)(易错)

A. 齐国　　B. 鲁国　　C. 楚国　　D. 秦国

20. 下列名医中,与"刮骨疗伤"这一故事有关的是(　　)

A. 张仲景　　B. 李时珍　　C. 华佗　　D. 扁鹊

21. 中国素称"礼仪之邦",礼仪文化是中国传统文化的重要组成部分。下列选项中,不属于中国传统礼仪文化的是(　　)

A. 女士优先　　B. 亲疏有别　　C. 慎终追远　　D. 礼尚往来

22. 下列成语中,不是出自《论语》的是(　　)

A. 升堂入室　　B. 教学相长　　C. 诲人不倦　　D. 有教无类

23. 下列明清作家与其戏曲作品,对应不正确的是(　　)

A. 李渔——《窦娥冤》　　B. 孔尚任——《桃花扇》

C. 洪昇——《长生殿》　　D. 汤显祖——《牡丹亭》

24. "四书五经"是古代典籍中的经典。下列选项中,含有《周颂》的典籍是(　　)(易混)

A.《春秋》　　B.《诗经》　　C.《周礼》　　D.《易经》

25. 我国不同民族的室内装饰与居住环境各有特色,下图的民居室内装饰反映的民族特色是(　　)

A. 彝族特色　　B. 壮族特色　　C. 藏族特色　　D. 汉族特色

26. 在 Word 中,如果双击某行文字左端的空白处,被选中的区域是(　　)(常考)

A. 该行　　B. 全文　　C. 该段　　D. 该页

27. 演示文稿 PowerPoint 的基本组成单元是幻灯片,下列工具栏按钮可以插入新幻灯片的是(　　)

A. [图标]　　B. [图标]

C. [图标]　　D. [图标]

28. 下列选项中的概念关系,与"土豆"和"马铃薯"一致的是(　　)

A. 坦克——战车　　B. 录音机——录音笔

C. 萝卜——青萝卜　　D. 番茄——西红柿

29. "医生都穿白衣服,所以,有些穿白衣服的人留长头发。"下列选项中,这一陈述的必要前提是(　　)

A. 有些医生留长头发　　B. 有些医生不留长发

C. 穿白衣服的人不留长发　　D. 穿白衣服的人都是医生

二、材料分析题(本大题 3 小题,每小题 14 分,共 42 分)阅读材料,并回答问题。

30. 材料:

大学毕业后,曲老师到一所农村中学当历史老师,至今已有八年了。在此期间,有的同事调到条件更好的学校去了,有的则步入了职业倦怠期,有几所条件更好的城区学校想引进他,但他总是拒绝说:"我从小在农村长大,明白农村孩子也需要良好的教育,这里的孩子离不开我。"

为了成为一名优秀的历史老师,曲老师经常翻阅各种期刊,以及时了解历史学科的新信息;他还经常向经验丰富的教师学习,为了提升自己分析和解决问题的能力,曲老师不断学习科学研究方法,并运用这些方法解决了一些教学问题。

曲老师说:"台上一分钟,台下十年功,当教师仅靠大学时代所学的知识远远不够。"他坚持每天至少进行一个小时的阅读,多年来从未间断过,他的阅读范围很广,除了研读历史领域的经典著作之外,他还广泛学习法学、地理学、社会学、美学等各个领域的知识。

问题:

请结合材料,从教师观的角度,评析曲老师的行为。

31. 材料：

从教二十余年，洪老师的很多事迹，让学生终生难忘。

一年秋天，学生们刚开始上课，外面突然大雨倾盆，班上三名学生晒在宿舍外面的被褥被淋湿了，洪老师就让他们晚上住在自己家里，还给他们做饭吃；一名学生从几十公里外的山区乘汽车来校时，生活费被盗，洪老师除了与有关部门协调外，还自己掏钱替学生垫付伙食费；有一次，校外不良青年来到学校，拿刀威逼学生，索要学生财物，她奋不顾身地保护学生，而后积极向有关部门呼吁，净化校园周边环境，同时向学生讲解自我保护的方法。

有一年春季刚开学，一位老人把她的孙女小芳领到洪老师的面前。老人说："小芳以前一直跟着打工的父母在外地，转了几次学，学习成绩不好。她害怕老师和同学们嫌弃她，希望老师多费心。"洪老师说："小芳是我的学生，我会尽心去教的。只要她肯努力，踏实学，认真做事，就是好学生。"在洪老师有针对性的帮助和指导下，小芳进步很快，初中毕业时以优异成绩考上了高中。

洪老师很注重对自己的教育教学成败进行反思总结。她的教育随笔《我的表扬何以会成为学生的压力》《如何让文言文不再枯燥难学》《如何让学生在青春期不恐慌》《班主任怎样才能赢得科任教师的支持》相继获奖，大家都说她是名副其实的好老师。

问题：

请结合材料，从教师职业道德的角度，评析洪老师的行为。

32. 材料：

传统戏曲表现为两种形态，一种存在于民间，称为民间戏曲；另一种是文人在民间戏曲的基础上，不断丰富其表现手段，具有了较高的审美性和审美价值而形成的戏曲艺术，而戏曲现代化，更多的是指戏曲艺术的现代化。

在戏曲现代化的过程中，人们把注意力过多地集中在戏曲现代题材和思想内容的表现上，而忽视了戏曲艺术作为一种艺术样式所具有的本质特征。现代生活题材当然是现代戏曲艺术应该表现的内容之一，甚至是重要的内容之一，但通过古代生活题材同样也可以反映当代人的思想意识和精神生活。戏剧理论家张庚先生对此有明确的认识，认为戏曲现代化的重心就是如何"以中国人的审美标准和方式，表现现代生活与现代意识""在历史剧中贯穿着作者当时的时代精神"，所以"也不一定只有描写当代生活的戏才配称为现代化的戏曲，现代人写的历史剧一样也能成为很好的现代戏"。而另一方面，戏曲艺术之所以成为戏曲艺术，在于它独特的戏曲表达形式，也就是说，不在于其表达的思想内容是什么，而在于其如何表达这些思想内容。戏曲艺术的审美价值就在于其可以反复欣赏的独特的形式美，是形式与内容两者和谐、有机的统一。作为一种古老的传统艺术，戏曲的形式尤其重要，而时下的戏曲现代化虽在"形式美"上做了一些尝试，但力度显见不足，也缺乏系统性，而且过度强调对现代生活的反映。这正是戏曲艺术现代化的主要困境所在。

戏曲是一种大众艺术，它的根脉在民间，戏曲艺术的每次发展、繁荣，民间大众都发挥了积极的作用。然而，反观当代有一种越来越不尊重和漠视民间的趋势。当然，民间戏曲决不会因为我们忽视它而自动消亡，因为它与民间的生活息息相关。人们会发现，某些方面民间戏曲在追求其现代转型的道路上走得更远更稳，在一些地区，它甚至已经融进了人们的现代精神文化生活，成为他们文化生活不可或缺的一部分。我们有充分的理由相信，这也会是实现传统戏曲现代转型的一把密匙。

（摘编自刘桢、毛忠《中国戏曲的现代转型与本质回归》）

问题：

(1)戏曲现代化过程中应重点关注哪两个方面？请结合文本，简要说明。(4分)

(2)文章认为应如何走出戏曲艺术现代化的困境？请简要分析。(10分)

三、写作题(本大题1小题,50分)

33. 阅读下面的材料，按照要求作文。

这个世界上有很多种生活，如果命运将你推向任何一种，都别奇怪，别怨天尤人，它并没有剥夺你幸福的权利。在任何一种生活里，我们都能找到属于自己的幸福。

根据材料所引发的思考和感悟，写一篇论说文。

要求：

角度自选，立意自定，标题自拟，不少于1000字。

机密★启封前　　　　　　　　　　　姓名__________　准考证号__________

国家教师资格考试预测试卷(十一)

综合素质(中学)

注意事项:

1. 考试时间为120分钟,满分为150分。
2. 请按规定在答题卡上填涂、作答,在试卷上作答无效,不予评分。

一、单项选择题(本大题共29小题,每小题2分,共58分)

在每小题列出的四个备选项中只有一个是符合题目要求的,请用2B铅笔把答题卡上对应题目的答案字母按要求涂黑。错选、多选或未选均无分。

1. 我国把足球纳入学校体育课程教学体系,将其作为体育课必修内容,为学生提供学习足球的机会,将学生足球特长水平纳入学生综合素质评价,写实记录,形成档案。针对这一做法,结合素质教育的相关内容,下列说法不准确的是(　　)

A. 有利于促进学生的全面发展　　B. 有利于促进学生的个性发展

C. 有利于增强学生的身体素质　　D. 有利于提升学生的学业成绩

2. 梦瑶是班上年龄最小的学生,性格内向羞涩。李老师发现梦瑶好几次想问他数学问题,却因为胆怯而欲言又止。为改善这一局面,李老师最应该采取的措施是(　　)

A. 到梦瑶桌前为她答疑,主动拉近师生距离　　B. 多一事不如少一事,不做过多搭理

C. 让梦瑶到办公室,对其进行教育　　D. 劝说梦瑶的父母带其去看心理医生

3. 湖北省竹山县各学校广泛开展"快乐进课堂"活动,鼓励学生在课堂上多看、多做、多议,亲身体验探究式学习带来的无穷乐趣。这种做法能够(　　)

A. 激发学生的兴趣,发挥学生的潜能　　B. 分散学生的注意力,影响学生的学习

C. 因材施教,使学生各方面都得到均衡发展　　D. 拉近师生距离,建立良好的师生关系

4. 万老师教学很认真,经常辛辛苦苦地从上课讲到下课,嗓门特别大,被同事戏称为"全天候广播员",可教学效果一直不好。万老师需要反思的是(　　)

A. 教学态度　　B. 教学方式　　C. 教学目的　　D. 教学条件

5. 兰兰擅长绘画,小小年纪已多次获奖,学校在没有征得兰兰和她家长同意的情况下,将兰兰在学校课堂上创作的画拿给出版社出版。该学校的做法(　　)

A. 合法,学校有权处理学生课堂画作　　B. 合法,任何人不得干涉学校的决定

C. 不合法,学校侵犯了兰兰的财产权　　D. 不合法,学校侵犯了兰兰的著作权

6. 义务教育是国家统一实施的所有适龄儿童、少年必须接受的教育,是国家必须予以保障的公益性事业。我国现行义务教育的法定起始年龄是(　　)

A. 五或六周岁　　B. 六或七周岁　　C. 七或八周岁　　D. 未做确定

7. 小敏妈妈在小敏的书包里发现了一封情书,便偷偷地把情书扔了。小敏妈妈的行为侵犯了小敏的(　　)

A. 财产权　　B. 隐私权　　C. 人格尊严　　D. 人身自由

8. 学生陈某逃课去网吧上网,学校在得知消息后,最恰当的做法应当是(　　)

A. 及时与陈某的监护人取得联系　　B. 及时向当地教育行政部门报告情况

C. 及时在当地电视台发布寻人启事　　D. 及时向当地公安机关报告情况

9. 某学校教室的天花板脱落,造成三名学生受伤。此次事故中应当承担责任的是(　　)

A. 学校　　B. 学生家长　　C. 学校和学生家长　　D. 学生

10. 针对教师的下列行为,学校可以进行行政处分或解聘的有(　　)

A. 组织学生交班费

B. 组织学生开展校外活动,一学生路上被车撞,经抢救无效死亡

C. 强制搜学生的身,想知道是不是偷了东西

D. 与同事不和

11. 根据《中华人民共和国宪法》规定,中华人民共和国的公民是指(　　)

A. 出生在中国的人　　B. 年满18周岁的人　　C. 具有中国国籍的人　　D. 享有政治权利的人

12. 国务院和地方各级人民政府领导和管理教育工作的原则是(　　)

A. 统一管理、分工负责　　B. 统筹规划、协调管理

C. 统筹规划、以县为主　　D. 分级管理、分工负责

13. 某次考试成绩出来后,班主任老师把班里所有学生的成绩进行排名并张贴后,对其中一名学生说:"这次又是你倒数第一,总是影响班级成绩,你真是没救了。"此老师的行为违反了(　　)的教师职业道德规范。

A. 爱国守法、终身学习　　B. 关爱学生、教书育人

C. 为人师表、廉洁公正　　D. 爱岗敬业、终身学习

14. 小梁是"富二代",经常上课时玩平板电脑、智能手机,还常常向同学炫耀。作为班主任,你会(　　)

A. 把家长叫到学校,让家长处理

B. 批评小梁,因为上课玩平板电脑、经常炫富是不对的

C. 与小梁推心置腹地谈谈,让其认识到凭自己本事赚来的钱才值得骄傲,使其自觉改正

D. 不必理会,这是小梁自己的事

15. 张老师与同事之间相互尊重、相互理解、相互学习、相互帮助……在解决同学们的成绩和纪律问题时,张老师很重视其他任课教师或班主任的意见,这种做法(　　)

A. 正确,有利于处理好师生关系

B. 错误,王老师这样做缺乏主见

C. 正确,是一种良好的师师互动关系

D. 错误,教师间缺乏竞争意识,不利于教师专业发展

16. 法国文学家加缪获得诺贝尔文学奖后，第一时间给他的小学老师写了一封信表示感谢。这反映了教师劳动具有(　　)

A. 复杂性　　B. 长期性　　C. 创造性　　D. 示范性

17. 下列关于消防常识的表述，不正确的是(　　)

A. 煤气泄露充满室内时，应首先打开门窗通风　　B. 当汽车因燃油泄漏着火时，应立即用水浇灭

C. 电器因短路着火时，可用干粉灭火器扑灭　　D. 当森林发生火灾时，可用覆土方式扑救

18. 项羽是中国军事思想"兵形势"代表人物，堪称中国历史上最强的武将之一，古人对其有"羽之神勇，千古无二"的评价。下列事迹中，与项羽无关的是(　　)

A. 胯下之辱　　B. 无颜见江东父老

C. 霸王别姬　　D. 破釜沉舟

19. 印象派绘画代表作之一《日出·印象》的作者是(　　)

A. 雷诺阿　　B. 高更　　C. 毕沙罗　　D. 莫奈

20. 唐朝是中国古代最强盛的朝代之一，在后期逐渐衰落。唐朝由盛转衰的转折点是(　　)

A. 安史之乱　　B. 三藩之乱

C. 准噶尔叛乱　　D. 八王之乱

21. 2011 年 4 月份，湖南省益阳市南县职业中专语文教师黄佑军完成了候风地动仪的复原研究工作。下列选项中，与地动仪有关的是(　　)

A. 哥白尼　　B. 毕昇　　C. 张衡　　D. 布鲁诺

22. "穷则独善其身，达则兼济天下"是哪一家的主张(　　)

A. 儒家　　B. 法家　　C. 道家　　D. 墨家

23. 俗话说"一寸光阴一寸金"。这里的"寸"是用古代哪种计时器量出的时间单位(　　)

A. 日晷　　B. 漏刻　　C. 钟表　　D. 漏壶

24. 下列作品与第二次世界大战有关的是(　　)

A.《辛德勒名单》　　B.《静静的顿河》

C.《智取威虎山》　　D.《战争与和平》

25. 下图是某工厂对一批新产品长度(单位：mm)检测结果的频率分布直方图，这批产品的中位数为(　　)

A. 20　　B. 25　　C. 22.5　　D. 22.75

26. 下列选项中，关于 Word 文档"页码"功能的表述中，不正确的是(　　)

A. 文档中的页眉、页脚区域可以插入页码

B. 文档中左右边距不可以插入页码

C. 可通过设置"首页显示页码"实现首页不显示页码

D. 可通过设置"奇偶数"不同，实现奇数页和偶数页页码位置不同

27. 下列功能按钮中，可实现在 PowerPoint 中插入视频的是(　　)

A.　　B.　　C.　　D.

28. 下列选项中的概念关系，与"颜色——红色"一致的是(　　)

A. 自行车——卡车　　B. 房子——屋顶

C. 明沟——暗沟　　D. 食物——饺子

29. 找规律填数字是一项很有趣的活动，特别锻炼观察力和思考力。下列选项中，填入数列"2、4、9、16、________、47"空缺处的数字，正确的是(　　)

A. 28　　B. 29　　C. 30　　D. 31

二、材料分析题(本大题共 3 小题，每小题 14 分，共 42 分)阅读材料，并回答问题。

30. 材料：

当学生在课堂上回答不出问题时，不同的老师有不同的处理方式，下面是两位老师的处理方式：

李老师不耐烦地对学生说："一上课就发呆、开小差，你到学校干什么来了，这么简单的问题你都不会，真是一个笨蛋。"之后，学生非常沮丧地坐下，整节课都无心学习。

吴老师和蔼地对学生说："不着急，我们一起回忆学过的内容和昨天的实验课，昨天你们小组实验很成功，你还能想起来实验的过程吗?"学生思考片刻，答出了一部分，吴老师鼓励他说："对，只要我们动脑筋，就有思路，再想想，还有补充吗?"学生思考了片刻，做了补充，老师又点了点头："很好，请坐！其他同学还有不同看法吗?"之后，这位学生整节课都听得很认真。

问题：

请结合材料，从学生观的角度，评析两位老师的教育行为。

31. 材料：

初三学生赵英是个热爱集体活动的孩子，不过学习成绩一般。赵英的父母因为赵英还有半年多就要中考，强令赵英不要再参加学校组织的社会实践活动。赵英在家长的影响下，渐渐对集体活动失去了兴趣，而学习依然没有什么进步。

从此，不管赵英身上出现了什么问题，李老师都不再与赵英的家长联系，即使赵英的家长主动打电话请李老师家访，李老师也借口忙而不去，并在电话里对赵英的父亲说，赵英现在出现的问题都是家长造成的，老师没有责任。赵英家长与李老师的矛盾越来越尖锐。

问题：

请结合材料，从教师职业道德的角度，评析李老师的教育行为，并提出解决问题的办法。

32. 材料：

4月23日是世界读书日，让我们问自己一句：为什么读书？

每个人都能给出若干个理由：书籍是人类进步的阶梯，书籍是指引人生的灯塔，书籍是抚慰心灵的鸡汤……书籍的功用如此之大。然而，市场上卖得好的书，却往往更注重实用：养生、美容、商战、股票、英语……书海茫茫，各取所需的阅读要的是直奔主题，要的是立竿见影。更便捷的数字阅读，攻势凌厉地抢占着传统阅读市场，浅读、速读、泛读成为新的阅读趋势，“好读书，不求甚解”，我们的阅读行为正悄然发生着急剧变化。

读书的功用显而易见。然而，除了信息和知识，书籍还带给我们思想和审美。法国人夏尔·丹齐格在《为什么读书》一书中说：“在功利主义的世界里，阅读维系着超脱，而超脱有利于我们的思考。读书毫无用处。正因为这个，读书才是一件大事。”“无用”的阅读常常萌芽于一颗对世界敏感而好奇的心，当求知的欲望带领着人类穿过重重迷雾后，收获的是一种别开生面的人生境界。

“无用”的阅读不是生存或者生计所必需的。2012年当莫言获得诺贝尔文学奖时，人们希望通过他的获奖，唤起国人对好书的热爱，走进书本，沉湎其中，重回20世纪70年代的阅读时光。在那个时代，从城市下放到乡村劳动之余，多少青年倚靠在田野的草垛上通读了《资本论》和《列宁全集》。

“无用”的阅读看似无用，但一定会留下痕迹。它就像一种文化的渗透，缓慢、恒久、绵密。因为无故乱翻书，因为不带任何阅读的预期，因为起于一种非功利的自发行为，那不期而至的阅读收获便格外宝贵和难忘。当女作家铁凝还是一个少年时，她读到法国作家罗曼·罗兰的《约翰·克利斯朵夫》扉页上的题记“真正的光明绝不是永没有黑暗的时间，只是永不被黑暗所淹没罢了；真正的英雄绝不是永没有卑下的情操，只是永不被卑下的情操所屈服罢了”时，深受震动，她说：“这两句话让我生出想要为这个世界做点什么的冲动。我初次领略到阅读的重量，它给了我身心的沉稳和力气。”

阅读的重量不仅来自它给你实际生活的帮助，有时更来自它对心灵造成的重击。“无用”的阅读可以跳脱自己的世界，让我们感受到他人的存在；“无用”的阅读可以超越时空的局限，让我们收获“最难风雨故人来”的感动。一本好书，从来不会因为表面“无用”而折损了它的价值。在又一个世界读书日来临之际，让我们把阅读当作一种心境的解放，多做一些无目的的阅读、休闲的阅读，而不是纯粹为了解决一个问题，为了完成一门学业，为了考到一个文凭而去阅读。希望阅读能与生活始终相伴。

（摘编自《课外阅读》）

问题：

（1）文本第二段说，“我们的阅读行为正悄然发生着急剧变化”，请具体说明“阅读行为”出现了哪些方面的变化。（4分）

（2）结合文本，简要阐述“无用阅读”的价值。（10分）

三、写作题（本大题1小题，50分）

33. 阅读下面的材料，按要求作文。

妈妈问女儿：“棉被放在床上一直是冰凉的，可是人一躺进去就变得暖和了，你说是棉被把人暖和了，还是人把棉被暖和了？”

女儿一听，笑了：“妈妈你真糊涂啊，棉被怎么可能把人暖和了，当然是人把棉被暖和了。”

妈妈说道：“既然棉被给不了我们温暖，反而要靠我们去暖和它，那么我们还盖着棉被做什么？”

女儿想了想说道：“虽然棉被给不了我们温暖，可是厚厚的棉被却可以保存我们的温暖，让我们在被窝里睡得舒服啊！”

根据以上材料所引发的联想和感悟，写一篇说论文。

要求：

用规范的现代汉语写作；角度自选，立意自定，标题自拟；不少于1000字。

机密★启封前　　　　　　　　　姓名＿＿＿＿＿＿　准考证号＿＿＿＿＿＿

国家教师资格考试预测试卷(十二)

综合素质(中学)

注意事项:

1. 考试时间为120分钟,满分为150分。
2. 请按规定在答题卡上填涂、作答,在试卷上作答无效,不予评分。

一、单项选择题(本大题共29小题,每小题2分,共58分)

在每小题列出的四个备选项中只有一个是符合题目要求的,请用2B铅笔把答题卡上对应题目的答案字母按要求涂黑。错选、多选或未选均无分。

1. 语文课上,老师要求学生用活泼一词造句,学生甲站起来说:“李华同学在体育课上表现得很活泼。”老师说:“很好。”乙同学说:“河里的水很活泼。”老师沉吟了一会,点评说:“说水活泼不合适,这个句子不贴切。”学生乙疑惑地坐下了。下列对老师的做法评价不正确的是(　　)

A. 限制了学生的观察力和想象力

B. 没有敏锐地捕捉教育细节

C. 一定程度上抑制了学生的创新精神和创新意识

D. 开拓了学生的视野

2. 陈老师在教学时引用徐霞客的诗句“五岳归来不看山,黄山归来不看岳”。有学生产生了疑问:“为什么黄山不在五岳之列?”陈老师下列处理方式恰当的是(　　)

A. 不予理睬继续上课　　B. 批评学生上课分心

C. 布置学生课外探究　　D. 解释说作者弄错了

3. 刚入职不久的王老师,面对在课堂上大声吵闹的学生不知道该如何管教,一时间一筹莫展。学生犯错时老师应采取的正确方式是(　　)

A. 通知学生家长来学校,惩罚学生　　B. 及时主动与家长沟通,提出建议,共同引导

C. 通知家长,管教好后再送回来　　D. 严厉批评,甚至讽刺挖苦学生

4. 在教学活动中,经常出现学生随声附和老师提出的“是不是?”“好不好?”“对不对?”回答“是”“好”“对”。这种现象说明老师没有做好(　　)

A. 学习的引导者　B. 课程的建设者　C. 教学的研究者　D. 学生的合作者

5. 初二学生赵某(15岁)因抢劫被判刑,依据我国《预防未成年人犯罪法》的规定,下列说法正确的是(　　)

A. 企业拒绝录用服刑期满的赵某

B. 监狱将赵某与成年犯一起关押

C. 电视台在报道中公布赵某的姓名

D. 看守所安排干警指导赵某学习义务教育课程

6. 刑事责任是指犯罪人因实施犯罪行为应当承担的法律责任。下列现象中,可依法追究刑事责任的是(　　)

A. 故意不完成教育教学任务造成严重损失的　　B. 违反有关规定向受教育者收取费用的

C. 侮辱、殴打教师,情节严重,构成犯罪的　　D. 侵占学校校舍、场地和其他财产的

7. 贺老师和书店达成交易,要求全体学生自费购买他指定的教学辅导用书,之后抽取一定的费用。贺老师的这种行为(　　)

A. 体现了教师享有的“从事科学研究和学术交流”的权利

B. 体现了教师享有的“指导学生的学习和发展”的权利

C. 违反了不得选用未经审定的教科书的规定

D. 违反了不得向学生推销商品和服务的规定

8. 为了保护学生的隐私,某学校规定语文教师不得在课堂上点评学生的作文。该校的做法(　　)

A. 正确,学校有权对教师提出工作要求　　B. 正确,学校应该满足学生的自尊需求

C. 不正确,学校侵犯了教师的权利　　D. 不正确,学校限制了教师的言论自由

9. 小李放学回家被妈妈责骂了一顿,一气之下跑到好朋友东东家里要求借宿一晚,东东的父母答应了。关于东东的父母对小李的留宿行为,下列选项中做法不正确的是(　　)

A. 东东的父母应及时向当地公安机关报告

B. 东东的父母留宿小李后不告诉任何人其下落

C. 东东的父母应及时通知小李的父母

D. 东东的父母应及时通知小李所在学校

10. 下列选项中,由全国人民代表大会常务委员会行使的职权是(　　)

A. 修改宪法

B. 选举中华人民共和国主席、副主席

C. 制定和修改刑事、民事、国家机构的和其他的基本法律

D. 解释宪法,监督宪法的实施

11. 当前,减轻学生伤害事故给学校造成的压力(负担),同时能较好解决学生伤害事故损害赔偿或补偿责任的合法而有效的途径是(　　)

A. 学校加强安全教育,学生学会自护自救本领

B. 学校参加责任保险,学生参加意外伤害保险

C. 学校发动师生捐款,设立学生伤害赔(补)偿基金

D. 学校与学生家长签订“学生(子女)安全责任协议”

12. 林林因为迟到被老师赶出了教室,该老师的做法侵犯了林林的(　　)

A. 受教育权　B. 身体权　C. 人格尊严　D. 人身自由

13. 小海的家长给刘老师送贵礼，托其给小海换座位，刘老师收下并给小海换了座位。刘老师的做法（　　）

A. 体现了礼尚往来的良好品德　　B. 体现了关心学生

C. 是利用职权谋私利　　D. 体现了严慈相济

14. 同学们正在早读，书声琅琅，班主任前脚刚迈入教室，身后紧跟着的一个学生几乎要撞上他。班主任大声说道："李明，你为什么迟到？站好！"忽然他听到有人嘀咕："自己不也迟到了。"这反映出教师劳动具有一定的（　　）

A. 复杂性　　B. 示范性　　C. 激励性　　D. 调控性

15. 东东在学校里经常迟到，班主任李老师将其妈妈叫来学校，在办公室里不停地指责东东的妈妈对孩子的教育不负责任，并且告诉东东的妈妈要积极地配合自己的工作。在这个事例中李老师与家长沟通过程中的态度不应该（　　）

A. 谦虚仁慈　　B. 颐指气使　　C. 尊重理解　　D. 一视同仁

16. 小李是刚入职的新教师，他在着急的时候说话会变得有些结巴，这遭到学生和一些老师的嘲笑。如果你是小李的同事，你会（　　）

A. 这是小李的事情，不笑话他，但也想不到办法来帮助他

B. 当老师连话都说不利落，说明小李不适合做老师

C. 告诉小李自己也曾有过同样的情况，并把自己的经验告诉他

D. 在小李结巴时，告诉小李结巴得很厉害，这样可不行

17. 揭开全面抗日战争序幕的是（　　）

A. 九一八事变　　B. 淞沪会战　　C. 七七事变　　D. 华北事变

18. 京剧脸谱是一种内涵丰富的艺术表现形式，每个脸谱都有一种主色调以显示剧中人物的特征，如关羽脸谱的主色是红色、曹操的是白色、包拯的是黑色……你认为"白脸"表示（　　）

A. 忠勇正义　　B. 奸诈狡猾　　C. 凶猛残暴　　D. 刚直果敢

19. 汉武帝于公元前 139 年和公元前 119 年，两次任命张骞为使者，出使西域，开辟了通往西域的丝绸之路。下列哪一遗迹在丝绸之路上（　　）

A. 莫高窟　　B. 云冈石窟　　C. 龙门石窟　　D. 平遥古城

20. 第一位获得诺贝尔生理学或医学奖的华人科学家是（　　）

A. 屠呦呦　　B. 童第周　　C. 邹承鲁　　D. 陈帧

21. 下列作品不是达·芬奇创作的是（　　）

A.《向日葵》　　B.《最后的晚餐》

C.《岩间圣母》　　D.《蒙娜丽莎》

22.《游击队歌》的曲作者是（　　）

A. 刘天华　　B. 林耀基　　C. 贺绿汀　　D. 夏之秋

23. 下列选项中，未列入我国刺绣工艺"四大名绣"的是（　　）

A. 苏绣　　B. 京绣　　C. 湘绣　　D. 蜀绣

24. 东汉南阳太守杜诗"造作水排，铸为农器，用力少，见功多，百姓便之"，"水排"的模型如下图所示，其作用是（　　）

A. 灌溉　　B. 制瓷　　C. 耕种　　D. 鼓风冶铁

25. 刘翔在出征北京奥运会前刻苦进行 110 米跨栏训练，教练对他 20 次的训练成绩进行统计分析，发现在这 20 次训练中，有一个数据出现的次数最多，那么这个数据在数学意义上属于（　　）

A. 众数　　B. 平均数　　C. 频数　　D. 方差

26. 在 Word 中，可多次重复进行格式复制的操作是（　　）

A. 左单击格式刷按钮　　B. 右单击格式刷按钮

C. 左双击格式刷按钮　　D. 右双击格式刷按钮

27. 在 Excel 中，要通过扇形面积反映每个对象的一个属性值在总值当中所占比例大小，应该选择的图表类型是（　　）

A. 柱形图　　B. 折线图　　C. 饼图　　D. XY 散点图

28. 下列选项中的概念关系，与"高粱——玉米"一致的是（　　）

A. 金鱼——鲢鱼　　B. 地瓜——番薯　　C. 玫瑰——爱情　　D. 番茄——蔬果

29. 找规律填数字是一项很有趣的活动，特别锻炼观察和思考能力。下列选项中的数字，填入数列"1、7、8、57、________、26050"空缺处，正确的是（　　）

A. 456　　B. 457　　C. 458　　D. 459

二、材料分析题（本大题共 3 小题，每小题 14 分，共 42 分）阅读材料，并回答问题。

30. 材料：

某初中英语老师在批改学生作业时，竟写上"狗屁"二字，遭到学生家长的网上发帖投诉。从发帖人贴出的图片上，可以看出这是一张英语试卷，试卷第六大项为阅读表达题，共 3 小题，每空 1 分，满分 5 分。这名学生 3 道题都做错了，5 分全被扣了。在错误回答的旁边，有红笔标注的正确答案。在"－5"的上方，还有红笔写着的"狗屁"两个字，非常醒目。不少网友认为老师是"恨铁不成钢"，气急了才会写下这样的评语，虽然语言不太恰当，但从另一个方面看，"这样的老师还是很负责的，为了小孩好"。

问题：

请结合材料，从教育观的角度，评析该英语老师的教育行为。

31. 材料：

在“优秀教育工作者”分享会上，石老师向学校的各位教师分享自己的工作经历，她说：“一个学生生病了，把刚吃下去的午饭吐了一地，尽管味道刺鼻，但我问自己，如果他是我的孩子，我会嫌弃吗？于是，我拿起工具，弯下腰去收拾干净。一个学生的数学作业改了好几遍，还是做不对，尽管我很心烦，但我告诉自己，如果我是这个学生，我也会很着急。于是，我一遍遍地给他讲解，直到他学会。一个学生很调皮，上课不认真听讲。不按要求完成作业，尽管我很生气，但我告诉自己，他还是个孩子，我要帮助他。于是我向家长了解情况，制定帮教计划，号召其他同学也来帮助他……”

问题：

请结合材料，从教师职业道德的角度，评析石老师的教育行为。

32. 材料：

创造主未完成之工作，让我们接过来，继续创造。

宗教家创造出神来供自己崇拜。省事者把别人创造的现成之神拿来崇拜。恋爱无上主义者造出爱人来崇拜。美术家，如罗丹，是一面造石像，一面崇拜自己的创造。

教育者不是造神，不是造石像，不是造爱人。他们所要创造的是真善美的活人。真善美的活人，是我们的神，是我们的石像，是我们的爱人。教师的成功，是创造出值得自己崇拜的人。先生之最大的快乐，是创造出值得自己崇拜的学生。说得正确些，先生创造学生，学生也创造先生，学生先生合作而创造出值得彼此崇拜之活人。倘若创造出丑恶的活人，不但是所塑之像失败，亦是合作塑像者之失败。倘若活人之塑像是由于集体的创造，而不是个人的创造，那么这成功失败也是属于集体，而不是仅仅属于个人。在一个集体当中，每一个活人之塑像，是这个人来一刀，那个人来一刀，有时是万刀齐发，倘使刀法不合于交响曲之节奏，那便处处是伤痕，而难以成为真善美之活塑像。

教育者也要创造值得自己崇拜之创造理论和创造技术。活人的塑像和大理石的塑像有一点不同，刀法如果用得不对，可以万像同毁；刀法如果用得对，则一笔下去，万龙点睛。

有人说：环境太平凡了，不能创造。平凡无过于一张白纸，八大山人挥毫画他几笔，便成为一幅名贵的杰作。平凡也无过于一块石头，到了米开朗基罗的手里，可以成为不朽的塑像。

有人说：生活太单调了，不能创造。单调无过于坐监牢，但是就在监牢中，产生了《易经》之卦辞，产生了《正气歌》。单调又无过于沙漠了，而雷赛布竟能在沙漠中造成苏伊士运河，把地中海与红海贯通起来。

可见平凡单调，只是懒惰者之遁辞。既已不平凡不单调了，又何须乎创造。我们要在平凡上造出不平凡，在单调上造出不单调。

有人说：年纪太小，不能创造，见着幼年研究生之名而哈哈大笑。但是当你把莫扎特、爱迪生及冲破父亲数学层层封锁之帕斯卡的幼年研究生活翻给他看，他又只好哑口无言了。

有人说：我是太无能了，不能创造。可是鲁钝的曾参，传了孔子的道统；不识字的慧能传了黄梅的教义。慧能说：“下下人有上上智。”我们岂可以自暴自弃呢！可见，无能也是借口。

有人说：山穷水尽，走投无路，陷入绝境，等死而已，不能创造。但是遭遇八十一难之玄奘，毕竟取得佛经；粮水断绝，众叛亲离之哥伦布，毕竟发现了美洲；冻饿病三重压迫下之莫扎特，毕竟写出了《安魂曲》。绝望是懦夫的幻想。歌德说：没有勇气，一切都完。是的，生路是要勇气探出来、走出来、造出来的。这只是一半真理；当英雄无用武之地，他除了大无畏之斧，还得有智慧之剑、金刚之信念与意志，才能开出一条生路。

所以，处处是创造之地，天天是创造之时，人人是创造之人，让我们至少走两步退一步，向着创造之路迈进吧！

创造之神，你回来呀！只要你肯回来，我们愿意把一切——我们的汗，我们的血，我们的心，我们的生命——都献给你。只要有一滴汗，一滴血，一滴热情，便是创造之神所爱住的行宫，就能开创造之花，结创造之果，繁殖创造之森林。

（节选自陶行知《创造宣言》，有删减）

问题：

(1)第四自然段中说“刀法如果用得不对，可以万像同毁；刀法如果用得对，则一笔下去，万龙点睛”。这里所用的几个比喻分别指什么？(4分)

(2)这篇《创造宣言》认为教育的最大成功是什么？为获得这一成功，教育者要注意哪些问题？(10分)

三、写作题(本大题1小题，50分)

33. 阅读下面的材料，按要求作文。

众所周知，无论何时德育工作都是学校教育教学工作的重中之重，特别是在当前形势下，加强和改进学校的德育工作，提高学生的道德素质就显得更加迫切和重要，这也是摆在我们教育工作者面前的一项艰巨而重大的任务。当今中小学生的思想品德的主流是好的，他们朝气蓬勃、积极向上。但中小学生思想品德面貌也存在着种种不容乐观的问题，如在不良影视、不良文化的影响下，以大欺小、以强欺弱、搜身、殴打、偷窃等不良行为正在一些地方蔓延；在感情投入过剩的家庭环境影响下，不少孩子以自我为中心，心中没有他人，蛮横娇宠，心理脆弱，经不起小小的挫折，自理能力差；在比较优越的物质条件下，贪图享乐，怕吃苦，乱花钱等。这些情况不禁引发了社会的担忧。

综合上述材料所引发的联想和感悟，写一篇论说文。

要求：

用规范的现代汉语写作；角度自选，立意自定，标题自拟；不少于1000字。

机密★启封前　　　　　　　　　　　　姓名＿＿＿＿＿＿　准考证号＿＿＿＿＿＿＿

国家教师资格考试预测试卷(十三)

综合素质(中学)

注意事项:

1. 考试时间为120分钟,满分为150分。
2. 请按规定在答题卡上填涂、作答,在试卷上作答无效,不予评分。

一、单项选择题(本大题共29小题,每小题2分,共58分)

在每小题列出的四个备选项中只有一个是符合题目要求的,请用2B铅笔把答题卡上对应题目的答案字母按要求涂黑。错选、多选或未选均无效。

1. 人人有受教育的权利,强调在教育中使每个人都得到发展,而不是只注重一部分人,更不是只注重少数人的发展。这体现了素质教育是(　　)

A. 面向全体学生的教育　　B. 促进学生全面发展的教育

C. 以培养创新精神和实践能力为重点的教育　　D. 注重学生个性培养的教育

2. 学校要迎接全市统一的考试,为了取得更好的成绩,学校决定利用音体美课程的时间让语数外科目的老师为学生答疑解惑。学校的做法(　　)

A. 正确,有助于提升学生的考试成绩　　B. 错误,不利于学生的全面发展

C. 正确,有利于学生更好地掌握知识　　D. 错误,加重了语数外老师的负担

3. 孙老师是一名教学经验丰富的老师,他所教班级的成绩一直名列前茅。但孙老师上课时不允许学生随意提问,要保持课堂安静,主要听他讲课。孙老师的做法(　　)

A. 正确,保证了安静的教学环境　　B. 不正确,没有做到以学生为主体

C. 正确,有利于提高学生成绩　　D. 不正确,不利于学生表达能力提升

4. 刚开学,班主任韩老师就通过各种渠道,深入了解班级每个学生的情况,并据此制订适合每位学生的发展规划。这种做法表明韩老师关注(　　)

A. 学生发展的差异性　　B. 学生发展的互补性

C. 学生发展的平衡性　　D. 学生发展的顺序性

5. 某中学周末组织学生到敬老院为老人做好事。学生王某在擦窗户玻璃时,不慎从2楼窗台跌下摔伤,经医院诊断治疗花去医疗费一万余元。对于王某摔伤的赔偿责任,下列观点不正确的是(　　)

A. 王某摔伤是为敬老院擦玻璃,应当由敬老院负主要责任

B. 学校组织学生去敬老院做好事才出的事故,学校应该负赔偿责任

C. 学校在组织学生外出活动时,应先做好安全教育和指导

D. 学校不应该给学生安排擦二楼玻璃这样具有危险性的工作

6. 某地区文化执法部门在对当地一家网吧进行巡查时,发现有未成年人正在网吧上网。根据《中华人民共和国未成年人保护法》的规定,文化执法部门可以对该网吧采取的措施是(　　)

A. 予以关闭,吊销已发营业执照　　B. 责令改正,给予警告并处罚款

C. 予以查封,依法没收违法所得　　D. 责令停业,依法追究民事责任

7. 下列关于《中华人民共和国宪法》的说法,不正确的是(　　)

A. 宪法是国家所有法律的总和

B. 宪法的变动必然引起普通法律随之做出相应的修改

C. 宪法具有最高法律效力

D. 宪法是我国的根本大法

8. 根据《中华人民共和国教育法》的规定,外籍专家和教师在我国可以从事的活动是(　　)

A. 宣传宗教　　B. 采访活动　　C. 咨询服务　　D. 学术交流

9. 学校评定奖学金,小伟成绩非常好,但因跟班主任关系不太好,被班主任取消资格。该班主任侵犯了小伟的(　　)

A. 健康权　　B. 人格尊严　　C. 荣誉权　　D. 财产权

10. 书店老板耿某向初中生小刘出售色情书刊,耿某这种做法违反了(　　)

A.《中华人民共和国教育法》　　B.《中华人民共和国义务教育法》

C.《中华人民共和国民法典》　　D.《中华人民共和国未成年人保护法》

11. 小云是一名14岁的初二学生,他自上初中以来多次参与赌博,经教育不改,他的父母和学校想把他送去工读学校矫正,这种申请应当经过(　　)批准。

A. 工读学校　　B. 教育行政部门　　C. 收容教育部门　　D. 公安机关

12. 为保障教师完成教育教学任务,各级人民政府、教育行政部门、有关部门、学校和其他教育机构应当各自履行自己的职责,为学校教育的发展服务。据此,下列说法错误的是(　　)

A. 为学校教师和学生介绍和推荐各种教学辅导用书和练习辅导用书,从中收取回扣

B. 提供符合国家安全标准的教育教学设施和设备

C. 支持教师制止有害于学生的行为或者其他侵犯学生合法权益的行为

D. 对教师在教育教学、科学研究中的创造性工作给以鼓励和帮助

13. 某班主任在家长会上帮商家推广一种"心算"教材,但并未强制家长们购买。该班主任的做法(　　)

A. 凸显了敬业精神　　B. 违背了师德规范

C. 违反了教学规律　　D. 体现了求真务实

14. "始吾于人也,听其言而信其行;今吾于人也,听其言而观其行。"孔子的这句话对教学的启示是(　　)

A. 要因材施教　　B. 身教重于言教

C. 要善于启发学生　　D. 要重视言语的作用

15. 对于很多学生来说,家长会历来被认为是"优生的天堂,差生的地狱",对于初二(3)班的学生家长来说,刚刚经历的一场家长会是这句话的最佳体现。家长会上,班主任张老师对待优等生的家长

犹如春风,对待后进生的家长却冷若冰霜。张老师的做法( )

A. 可行,让家长感受到态度落差,回家后对孩子加以管教

B. 不可行,教师的做法违背了依法执教的职业道德规范

C. 可行,老师的态度从侧面上也反映出了学生在校的表现

D. 不可行,教师应该以真诚与平等的态度对待学生家长

16. 数学组王老师在教学"代数式"时采用"乘胜追击,我来出题,你来答"的方式训练学生的思维能力。当有学生举出带分式、根式的例子时他就会追问:"你是怎么想的?""为什么?"这说明王老师注重( )

A. 启发引导 B. 因材施教 C. 团结协作 D. 学生差异

17. 科举考试是封建社会分科考选文武官吏及后备人员的制度。下列哪组词语都与中国科举考试有关( )

A. 蟾宫折桂,桂冠,连中三元 B. 问鼎中原,独占鳌头,蟾宫折桂

C. 连中三元,五子登科,名落孙山 D. 金榜题名,桂冠,独占鳌头

18. 人们常用"杏林春暖""杏林满园""誉满杏林"来赞扬医生的精湛医术和高尚医德。"杏林"典故出自下列哪一医学家( )

A. 张仲景 B. 华佗 C. 董奉 D. 扁鹊

19. 世界之最是指在全世界范围内最突出的某一人、事、物。在地理方面,也有许多的世界之最,其中世界上海拔最高的高原是( )

A. 巴西高原 B. 青藏高原 C. 伊朗高原 D. 蒙古高原

20. 国外有很多有名的雕塑家,其作品都为世人所称赞。雕塑作品《大卫》的作者是( )

A. 菲狄亚斯 B. 米隆 C. 米开朗基罗 D. 达·芬奇

21. 在我国古代以笔记体裁形式写成的科学典籍中,有一本最早记载了人工磁化的一种简便方法,即"以磁石磨针锋"造指南针。这本典籍是( )

A.《齐民要术》 B.《梦溪笔谈》 C.《天工开物》 D.《徐霞客游记》

22. 四杰的名次历来有多种排序,"初唐四杰"指的是( )

A. 王绩、王勃、杨炯、卢照邻 B. 沈佺期、宋之问、王勃、骆宾王

C. 王勃、杜审言、陈子昂、杨炯 D. 王勃、杨炯、卢照邻、骆宾王

23. 园林作为皇家生活环境的一个重要组成部分,形成了有别于其他园林类型的皇家园林。下列园林中,不属于皇家园林的是( )

A. 承德避暑山庄 B. 颐和园 C. 圆明园 D. 拙政园

24. 下列重大科技成果中,名称与研发项目对应有误的是( )

A. "天宫一号"——空间实验室 B. "悟空号"——量子科学实验卫星

C. "蛟龙号"——载人潜水器 D. "中国天眼"——射电望远镜

25. 在太阳系的八大行星中,木星的"左邻右舍"是( )

A. 水星和金星 B. 火星和土星

C. 水星和土星 D. 天王星和海王星

26. 在 PowerPoint 中,如需设置文字以"回旋"方式播放,则可以选择( )

A. "动画"选项卡 B. "幻灯片放映"选项卡

C. "切换"选项卡 D. "设计"选项卡

27. 在 Excel 中,如果光标所在的单元格的地址为 C4,那么光标位于工作表的( )

A. 第 C 行第 4 列 B. 第 C 列第 4 行

C. 第 C4 列第 C4 行 D. 接近顶部

28. 下列选项中,与"手机——充电器"逻辑关系相同的是( )

A. 房屋——赛点 B. 电脑——鼠标

C. 水果——樱桃 D. 银行存款——利息

29. 在维和警察的选拔中,要求被选中者同时在技术能力、政治觉悟、身体素质三个方面都是优秀的。现在有甲、乙、丙、丁四个候选者,其中技术能力优秀的有 1 人,政治觉悟优秀的有 2 人,身体素质好的有 3 人,每个人至少具备一优,有一人同时具备了三优。已知,甲、乙政治觉悟一样高,乙、丙身体素质一样好,丙、丁身体素质不都是好的。请问四人中哪位同时具备了三优( )

A. 甲 B. 乙 C. 丙 D. 丁

二、材料分析题(本大题共 3 小题,每小题 14 分,共 42 分)阅读材料,并回答问题。

30. 材料:

数学课上,开始上课时老师说道:"今天我们要学习因式分解,鉴于这部分内容比较难,我们将用两节课的时间学习。"

"我不同意!"一个调皮的同学突然回答。

"为什么?"老师问道。

"这部分知识虽然比较难,但是我们在课外辅导班都学习过了。而且上节课您已经讲了一些关于新课的问题,我们已经了解了一点,昨天晚上您也让我们预习了,我们觉得一节课的时间就足够了。"

老师听完这位同学的解释后,便向大家问道:"大家有谁赞同他的意见?"同学们一致举起了手。

于是这位老师说:"很好!我也同意大家的意见!今天我们就用一节课来学习因式分解。"

课堂上响起一片热烈的掌声。

问题:

请结合材料,从学生观的角度,评析该老师的教育行为。

31. 材料:

初二(3)班的汤老师在学生上晚自习时因私事偷偷外出,快放学的时候才回来。他回来时发现小李正在偷偷写情书,为了让其他同学引以为戒,汤老师将小李的情书在班上念了出来,引得全班同学哄堂大笑。小李自觉没面子,请假回家休息了。

班上的小敏喜欢打篮球,且水平不错,但是学习成绩不好,汤老师认为小敏将时间都花在了打篮球上而没有时间学习,于是以学习成绩差为由明令禁止小敏打篮球。

问题:

请结合材料,从教师职业道德的角度,评析汤老师的教育行为。

32. 材料:

人,在人群里行走寻找他的道路,在人群里说话寻找他的回声,在人群里投资寻找他的利润,在人群里微笑寻找回应的表情。生而为人,我们不可能拒绝人群,虽然,喧嚣膨胀的人群有时是那么令人窒息,让人沉闷,但我们终不能一转身彻底离开人群。

人群是欲望的集结,是欲望的洪流。一个人置身于人群里,他内心里涌动的不可能不是欲望,他不可能不思考他在人群里的角色、位置、分量和份额。如果我们老老实实化验自己的灵魂,会发现置身人群的时候,灵魂的透明度较低,精神含量较低,而欲望的成分较高,征服的冲动较高。一颗神性的灵魂,超越的灵魂,丰富而高远的灵魂,不大容易在人群里挤压、发酵出来。在人群里能挤兑出聪明和狡猾,很难提炼出真正的智慧。我们会发现,在人口密度高的地方,多的是小聪明,绝少大智慧。在人群之外,我们还需要一种高度,一种空旷,一种虚静,去与天地对话,与万物对话,与永恒对话。伟大的灵魂、伟大的精神创造就是这样产生的。孔子独对大河而感叹时间的不可挽留:"逝者如斯夫,不舍昼夜";庄子神游天外寻找精神的自由飞翔方式;佛静坐菩提树下证悟宇宙人生之般若智慧;法国大哲帕斯卡尔于寂静旷野发出哲人浩叹:"无限空间的永恒沉默使我恐惧";李白"登高壮观天地间,大江茫茫去不还",他不羁的诗魂飞越无限,把多半条银河引入人间,灌溉了多少代人的浪漫情怀;爱因斯坦把整个宇宙作为自己科学探究和哲学思考的对象,他认为人的最大成就和最高境界不过是通过对真理的求索,获得与宇宙对称的灵魂,由此,人变得辽阔而谦卑,对这个无限地存在着也永恒地包裹我们的伟大宇宙献上发自内心的敬意……正是这些似乎远离人群的人,为人群带来了太丰盛的精神礼物,在人群之上利益之外追寻被人群遗忘了的终极命题,带着人群的全部困惑和痛苦而走出人群,去与天空商量,与更高的存在商量,与横卧在远方也横卧在我们内心深处的"绝对"商量,然后将思想的星光带给人群,带进生存的夜晚。

为此我建议哲学家或诗人不该有什么"单位",在"单位"里、在沙发上制作的思想,多半只有单位那么大的体积和分量,没有普世价值。把存在、把时间、把宇宙作为我们的单位吧,去热爱、去痛苦、去思想吧。

作为芸芸众生的一员,我也不愿总是泡在低处的池塘里,数着几张钱消费上帝给我的有限时光。我需要登高,需要望远,我需要面对整个天空做一次灵魂的深呼吸,我需要从精神的高处带回一些白云,擦拭我琐碎而陈旧的生活,擦拭缺少光泽的内心。

我正在攀登我的南山。目光和灵魂正渐渐变得清澈、宽广,绿色越来越多,白云越来越多,我正在靠近伟大的天空……

(摘编自李汉荣《越来越接近精神的天空》)

问题:

(1)孔子、庄子、释迦牟尼、帕斯卡尔、李白、爱因斯坦在作者眼中是"似乎远离人群的人",你认为文章列举这些人物有何作用?(4分)

(2)从全文看,"精神的天空"具体指什么?请概括作者期望自己"接近精神的天空"的原因。(10分)

三、写作题(本大题1小题,50分)

33. 阅读材料,按要求完成作文。

一位城里人带着孩子在乡下一户人家度过了一天一夜,城里人让孩子描述一下城里和乡下的区别,儿子想了想说:"我们家只有一条狗,可是他们家却有四条狗;咱家仅有一个水池,可他们竟有一条望不到边的小河;夜里,我们的花园里只能看见几盏灯,可他们的花园上面却有千万颗星星;还有,我们的院子里只能停几辆小汽车,可他们的院子里却能容得下几百头奶牛。"城里人愕然。接着,儿子又说:"等我长大了,要过上和他们一样的生活。"

综合上述材料所引发的联想和感悟,写一篇论说文。

要求:

用规范的现代汉语写作;角度自选,立意自定,标题自拟;不少于1000字。

机密★启封前　　　　　　　　　　姓名＿＿＿＿＿＿＿　准考证号＿＿＿＿＿＿＿

国家教师资格考试预测试卷(十四)

综合素质(中学)

注意事项:

1. 考试时间为120分钟,满分为150分。
2. 请按规定在答题卡上填涂、作答,在试卷上作答无效,不予评分。

一、单项选择题(本大题共29小题,每小题2分,共58分)

在每小题列出的四个备选项中只有一个是符合题目要求的,请用2B铅笔把答题卡上对应题目的答案字母按要求涂黑。错选、多选或未选均无分。

1. 某中学学生元元经常迟到、旷课、多门功课"挂红灯"。不过,他很有绘画天赋,连续两年获得全市青少年绘画比赛冠军。对此,下列做法中不恰当的是(　　)

A. 获得信任,寻找恰当的教育时机　　B. 认真分析,了解问题形成的原因

C. 因势利导,帮助元元树立学习的信心　　D. 扬长避短,引导元元把精力都放在绘画上

2. "雪化了会变成什么?"一个学生回答:"变成了春天!"这个富有想象力,又富有艺术性的答案却被老师判为零分。该老师的做法忽视了(　　)

A. 学生的独立性　　B. 学生的创造性　　C. 学生的完整性　　D. 学生的发展性

3. 英语教师胡老师上课时,学生琳琳指出胡老师某处讲解有误,但实际上胡老师的讲解是对的。胡老师的做法恰当的是(　　)

A. 不搭理琳琳

B. 肯定琳琳勇于指出老师错误的行为,并跟琳琳解释为什么没有错

C. 批评琳琳没有认真听讲,胡乱指出错误

D. 直接告诉琳琳,老师是对的

4. 随着教育的发展,应试教育的弊端日益显现,对于素质教育的呼声越来越多。应试教育和素质教育的本质区别是(　　)

A. 是否面向全体学生　　B. 是否促进学生个性发展

C. 能否培养学生的创新精神和实践能力　　D. 能否提高学生的成绩

5. 某校两名初三学生上课迟到,被老师责令站在教室门口反省,之后两人擅自离开跑到操场,被老师发现后叫回,在教学楼楼道内,老师用课本抽打、脚踢两人,实施体罚、批评教育10多分钟,校长对其批评教育后仍不觉得自己有错。根据《中华人民共和国未成年人保护法》,教师对学生进行体罚的处理结果是(　　)

A. 教师主动征得家长的谅解　　B. 学校进行批评教育

C. 教育部门给予处分　　D. 公安机关进行逮捕

6. 为了维持国家的运行,相应产生了各种各样的国家机构,各自负责不同的区域。其中(　　)主管全国的教师工作。

A. 国务院　　B. 国务院教育行政部门

C. 全国人大　　D. 全国人大教科文卫委员会

7.《中华人民共和国义务教育法》规定,在边远地区和贫困地区工作的教师享有(　　)

A. 特殊风险补贴　　B. 生活补助

C. 特殊岗位补助津贴　　D. 艰苦贫困地区补助津贴

8. 李明因与同桌吵架,回家向家长哭诉。第二天,李明家长带领五六个高大威猛的社会人员来学校,扬言不交出让李明受委屈的学生就不让学校正常上课。根据有关法律,对李明家长及其他相关人员应该依法给予(　　)

A. 刑事责任　　B. 治安管理处罚　　C. 行政处分　　D. 民事责任

9. 宿管李老师在晚间查寝时随意在学生宿舍的走廊里吸烟。李老师的行为(　　)

A. 正确,教师可以在学生寝室吸烟　　B. 正确,李老师不是任课老师可以吸烟

C. 不正确,教师不能在学生寝室吸烟　　D. 不正确,教师只能在办公室吸烟

10. 某中学校长明知实验室的实验设备出现了故障,却以经费紧张为由不去修理,结果上课期间几名学生被设备电伤。应对这起事故承担主要责任的是(　　)

A. 学生　　B. 学生家长　　C. 政府　　D. 学校

11. 县级人民政府教育行政部门应当均衡配置本行政区域内学校师资力量,组织校长、教师的(　　),加强对薄弱学校的建设。

A. 学习和培训　　B. 沟通和合作　　C. 培训和流动　　D. 交流和互访

12. 下列未成年人的行为中,属于《中华人民共和国预防未成年人犯罪法》中所称的"严重不良行为"的是(　　)

A. 小勇多次旷课、逃学　　B. 小明偷看了同学购买的淫秽书籍

C. 小刚偷走了同桌的平板　　D. 小强经常在校园里吸烟

13. 万老师脾气急躁,有一次打了小夏同学一巴掌。小夏的母亲第二天来学校找万老师。如果你是万老师,你会(　　)

A. 特别注意控制自己的情绪,向小夏及其母亲道歉

B. 告诉小夏母亲自己打小夏的理由

C. 不理会,因为自己情绪控制不好可能会与小夏母亲吵起来

D. 当着小夏的面告诉小夏母亲小夏如何不好好学习

14. 唐代韩愈提出"以身立教",才能"其身亡而其教存"。这在教师职业道德中是指(　　)

A. 学而不厌,诲人不倦　　B. 关爱学生,因材施教

C. 以身作则,为人师表　　D. 爱岗敬业,终身学习

15. 某学生家庭遭遇变故,作为教师,下列做法中最为恰当的是(　　)

A. 给学生以情感上的支持,鼓励他勇敢坚强地面对

B. 向学生强调要把精力放在学习上,不要被其他事情分散注意力

C. 将该生遭遇的事情向全班通告,让所有同学都来关心他

D. 视而不见,不做出任何特别举动

16. 某教师教授《智取生辰纲》时发现学生积极性不高,便灵机一动,让学生替吴用写一封求职自荐信,学生表现出浓厚的学习兴趣。这体现出教师劳动的(　　)

A. 复杂性　　B. 长期性　　C. 创造性　　D. 示范性

17. 我们常说的“鸿雁传书”源自下列哪个历史故事(　　)

A. 文姬归汉　　B. 霸王别姬　　C. 苏武牧羊　　D. 楚汉相争

18.《周易》是我国最古老的文化典藏之一,被誉为“六经之首”。下列哪个句子出自《周易》(　　)

A. 人法地,地法天,天法道,道法自然

B. 天行健,君子以自强不息;地势坤,君子以厚德载物

C. 君子有大道,必忠信以得之,骄泰以失之

D. 老吾老,以及人之老;幼吾幼,以及人之幼

19. 文学不分国界,国外的很多作家也都在自己所处的时代留下了众多文化瑰宝。下列作家、作品、国别对应不正确的一项是(　　)

A. 但丁——《神曲》——意大利

B. 马克·吐温——《汤姆·索亚历险记》——美国

C. 果戈理——《死魂灵》——俄国

D. 莫泊桑——《红与黑》——法国

20. 富有激情、质朴刚健的京剧“麒派”唱腔的代表人物是(　　)

A. 程砚秋　　B. 周信芳　　C. 梅兰芳　　D. 尚小云

21. 在电和磁关系的认识上,取得突破性成果的是(　　)

A. 奥斯特　　B. 法拉第　　C. 爱迪生　　D. 爱因斯坦

22. 我国医学历史悠久,很早就有了中医学理论,后世不断丰富和发展,产生了许多中医学著作。要通过一本中医学著作了解我国古代在药物学、生物学、矿物学、化学等诸多科学领域的成就,下列选项中适合的是(　　)

A.《黄帝内经》　　B.《伤寒杂病论》　　C.《千金方》　　D.《本草纲目》

23. 标志着中国完全陷入半殖民地半封建社会深渊的条约是(　　)

A.《南京条约》　　B.《马关条约》　　C.《辛丑条约》　　D.《天津条约》

24. 据传《胡笳十八拍》是蔡文姬有感于胡笳的哀声而作。下列哪张图片是胡笳(　　)

A.　　B.　　C.　　D.

25. 某学校从高三甲、乙两个班中各选6名同学参加数学竞赛,他们取得的成绩(满分100分)的茎叶图如图所示,其中甲班学生成绩的众数是85,乙班学生成绩的平均分为81,则 x + y 的值为(　　)

甲		乙
9 7	7	8 y
5 0 x	8	1 1 0
1	9	2

A. 6　　B. 7　　C. 8　　D. 9

26. 在 Word 中,若要计算表格中某列数值的总和,可使用的统计函数是(　　)

A. TOTAL(　　)　　B. AVERAGE(　　)

C. COUNT(　　)　　D. SUM(　　)

27. 在 Excel 默认状态下,要在单元格中完整输入数字字符串 070615,下列输入序列正确的是(　　)

A. ’070615　　B. “070615”　　C. 070615　　D. [070615]

28. 下列选项中,与“橙子和橘子”逻辑关系相同的是(　　)

A. 土豆与马铃薯　　B. 桃子与水蜜桃

C. 芒果与火龙果　　D. 萝卜与红萝卜

29. 找规律填数字是一项很有趣的游戏,特别锻炼观察和思考能力。按照“3 + 4 + 9→122736”“2 + 6 + 6→121236”“5 + 3 + 7→153521”的规律,下列选项中正确的是(　　)

A. 8 + 5 + 2→401610　　B. 8 + 5 + 2→164056

C. 8 + 5 + 2→401026　　D. 8 + 5 + 2→405624

二、材料分析题(本大题共3小题,每小题14分,共42分)阅读材料,并回答问题。

30. 材料:

一位教师教学“双曲线”这一单元时,很多学生觉得之前课程的讲授方法不够合理:有人觉得进度太快,有人觉得进度太慢。老师经过调查发现,学生的知识基础差别较大,于是对八位成绩好的学生提出了不同的要求,让他们到图书馆自学“双曲线”这一单元。经过自学,这八位学生不但完成了规定的习题作业,还合作选编了几十道有代表性的习题。教师按难易程度将这些习题有选择地安排给其他同学进行练习和讨论,进一步推动了全班同学的学习,提前五个课时完成了“双曲线”这一单元的教学任务。

问题:

请结合材料,从教育观的角度,评析该教师的教育行为。

31. 材料:

A校是一所农村片区中心学校,郑老师是该校的新任校长。开学前,郑校长深入调查了A校之前的办学情况,了解到一些问题:因外来生源多而学位有限,采取考试入学;学校经费管理、使用不够规范,存在虚报、挪用少量代课金现象;个别教师在校外进行有偿补课。

开学后,郑校长组织全体教职员工系统学习教育法律法规,提高依法执教和依法治校的思想认识,纠正了原有的错误做法,对各项管理工作建章立制,以身作则,模范遵守。他工作兢兢业业,坚持深入教学第一线,承担一门课程的教学任务。他积极参加进修学习和课题研究,努力提高自

身科学管理水平。他为人和蔼可亲,善于沟通激励,并且公平公正、铁面无私。有位教师对学生实施变相体罚,产生不良影响,郑校长拒绝熟人说情,召开学校行政会,依照学校规定给予该教师警告处分。

问题:

请结合材料,从教师职业道德的角度,评析郑校长的行为。

32. **材料:**

无论研究数学中的哪一个分支,华罗庚总能抓住中心问题,并力求在方法上有所创新。他反对将数学割裂开来,永远只搞一个小分支或其中的一个小题目,而对别的东西不闻不问。他将这种做法形容为"画地为牢"。他曾多次告诫学生:"我们不是玩弄整数,数论跟其他分支是有密切关系的。"在《数论导引》中,华罗庚首先强调的就是数学的整体性与各部分之间的联系。

1945 年,尽管华罗庚已经是世界数论界的领袖学者之一,但他并不满足,决心中断他的数论研究,另起炉灶。关于他改变自己研究方向的主要原因,正如他以后多次说的,"假如我当时不改行,大概只写几篇数论文章,我的数学生命也就结束了,但改行了就不一样了。在研究数学时,选准方向拼命进攻固然重要,但退却有时也很重要。善于退却,把握退却的时机,这本身就是一种艺术"。他的改行,实际上是其治学之道"宽、专、漫"中的"漫",即他在搞熟弄通的分支附近,扩大眼界,在这个过程中逐渐转移到另一个分支,使自己的专业知识"漫"到其他领域。这样,原来的知识在新的领域还有用,选择的范围就越来越大。他一直认为,从解析数论中"漫"出来是他一生研究数学的得意之笔。

对于我国数学教育中存在的问题,华罗庚认为,主要出在太注意方法而忽略了原则。一个数学问题往往要教十几种方法,其实只要一种就够了。学会一种方法,别的自然可以想到。在教学方法上,一种毛病是不少老师不愿意改作业,许多题目自己在黑板上演算一遍,让学生照抄了事;另一种毛病是不愿当堂答复学生的问题,这一种态度最坏。华罗庚上课时,对学生提的任何问题总要在课堂上答复,认为这样可以训练学生如何去"想"。有时实在解决不了,他也很坦白地告诉学生,他要回去继续想,而不是只顾面子,使问题解决得模模糊糊。他还讲到"由薄到厚"和"由厚到薄"的读书方法:"譬如我们读一本书,厚厚的一本,加上自己的注解,就会愈读愈厚,我们知道的东西也就'由薄到厚'了。但这还只是接受和记忆的过程,读书并不是到此为止。'由厚到薄'是消化、提炼的过程,即把那些学到的东西,经过咀嚼、消化,融会贯通,提炼出关键性的问题来。"

1979 年 3 月底,华罗庚应英国伯明翰大学邀请,去英国讲学,历时八个月,其间还应邀到荷兰、法国与西德访问了一个多月。7 月下旬,"解析数论会议"在英国达勒姆召开,华罗庚应邀参加,他的学生王元与潘承洞也参加了。王元代表华罗庚和他自己做了"数论在近似分析中的应用"的大会报告,潘承洞做了"新中值公式及其应用"的大会报告。一些白发苍苍的数学家用"突出的成就""很高的水平"等评语,赞扬中国数学家在研究解析数论方面所做的努力,并向华罗庚表示祝贺。

通过对欧洲的访问,华罗庚深刻领悟到"班门弄斧"这个成语是要人隐讳缺点,不要暴露,不如改成"弄斧必到班门"。他每到一个地方做演讲,必讲对方最拿手的东西,其目的就是希望得到帮助与指教。他形象地说:"你要耍斧头就要敢于到鲁班那儿去耍,如果他说你有缺点,一指点,我们下回就好一点了;如果他点点头,就说明我们的工作有相当成绩。"在《数论导引》的序言里,华罗庚曾把搞数学比作下棋,号召大家找高手下,即与大数学家去较量。1982 年,在淮南煤矿的一次演讲中,华罗庚还将"观棋不语真君子,落子无悔大丈夫"改成"观棋不语非君子,落子有悔大丈夫"。意思是说,当你看到别人搞的东西有毛病时,一定要指出来;当你发现自己搞的东西有毛病时,一定要及时修正,这才是"真君子"与"大丈夫"。可见,华罗庚的这些想法是一脉相承的。

(摘编自王元《华罗庚》)

问题:

(1)华罗庚的数学教学具有什么样的特点?请简要说明。(4 分)

(2)"班门弄斧""观棋不语真君子,落子无悔大丈夫"都是具有广泛影响并流传至今的熟语,华罗庚却从另一个角度翻出新意。你认为华罗庚的改动有没有道理?请谈谈你的看法。(10 分)

三、写作题(本大题 1 小题,50 分)

33. 阅读下面的材料,按要求作文。

一日,夜深人静,锁叫醒了钥匙,并埋怨道:"我每天辛辛苦苦为主人看守家门,而主人喜欢的却是你,总把你带在身边,真羡慕你啊!"而钥匙也不满地说:"你每天待在家里,舒舒服服的,多安逸啊,我每天跟着主人,日晒雨淋的,多辛苦啊,我更羡慕的是你。"

一次,钥匙也想过过安逸的生活,于是,它把自己藏了起来。主人出门后回家,不见了钥匙,气急之下把锁给砸了,并顺手扔进了垃圾堆里。进屋后,主人找到了钥匙,气愤地说:"锁也砸了,现在留着你还有什么用呢?"说完把钥匙也扔进了垃圾堆里。

根据以上文字所引发的联想和感悟,写一篇论说文。

要求:

请用规范的现代汉语写作,角度自选,立意自定,标题自拟,不少于 1000 字。

机密★启封前　　　　　　　　　　姓名＿＿＿＿＿＿　准考证号＿＿＿＿＿＿

国家教师资格考试预测试卷(十五)

综合素质(中学)

注意事项:

1. 考试时间为120分钟,满分为150分。
2. 请按规定在答题卡上填涂、作答,在试卷上作答无效,不予评分。

一、单项选择题(本大题共29小题,每小题2分,共58分)

在每小题列出的四个备选项中只有一个是符合题目要求的,请用2B铅笔把答题卡上对应题目的答案字母按要求涂黑。错选、多选或未选均无分。

1. 一次期中考试,某班学生陈功考得很差,没有及格,班主任当着全班同学的面讽刺他:“你还‘成功’呢,你干脆改名叫‘失败’吧。叫‘失败’多好,还是‘成功之母’。”关于班主任的做法,下列说法正确的是(　　)

A. 激励了学生学习的积极性　　B. 体现了学生学习的主体地位
C. 维护了教师的权威　　D. 没有认识到学生是发展的人

2. 《学记》中“不陵节而施之谓孙”的论述,说明(　　)

A. 教育要依据学科知识的逻辑顺序展开　　B. 教育要适应学生的身心发展规律
C. 教育要根据教师对教材的判断展开　　D. 教育要根据学生的学习自觉性展开

3. 为了贯彻素质教育的理念,马老师在班级中组织了书法兴趣小组,规定每个同学都必须参加。马老师的做法(　　)

A. 正确,体现了面向全体学生的理念　　B. 错误,忽视了学生的个性差异
C. 错误,忽视了学生的创新精神和实践能力　　D. 正确,体现了促进学生全面发展

4. 一位老师走上讲台,发现讲台桌上放着一张字条,上面用仿宋字工工整整地写着:“老师,你以为当老师就可以压服学生吗?你高昂着头,铁青着脸,像个活阎王,但是有谁怕你呢?”落款是“你最讨厌的、等待你处罚的学生”。对上述行为,最不恰当的处理方式是(　　)

A. 不动声色地正常进行教学活动　　B. 在课堂上对该学生进行谴责
C. 私下与该学生进行交流沟通　　D. 以幽默的方式化解尴尬

5. 学校运动会的志愿者李某在记录实心球测试结果时被参赛选手王某的球砸中,造成轻伤。对于这一事故,承担赔偿责任的主体是(　　)

A. 王某的监护人　　B. 裁判老师　　C. 参赛选手王某　　D. 学校

6. 小明是一名初中生,父母早年离异,现在跟着父亲刘某一起生活。刘某经常酗酒,酒后经常打骂小明。小明经常旷课,有时会在刘某教唆下吸烟、盗窃财物。对此,下列说法正确的是(　　)

A. 学校无需向小明的父亲反映小明经常旷课这一情况
B. 小卖部向小明出售香烟并不违法
C. 法院可撤销刘某的监护人资格
D. 学校可以开除小明,并向小明的父亲收取罚款

7. (　　)对违反《中华人民共和国教师法》规定,拖欠教师工资或者侵犯教师其他合法权益的,应当责令其限期改正。

A. 检察院　　B. 法院
C. 地方人民政府教育行政部门　　D. 地方人民政府

8. 在教育行政诉讼中,对于当事人的起诉,人民法院经审查,应当在接到起诉状之日起(　　)日内立案或裁定不予受理,当事人对不予受理的裁定不服的,可以提起上诉。

A. 3　　B. 5　　C. 7　　D. 10

9. 义务教育阶段学校分设重点班和非重点班的,应该由所属(　　)责令限期改正。

A. 县级人民政府　　B. 县级人民政府教育行政部门
C. 省级人民政府　　D. 省级人民政府教育行政部门

10. 《中华人民共和国教育法》规定,国家建立以(　　)为主、其他多种渠道筹措教育经费为辅的体制。

A. 财政拨款　　B. 社会捐资　　C. 学杂费　　D. 学校利用智力资源创收

11. 小学生张帅,平时不但不完成作业,而且经常欺负其他同学,扰乱班级秩序,导致老师无法正常上课。该班同学的家长联名要求学校开除张帅,学校经过讨论,有以下几种意见,你认为哪些意见符合相关规定(　　)

①要求张帅家长将其领回家反省,直到彻底悔改后再让其回校上学
②让张帅在全校师生大会上公开检讨
③学校不能开除张帅
④学校成立专门帮扶小组,对张帅进行帮扶教育

A. ①④　　B. ②③　　C. ②④　　D. ③④

12. 根据《中华人民共和国教育法》的规定,对在校园内结伙斗殴,寻衅滋事,扰乱学校及其他教育机构教育教学秩序或者破坏校舍、场地及其他财产的,由(　　)给予治安管理处罚。

A. 学校　　B. 教育主管部门　　C. 家长　　D. 公安机关

13. 谢老师非常热爱教育事业,工作兢兢业业,立志做一名优秀教师。但是自从当了班主任,他遇到了一些困惑。新的一周刚刚开始,谢老师就遇到一个难题,一名学生敲开他的门,放下一个罐子,说了句:“谢老师,这是我奶奶要我给您的。”他打开罐子一看,里面整整齐齐躺着十几个鸡蛋。面对这些鸡蛋,谢老师最恰当的做法是(　　)

A. 作为一名光荣的人民教师,不该拿学生的“一针一线”,应该立刻拒绝那名学生
B. 这是学生和学生家长的心意,也不是什么贵重的东西,可以收下
C. 为学生付出了那么多,收他们一点东西也是应该的,没什么大不了的
D. 与学生家长沟通,说明情况,委婉而坚定地谢绝家长的礼物

14. 右图中,对学生所送礼物,教师要(　　)

A. 全部接受,在教师节时可以接受学生的所有礼物
B. 区别对待,对学生自制的小礼物可以适当地接受
C. 婉言谢绝,任何时候都不能接受学生的任何礼物
D. 婉言谢绝,尽量避免在公开场合接受学生的礼物

15. 教师的品德和行为对学生的思想品德的培养与行为习惯的养成具有榜样作用,这对教师职业道德的要求是( )

A. 爱岗敬业　B. 为人师表　C. 关爱学生　D. 终身学习

16. 当前教师队伍中存在着以教谋私,热衷于"有偿家教"的现象,这实际上违背了( )的教师职业道德规范。

A. 爱岗敬业　B. 依法执教　C. 严谨治学　D. 廉洁从教

17. 1949 年前的中国被迫与外国缔结诸多不平等条约,中华人民共和国通过外交交涉陆续予以废止。下列不平等条约按签订时间先后排列正确的是( )

A. 南京条约—天津条约—马关条约—辛丑条约

B. 天津条约—南京条约—马关条约—辛丑条约

C. 南京条约—天津条约—辛丑条约—马关条约

D. 天津条约—南京条约—辛丑条约—马关条约

18. "月有阴晴圆缺",用科学的观点看待这件事,其原因是( )

A. 人有悲欢离合

B. 地球绕太阳转动,月球绕地球转动,两者转速不一样,出现偏角,使地球挡住了月球的一部分

C. 地球绕月球转动偏角不同

D. 太阳光照射不均匀

19. 集中国几千年优秀造园艺术之大成,把中国古典园林推向一个新的高度,被誉为"万园之园"的圆明园被焚毁于( )

A. 鸦片战争期间　B. 第二次鸦片战争期间

C. 甲午中日战争期间　D. 八国联军侵华战争期间

20. 提出"民为贵,社稷次之,君为轻"思想的是( )

A. 孔子　B. 老子　C. 孟子　D. 庄子

21. 字帖按字体划分,可以分为楷书、草书、行书、隶书、篆书等字体。被称为"天下第一行书"的字帖是( )

A. 米芾《蜀素帖》　B. 颜真卿《祭侄文稿》

C. 王羲之《兰亭序》　D. 苏轼《寒食帖》

22. "一壶浊酒喜相逢,古今多少事,都付笑谈中"摘自下列哪部作品的开篇词( )

A.《西游记》　B.《红楼梦》　C.《水浒传》　D.《三国演义》

23. 泰戈尔是第一位获得诺贝尔文学奖的亚洲人,他获诺贝尔文学奖的作品是( )

A.《吉檀迦利》　B.《新月集》　C.《沉船》　D.《飞鸟集》

24. 很多古诗句当中都有涉及不同的节日。下列诗句中,没有涉及节日的是( )

A. 遥知兄弟登高处,遍插茱萸少一人　B. 千门万户曈曈日,总把新桃换旧符

C. 绿蚁新醅酒,红泥小火炉　D. 金吾不禁夜,玉漏莫相催

25. 关于启蒙运动,下列说法正确的是( )

A. 是发生在 20 世纪欧洲的一场思想文化解放运动

B. 代表人物有卢梭、但丁等

C. 发源于意大利

D. 为欧洲资产阶级革命做了思想准备和舆论宣传

26. 在 Word 中,如果你在编辑文本时执行了错误操作,( )功能可以帮助你把文本恢复原来的状态。

A. 撤销　B. 粘贴　C. 复制　D. 清除

27. 三八妇女节公司要给所有女性员工发放 200 元过节费,能在 Excel 表格中快速完成女性员工工资变化的操作是( )

A. 在表格中寻找所有员工,逐个添加　B. 在表格中逐个挑选所有女性员工并添加

C. 在表格中筛选所有女性员工,逐个添加　D. 在表格中筛选所有女性员工,一起添加

28. 下列选项中,与"没有理想的人生,就不是有意义的人生"意思相同的是( )

A. 有理想的人生一定是有意义的人生　B. 有理想的人生才会是有意义的人生

C. 没意义的人生一定是没理想的人生　D. 有意义的人生未必是有理想的人生

29. 从所给四个选项中,选择最合适的一个填入问号处,使之呈现一定的规律性( )

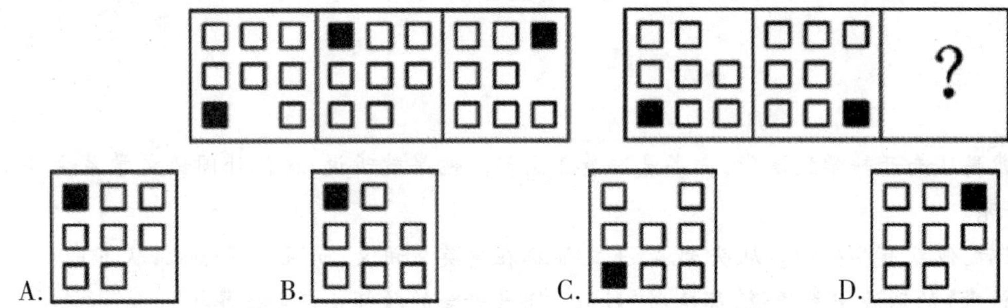

A.　B.　C.　D.

二、材料分析题(本大题共 3 小题,每小题 14 分,共 42 分)阅读材料,并回答问题。

30. 材料:

初二(1)班学生王红的语文、英语两科成绩都很好,数学却很差,用她自己的话说:"我爸妈小时候数学都不好,遗传!"

刚接这个班数学课的张老师很惋惜,她想:怎样才能让王红爱学数学、会学数学呢?在全面了解王红的学习状况之后,张老师决定从习得学习方法、消除对数学的畏惧入手帮助王红。

张老师先是和王红一起总结语文与英语的学习方法,归纳其中相通的地方,指导王红尝试将其应用在数学学习上。课堂上,张老师提问王红时,会将复杂的问题分解成一个个小问题,适当进行启发,并给王红提供机会说出解题思路,这逐渐改善了王红的听课效果。

在操作性学习活动中,王红常常不知如何下手。针对这些问题,张老师一方面鼓励王红大胆操作,不要怕犯错误,另一方面教给她具体的操作方法,引导她逐步体验,王红也渐入佳境。当作业难度较大时,张老师便给王红搭一个"脚手架",设计较容易的题目让她先完成,然后找到题目之间的联系,最终完成作业。对于王红的作业,张老师采用面批的形式,及时反馈,以便王红适时改进。

经过张老师和王红的共同努力,王红的数学成绩得到了大幅度提高,王红再也不说自己"学不好数学"了。

问题:

请结合材料,从学生观的角度,评析材料中张老师的教育行为。

31. **材料:**

被称为“范跑跑”的人名叫范美忠,是四川都江堰光亚学校的一名教师,汶川大地震发生时他不顾学生,自己先逃命,是最先逃出教室的。而且事后在自己的博客中发表了一些不恰当的言论,说:“我从来不是一个勇于献身的人,只关心自己的生命。在这种情况下,我不会考虑学生是否危险……只有为了我的女儿我才可能考虑牺牲自我,其他的人,哪怕是我的母亲,在这种情况下我也不会管的。”

问题:

请结合材料,从教师职业道德的角度,评析该教师的行为。

32. **材料:**

本来,曹禺从南开转学到清华,一半是冲着王文显。他早就听说,这位外国语文学系主任,对戏剧颇有研究。

但听课后,他竟有些失望。从头至尾,王文显都在念英文讲义,而且年年如此,从不增删。难怪教《近代诗歌》的温源宁教授说,那情形“好似一个长老会的牧师正在主持葬礼”。

即便在课下,他也枯燥无味。据说,学生登门拜访,大多是谈正事,说完便走,“没有人逗留,也没有人希望延长约会时间”。

他不苟言笑,瘦长白净的脸上,嘴角略微向下撇。1936 年外国语文学会的合影里,他穿件深色的西服,搭配斜纹领带,背着手,和吴宓一左一右立在中央,满脸严肃。自 1915 年伦敦大学毕业,王文显便在清华教书,直至 1937 年学校南迁。其间,他历任教务主任、代理校长和外文系主任。

不同于为人的刻板,他写出的剧本却别有一番幽默,“没有丝毫沉闷无味之处”。

在暗讽袁世凯称帝的喜剧《梦里京华》中,他写下一幕大小老婆争当皇后的闹剧:“大太太喘气喘得活像夏天的狗。她旋转得眼花缭乱。福建太太一个箭步跳到她身后,伸手要抓她的头发。她没有抓住头发,仅仅撕下她的领子。”

他的另一部英文喜剧《委曲求全》,写的则是教授勾心斗角的丑态。男主角是一位大学校长,一出场,便抱着哈巴狗,大言不惭地对下人说:“我要不要一点儿手腕,你想我能维持五分钟之久吗?”

这是这位代理校长的切身感受吗?人们不得而知。至少,在现实中不大看得出来。在会议上,他不慌不忙,不东拉西扯;做事方面,他一丝不苟,“各个方面无疵可求”。甚至,他永远一个样儿,抽烟斗,打网球,夏天穿短装,冬天换长袍。

温源宁说他“像个固定的设备毫无改变”,调侃他为清华的“不倒翁”和“定影液”;“没有他,清华就不是清华;有了他,不管清华还会再有多少变革,也依旧是清华”。

与学生曹禺的悲剧不同,王文显的作品是喜剧,充满了嘲讽,令人捧腹大笑后若有所思。《委曲求全》在耶鲁大学演出时,《波士顿报》一位记者评价:“柔和的、恶嘲的微笑……实在是中国人对于喜剧的一种贡献。”

“他的作品是那种坐在小剧场里,一边喝着咖啡和茶,一边细细品味的话剧。”中国艺术研究院话剧研究所副研究员张耀杰说。

1990 年,正读研究生的张耀杰在资料室无意中发现一本二三十年代的杂志。上面布满灰尘,旧得“翻几下就会烂掉”,其中介绍了王文显。不同于那个年代常有的慷慨激昂,他的文字温文尔雅,很有情趣。

“这种情趣充满了文人式幽默,没有火药味,温厚中带着一丝人文关怀。”张耀杰说,“我们现在很少还有这种幽默。”

只是这种情趣“缺乏战斗性”,这些文字也在以往的戏剧史研究中被忽略。出版于 20 世纪 80 年代、被称为中国戏剧史权威著作的《中国现代戏剧史稿》一书,732 页里对他的介绍只有薄薄 4 页。“剧中所表现的民主主义和爱国主义精神以及基于这种精神对中国黑暗现实的批判,是在历史上起了进步作用的。”书中写道。

清华大学图书馆东北角不远处,曾是王文显居住的北院住宅区。梁启超、朱自清等学者也一度在这里居住。而如今,这里则是一大片草坪,稀稀拉拉种着柳树和杨树,有学生在看书,也有老人推着童车,早已不复是“点点翠竹千般绿,几条小路尽文人”的景象了。

(摘编自《过去的那些人》)

问题:

(1)文章已有《梦里京华》一例,为何还要列举《委曲求全》?请简要分析。(4 分)

(2)请根据文本,探析“没有他,清华就不是清华;有了他,不管清华还会再有多少变革,也依旧是清华”这句话的含义。(10 分)

三、写作题(本大题 1 小题,50 分)

33. 阅读下面的材料,按要求作文。

读万卷书,行万里路。有人认为读万卷书不如行万里路,有人认为读万卷书胜过行万里路。根据以上文字所引发的联想和思考,写一篇论说文。

要求:

请用规范的现代汉语写作,角度自选,立意自定,标题自拟,不少于 1000 字。

机密★启封前　　　　　　　　　　　姓名________　准考证号________

国家教师资格考试预测试卷(十六)

综合素质(中学)

注意事项:

1. 考试时间为 120 分钟,满分为 150 分。
2. 请按规定在答题卡上填涂、作答,在试卷上作答无效,不予评分。

一、单项选择题(本大题共 29 小题,每小题 2 分,共 58 分)

在每小题列出的四个备选项中只有一个是符合题目要求的,请用 2B 铅笔把答题卡上对应题目的答案字母按要求涂黑。错选、多选或未选均无分。

1. 于老师认为,与其开设综合实践活动课浪费时间和精力,还不如利用那些课时多上些语文和数学课。于老师的看法(　　)

A. 忽视了学生全面发展　　B. 忽视了学生个性发展
C. 忽视了学生均衡发展　　D. 忽视了学生主动发展

2. 教师在教育过程中要实施德、智、体、美、劳等多种教育,完成多种多样的教学任务,培养德、智、体等全面发展的人。这表明教师的劳动具有(　　)

A. 复杂性　　B. 长期性　　C. 创造性　　D. 广延性

3. 教师职业的最大特点在于职业角色的多样化。“亲其师,信其道;尊其师,奉其教;敬其师,效其行”所体现的教师职业角色是(　　)

A. 传道者　　B. 示范者
C. 教育工作实施者　　D. 教育活动组织者

4. 陈老师说:“不是每个学生都能考上大学,学习上暂时落后并不代表永远落后,我绝不放弃任何一个学生。”下列说法不恰当的是(　　)

A. 陈老师重视学生发展的阶段性　　B. 陈老师重视学生发展的不平衡性
C. 陈老师重视学生发展的差异性　　D. 陈老师重视学生发展的顺序性

5. 根据《中华人民共和国教师法》的规定,学校或者其他教育机构对教师进行考核的内容不包括(　　)

A. 业务水平　　B. 工作态度　　C. 工作成绩　　D. 工作年限

6. 根据《中华人民共和国义务教育法》的相关规定,对违反了学校管理制度的王同学,学校应当(　　)

A. 将其开除　　B. 对其进行批评教育
C. 让其转学到其他学校　　D. 劝说其休学

7. 根据有关规定,实施义务教育的普通学校应当接收具有接受普通教育能力的残疾适龄儿童、少年(　　)

A. 单独设班　　B. 随班就读　　C. 混合编班　　D. 均分到班

8. 发生学生伤害事故,学校负有责任且情节严重的,教育行政部门应当根据有关规定,对学校的直接负责的主管人员和其他直接责任人员,分别给予相应的(　　)

A. 民事处罚　　B. 行政处罚　　C. 刑事处罚　　D. 行政处分

9. 张某和李某两家世代交好,他们为双方的未成年子女订立了婚约。张某和李某的做法(　　)

A. 合法,父母享有对子女的监护权　　B. 合法,父母享有对子女的管教权
C. 不合法,订立婚约应征得双方子女同意　　D. 不合法,父母不得为未成年人订立婚约

10. 某校开设重点班和非重点班,并且分别安排了不同的学习计划。这种做法违反了(　　)

A.《中华人民共和国未成年人保护法》　　B.《中华人民共和国教育法》
C.《中华人民共和国义务教育法》　　D.《中华人民共和国教师法》

11. 学校派张老师参加省里组织的骨干教师培训,但按学校的相关规定,应扣除张老师 500 元的绩效工资。学校的这项规定(　　)

A. 节约了办学成本　　B. 加强了经费管理
C. 体现了按劳取酬　　D. 侵犯了教师权利

12. 甲是一名在校学生,因在课堂上玩手机被李老师没收了,课后甲多次向李老师索要手机,李老师都拒绝归还。则下列说法错误的是(　　)

A. 李老师侵犯了甲的财产权,甲可以向相关部门提出申诉
B. 李老师侵犯了甲的财产权,甲可以依法提起诉讼
C. 甲可以向其他老师求助
D. 甲可以私自将自己的手机和李老师的手机都偷回来

13. “工欲善其事,必先利其器”,这反映了要想成为一名优秀的教师,教好书、育好人,必须具备(　　)

A. 高尚的师德　　B. 精深的专业知识
C. 高超的教育教学能力　　D. 积极的专业情意

14. 小宇上课时经常插话,老师生气地说:“管住你的嘴,不然我就封住你的嘴!”老师的做法(　　)

A. 错误,应该杜绝当堂批评　　B. 正确,应该严格要求学生
C. 错误,应该尊重学生人格　　D. 正确,应该加强课堂管理

15. 某教师评上高级职称后,仍坚持更新教育理念,优化知识结构,不断提高自己的专业水平。这表明该教师具有(　　)

A. 爱护学生的情怀　　B. 互助合作的精神
C. 终身学习的意识　　D. 尊重人格的品质

16. 马老师进行家访时,总是采取“四多四少”原则:多一点针对性,少一点随意性;多一点肯定,少一点求全责备;多一点情感交流,少一点情况汇报;多一点指导,少一点推卸责任。马老师的做法(　　)

A. 不可行,仅报喜不报忧,一味迎合家长

B. 不可行,虽重情感交流,但回避了问题

C. 可行,体现了他注重沟通策略,尊重家长

D. 可行,体现了他严格要求自己,家长至上

17. 英国工业革命的主要表现是大机器工业代替手工业,机器工厂代替手工工场,革命的发生并非偶然,18 世纪英国工业革命发生的标志是( )

A. 电话机的发明和使用 B. 蒸汽机的改良和使用

C. 留声机的发明和使用 D. 计算机的发明和使用

18. 人类的发展进程与使用工具密切相关。下列选项中,属于人类最早使用的工具是( )

A. 石器 B. 陶器 C. 瓷器 D. 铁器

19. 在漫漫历史长河中,有很多与英雄人物相关的历史典故。下列人物中,与"乌江自刎"密切相关的是( )

A. 陈胜 B. 项羽 C. 刘备 D. 秦始皇

20. 盛唐是后世对唐王朝的赞颂之词,产生了很多赞颂盛唐的作品。下列作品中最能体现出盛唐气度的是( )

A.《颜氏家庙碑》 B.《兰亭序》 C.《神策军碑》 D.《寒食帖》

21. 我国农历以干支纪年法计算,公元 1976 年是农历丙辰年,据此推算,公元 1977 年应该是( )

A. 农历丁巳年 B. 农历戊午年 C. 农历丙寅年 D. 农历辛亥年

22. 不同国家的建筑各不相同,都各自蕴含着自己国家的风格与特色。下列选项中,著名建筑与国别对应不正确的是( )

A. 印度——泰姬陵 B. 埃及——金字塔

C. 俄罗斯——圣瓦西里大教堂 D. 意大利——帕特农神庙

23. 下列中国戏曲种类中,最早被列入联合国非物质文化遗产名录的是( )

A. 京剧 B. 粤剧 C. 昆曲 D. 黄梅戏

24. 中国第一部荣获柏林国际电影节"金熊奖"的电影是( )

A.《本命年》 B.《一个都不能少》

C.《霸王别姬》 D.《红高粱》

25. 雕塑是造型艺术的一种。历史上产生过许多有名的雕塑大师。名雕《掷铁饼者》是( )的作品。

A. 米隆 B. 罗丹 C. 米开朗基罗 D. 拉斐尔

26. 下列对搜索引擎的描述,错误的是( )

A. 搜索英文资料时,Google 较为合适

B. 搜索中文资料时,百度的资源更丰富

C. 网络提供的多种搜索引擎在查询范围、检索功能等方面各具特色

D. 搜索时,输入的关键词越多越好

27. 赵老师希望按特定顺序呈现演示文稿当前幻灯片的标题、图片、文字等,下列选项中,能实现这一操作的是( )

A. 自定义放映 B. 幻灯片设计

C. 幻灯片切换 D. 自定义动画

28. 下列选项中,与"缇萦救父——孝"逻辑关系相同的是( )

A. 孔融让梨——义 B. 季札还愿——智

C. 毛遂自荐——礼 D. 尾生抱柱——信

29. 找规律填数字是一项很有趣的游戏,特别锻炼观察和思考能力。下列选项中的数字,填入数列"3、8、15、24、35、________"空缺处,正确的是( )

A. 40 B. 44 C. 48 D. 50

二、材料分析题(本大题共 3 小题,每小题 14 分,共 42 分)阅读材料,并回答问题。

30. 材料:

星期二的早上,天上下起了鹅毛大雪。王老师走进教室,笑容满面地对同学们说:"大家看,外面的雪景多漂亮!今天这节语文课就让我们一起走进雪的世界,好好玩一下吧!"学生们欢呼雀跃,奔向门外。他们有的堆雪人,有的打雪仗,有的在讨论雪花的形状、特点,王老师也和学生一起观雪、玩雪,即兴吟诗作对……下课时间快要到了,王老师召集大家说:"下午作文课的任务是写一篇记叙文,我相信大家能够出色地完成任务。"后来,学生们根据自己的感受,写出了一篇篇精彩的作文。

问题:

请结合材料,从教师观的角度,评析王老师的教育教学行为。

31. 材料:

运动会结束后,小华在周记中写下了自己的感受:

这一次学校秋季运动会非比寻常,因为有一个特殊的项目,那就是班级韵律操比赛。我们班余老师是一个比较要强的老师,听同学们讲,每次比赛,她都要力争好成绩。大家熟练的班级韵律操对我这个刚转来的新手来说,可是难上加难。有班干部向余老师建议,不让我参加比赛。我本想老师会同意,反正学校并没有要求必须全班参加,再说我刚刚转来。但是余老师没有同意,在班上说:"咱们班是一个团队,是一个整体,班上的同学一个都不能少!"我感觉到余老师用鼓励的眼光看着我。

眼见比赛日渐临近,我很是着急,看得出与我们一同训练的余老师也很着急。余老师找到我,一边鼓励我一定能行,一边亲自手把手教我韵律操的每一个动作。余老师腰不好,我看到余老师每次示范弯腰动作时,总是咬着牙,我更是认真操练。在老师的帮助下,我终于在较短时间内学会了班级韵律操。

比赛终于来了,临赛前余老师走过来,笑着对我们说:“同学们,不要太看重比赛成绩,只要将我们平时训练的水平展现出来就可以!”说完还朝我点头微笑。我知道余老师为什么朝我点头微笑,那是在鼓励我,相信我能行。

随着音乐声响起,我按照余老师平时教我的韵律操动作,一丝不苟地做着,同学们也是异常认真。功夫不负有心人,在大家齐心协力的努力下,我们班终于夺得冠军。

问题:

请结合材料,从教师职业道德的角度,评析余老师的教育行为。

32. **材料:**

音乐的作用并不止于创造悦耳的乐式,它还能表达感情。你可以津津有味地欣赏一首巴赫的序曲,好像观赏精美的波斯地毯一样,可是乐趣也只限于此。莫扎特则不然,听了他的《唐璜》前奏曲,你不可能不怀有一种复杂的心情。它充满了魔鬼式的欢乐,但又使你有一定的心理准备去迎接可怖的世界末日。听莫扎特的《天神交响乐》最后一章,你会觉得那是狂欢的音乐,响亮的鼓声如醉如狂,从头到尾交织着一种不寻常的悲伤之美。莫扎特的乐章又是乐式设计的杰作。

贝多芬所做的,是把音乐完全用作表现心情的手段,完全不把设计乐式本身作为目的。

也正是这一点,使得某些与他同一时代的伟人不得不把他当作一个疯人。不错,他一生非常保守地使用旧的乐式,但是他给它们注入惊人的活力和激情,包括产生于一定思想、信念的那种最高的激情,结果不仅打乱了旧乐式的对称,而且常常使人听不出在感情的风暴下竟还有什么乐式存在了。他的《英雄交响曲》一开始使用了一个乐式(这是从莫扎特幼年的一个前奏曲里借来的),跟着又使用了另外几个漂亮的乐式。这些乐式被赋予了巨大的内在力量,所以到了乐章的中段,这些乐式就全被不客气地打散了。于是,在只追求乐式的音乐家看来,贝多芬是发了疯了。他这么做,只是因为他觉得非如此不可,而且还要求你也觉得非如此不可呢。

<u>这就是贝多芬之谜</u>。他有能力设计最好的乐式;他能写出使你终生受用不尽的乐式;他能挑出那些最枯燥无味的旋律,把它展开得那样引人,使你听上一百次也每次都能发现新东西:一句话,你可以拿所有用来形容以乐式见长的作曲家的话来形容他,但是他的病症,也就是不同于别人之处,在于那激动人心的品质。他能使我们激动,用他那奔放的感情左右我们。一位法国作曲家听了贝多芬的音乐觉得不舒服,说:“我爱听能使我入睡的音乐。”是的,贝多芬的音乐是使你清醒的音乐,而当你想独自一个静一会儿的时候,你就怕听他的音乐。

懂了这个,你就从18世纪前进了一步,也从旧式的跳舞音乐前进了一步,不仅懂得贝多芬的音乐,而且也能懂得贝多芬以后最有深度的音乐了。

(节选自萧伯纳《贝多芬之谜》,有删改)

问题:

(1)文中画线句“这就是贝多芬之谜”的“这”指的是什么?(4分)

(2)根据文意,举例说明从巴赫到莫扎特再到贝多芬在音乐创作上的发展变化。(10分)

三、写作题(本大题1小题,50分)

33. 阅读下面材料,根据要求作文。

有一些话语,因为一些人,或者一些事,变得温暖,让人感动,享有……会让你在苦寒的冬天,孕育出春天的繁花似锦。

根据以上文字所引发的联想和感悟,写一篇论说文。

要求:

请用规范的现代汉语写作,角度自选,立意自定,题目自拟,不少于1000字。

机密★启封前　　　　　　　　　　　　　　姓名____________　准考证号____________

国家教师资格考试预测试卷(十七)

综合素质(中学)

注意事项:

1. 考试时间为120分钟,满分为150分。
2. 请按规定在答题卡上填涂、作答,在试卷上作答无效,不予评分。

一、单项选择题(本大题共29小题,每小题2分,共58分)

在每小题列出的四个备选项中只有一个是符合题目要求的,请用2B铅笔把答题卡上对应题目的答案字母按要求涂黑。错选、多选或未选均无分。

1. 初中生小雨经常踩着铃声进教室。其班主任王老师打印了一张"迟到大王"的奖状颁给小雨,并说:"小雨,你可真是迟到大王啊。"该老师的做法(　　)

A. 正确,维护了教师的威信　　B. 正确,能够激励学生不再迟到

C. 错误,容易伤害学生的自尊心　　D. 错误,应使用更严厉的惩罚方式

2. 某学校为弘扬中华传统文化,对传统文化进行了全学科覆盖。比如该校正在编辑的《二十四节气与传统文化》一书将传统文化与语文、地理教学内容相结合;《古代文化常识精选读本》一书则将传统文化纳入历史教学、政治教学中。学校的这一做法符合(　　)

A. 素质教育的理念　　B. 因材施教的意识

C. 自主发展的意识　　D. 公平公正的态度

3. 体育课上,王伟同学未按照体育老师的要求穿运动鞋来上课,而是穿拖鞋来上课。作为体育老师,下列做法合理的是(　　)

A. 原谅他这一次错误,让他穿着拖鞋参加运动

B. 认为他没有遵照要求,让其罚站一节课

C. 告诉他下次一定要穿运动鞋上课,这节体育课让他单独学习体育理论,不参加运动

D. 让他赶紧回家去换一双运动鞋来上课

4. 在教学研讨会上,作为教研组组长的周老师多次强调:"作为老师,我们要寻找、研究一种适合学生的教育,而不是挑选适合教育的学生。"周老师的这一观点体现了(　　)

A. 素质教育以提高国民素质为根本宗旨　　B. 素质教育是面向全体学生的教育

C. 素质教育是促进学生全面发展的教育　　D. 素质教育是促进学生个性发展的教育

5. 教师如果对学校作出的处理不服,可以向教育行政部门提出申诉,教育行政部门应当在接到申诉的(　　)日内,作出处理。

A. 十五　　B. 二十　　C. 二十五　　D. 三十

6. 学校及其他教育机构中的教学辅助人员和其他专业技术人员,实行(　　)制度。

A. 教学辅助人员聘任　　B. 教育职员聘任

C. 专业技术职务聘任　　D. 教师聘任

7. 学生或者未成年学生监护人知道学生有特异体质,或者患有特定疾病,但未告知学校,学校已经履行了相应职责,行为并无不当。这时造成的学生伤害事故应该由(　　)承担责任。

A. 学校　　B. 学生或未成年学生监护人

C. 教师　　D. 学生的亲戚

8. 15岁的小江辍学到王某所办的电子厂打工,王某的行为(　　)

A. 合法,王某有自主招工的权利　　B. 合法,王某有管理工人的权利

C. 不合法,工厂不得招用童工　　D. 不合法,征得家长同意可招用

9. 根据《中华人民共和国教育法》的规定,受教育者在入学、升学、就业等方面依法享有(　　)

A. 平等权利　　B. 监督权利

C. 自由选择权利　　D. 差别对待权利

10. 根据我国《宪法》规定,国务院有权制定和发布(　　)

A. 教育法律　　B. 教育行政法规　　C. 教育政府规章　　D. 教育单行条例

11. 班主任张老师经调查了解到,班里的学生小强经常和社会上的不良团伙在上下学路上打劫同学的财物。此时,张老师应当(　　)

A. 批评教育不良团伙　　B. 及时向公安机关报告

C. 让小强家长将其领回家教育　　D. 要求小强公开检讨并写下保证书

12. 李老师在学校晨读期间,让学生夏某到校外为自己买早点,夏某不幸遭遇车祸。事故责任应由(　　)

A. 李老师全部承担　　B. 车祸肇事方承担

C. 李老师和车祸肇事方共同承担　　D. 学校全部承担

13. 语文老师想在课上播放《老师难忘的记忆》这一视频。录制时各科老师纷纷响应,都来帮忙,这体现的是(　　)

A. 在教学和研究上,教师是教育教学的研究者

B. 在教学与课程的关系上,教师是课程的建设者和开发者

C. 在对待教学关系上,新课程强调帮助、引导

D. 在对待与其他教育者的关系上,新课程强调合作

14. 小杰是班里的"问题学生",班主任付老师通过家访找到了小杰"任性"的根源,有针对性地对其进行教育和引导,最终使小杰成为班里品学兼优的好学生。这说明付老师具有(　　)

A. 严格要求学生的意识　　B. 严于律己的从教意识

C. 维持课堂秩序的能力　　D. 尊重关爱学生的情怀

15. 教师借助"微课""翻转课堂"等新技术、新方法进行教学,体现了教师劳动的(　　)特点。

A. 复杂性　　B. 长期性　　C. 创造性　　D. 示范性

16. 一位语文教师上公开课,在引经据典时,讲到了《木兰诗》中花木兰女扮男装、替父从军的故事。不巧,这时有位学生突然举手问道:"我国古代妇女都要裹小脚,裹了小脚的妇女怎能行军作战呢?"面对这突如其来的提问,老师显得十分尴尬,由于无法回答,老师就让这位学生先坐下,等课后再解决这个问题。在课堂上该教师的做法(　　)

A. 正确,能够不耽误课堂进程

B. 正确,能够及时挽回尴尬的局面

C. 不正确,没有具备教师应有的"教育机智"

D. 不正确,没有发挥学生在教学过程中的主导性

17. 经过劳动人民的口口相传,流传下来很多上古神话,比如夸父逐日、嫦娥奔月等等。下列选项中,属于我国神话传说中的人物的是(　　)

A. 美杜莎　　B. 湿婆　　C. 刑天　　D. 宙斯

18. 在古希腊历史上有三个思想家被称为"希腊三贤",他们在文学、艺术、哲学领域做出了非凡的贡献,至今仍影响着世界文学、哲学、艺术等领域的发展。与苏格拉底、柏拉图并称为"希腊三贤"的是(　　)

A. 赫拉克利特　　B. 德谟克里特　　C. 亚里士多德　　D. 毕达哥拉斯

19. 伴随着经济的发展,环境问题越来越令人担忧,全球各地的自然灾害增多,异常的气候增加,各种问题都在告诉我们,保护环境已到了刻不容缓的地步。下列能够形成酸雨的污染物是(　　)

A. CO_2　　B. 氟利昂　　C. SO_2　　D. CO

20. 边塞诗人多以诗歌描写边疆地区的山川景物、风土人情,反映塞上战争和军旅生活。下列诗人中,不属于边塞诗人的是(　　)

A. 高适　　B. 岑参　　C. 白居易　　D. 王昌龄

21. 据《东观汉记》记载,公元2世纪初,蔡伦曾得到当时汉和帝的称赞,因为他(　　)

A. 改进和推广造纸术　　B. 制成"麻沸散"

C. 写成《伤寒杂病论》　　D. 印制《金刚经》

22. 我国现代诗歌史上最能体现"五四"时期精神的一部诗集是(　　)

A. 郭沫若的《女神》　　B. 鲁迅的《野草》

C. 胡适的《尝试集》　　D. 闻一多的《红烛》

23. 在浩瀚的宇宙中,存在很多的星球,有行星、恒星、矮行星等,其中距地球最近的恒星是(　　)

A. 水星　　B. 金星　　C. 太阳　　D. 火星

24. 二十四节气的划定是我国古代天文和气候科学的伟大成就。两千多年来,它在安排和指导农业生产过程中,发挥了重大的作用。下列节气不在秋季的是(　　)

A. 处暑　　B. 霜降　　C. 寒露　　D. 小满

25. 若某校高一年级8个班参加合唱比赛的得分如茎叶图所示,则这组数据的中位数和平均数分别是(　　)

8	9	7				
9	3	1	6	4	0	2

A. 91.5 和 91.5　　B. 91.5 和 92　　C. 91 和 91.5　　D. 92 和 92

26. Word 中,双击"格式刷",可将格式从一个区域一次复制到的区域数目是(　　)

A. 1 个　　B. 2 个　　C. 3 个　　D. 多个

27. 当 Excel 工作簿中既有工作表又有图表时,执行"保存文件"命令则(　　)

A. 只保存工作表文件　　B. 只保存图表文件

C. 将工作表和图表文件一起保存　　D. 分别保存工作表和图表文件

28. 下列选项中,与"芝麻"和"香油"概念关系一致的是(　　)

A. "面粉"和"面包"　　B. "纸张"和"本"

C. "干冰"和"二氧化碳"　　D. "手指"和"手"

29. 按规律填数字是一项很有趣的游戏,特别锻炼观察和思考能力,按照"4 + 5 + 6→242054""6 + 3 + 2→121818""7 + 5 + 4→283548"的规律,下列选项中正确的是(　　)

A. 8 + 6 + 3→482442　B. 8 + 6 + 3→482472　C. 8 + 6 + 3→244872　D. 8 + 6 + 3→244842

二、材料分析题(本大题共 3 小题,每小题 14 分,共 42 分)阅读材料,并回答问题。

30. 材料:

金堂县清江镇"可口可乐"希望学校是所农村学校,胡老师在这里一待就是19年,一直担任班主任和初三语文教师。基于多年的教育教学工作经验,他形成了独特的语文教学风格,能够在教学中将人文知识与学生的生活体验有机结合起来,引导学生积极开展探究性学习,实现师生互动、生生互动,打造高效课堂与个性课堂。同时,他也注重课堂教学的艺术性,注重基础知识和基本技能的传授,注重学生创新意识的培养,注重学生良好学习习惯的养成,能够充分调动学生学习的积极性和主观能动性,努力提高学生的学习能力,真正体现学生的主体地位,将学生引向自然,引向社会,引向生活,让语文课散发出特有的人文光彩和多姿多彩的艺术魅力,展现中华文化的灿烂光辉。

问题:

请结合材料,从学生观的角度,评析胡老师的教育行为。

31. 材料:

某天,郑老师到其他学校做辅导报告。当他准备离开学校时,只见校园一角一个孩子在哭泣。他上前一问,才知道这个孩子受到了同学的欺负。郑老师帮其擦干眼泪,这才发现,孩子面部多处烧伤,是个残疾孩子。郑老师后来经过打听才知道,这个孩子叫杜青,小时候因为一次意外事故,他的面部和身上多处被烧伤,成天流口水。杜青由于伤残受人歧视,学习成绩急剧下降。有人嫌弃杜青影响了班上的考试成绩,加上他觉得自己长得丑陋,所以他幼小的心灵严重扭曲。家长的心理负担也很重,放弃了对孩子的培养。

得知杜青的遭遇,郑老师心疼得要命:"残疾的孩子也是孩子啊,他们更应该得到关爱!"

从此,郑老师开始一次次地进行家访,耐心劝导杜青的家长,多关心爱护杜青。他自己也三天两头到学校了解杜青的学习、生活情况,和杜青聊天、做游戏。

在郑老师的关怀下,杜青的心灵创伤渐渐被抚平了,欢乐重新回到了他的身上。郑老师的爱心也感动了家长、老师和学生,他们把同样的爱心奉献给杜青,让杜青的生活充满了欢乐和幸福。

问题:

请结合材料,从教师职业道德的角度,评析郑老师的教育行为。

32. 材料：

提到人工智能的发展历程，在它的起源阶段，有三位名人和一个关键地点。

第一位名人，大家耳熟能详，那就是大名鼎鼎的“计算机科学之父”和“人工智能之父”——阿兰·图灵。他对人工智能的贡献集中体现于两篇论文：一篇是1936年发表的《论数字计算在决断难题中的应用》，在文中他对“可计算性”下了一个严格的数学定义，并提出著名的“图灵机”设想，从数理逻辑上为人工智能用上“机械大脑”开创了理论先河；而另一篇论文对人工智能的影响更为直接，其名字就是《机器能思考吗》。在这篇论文中，图灵提出了一种判定机器是否具有智能的试验方法，即著名的图灵测试：如果一台机器能够与人类展开对话而不能被辨别出其机器身份，那么这台机器就是智能的。上文所述的“中文房间实验”正是图灵测试的一个变种。可以说，图灵是第一个严肃地探讨人工智能标准的人物，被称作“人工智能之父”当之无愧。

第二位名人是一位神童，18岁即取得数理逻辑博士学位，这就是“控制论之父”维纳(Norbert Wiener)。1940年，维纳开始考虑计算机如何能像大脑一样工作，发现了二者的相似性。维纳认为计算机是一个进行信息处理和信息转换的系统，只要这个系统能得到数据，就应该能做几乎任何事情。他从控制论出发，特别强调反馈的作用，认为所有的智能活动都是反馈机制的结果，而反馈机制是可以用机器模拟的。维纳的理论抓住了人工智能核心——反馈，因此可以被视为人工智能“行为主义学派”的奠基人，其对人工神经网络的研究也影响深远。

第三位名人经常与图灵抢“人工智能之父”的帽子，第一次提出了“人工智能(Artificial Intelligence)”这一名词。他就是LISP语言发明者，真正的“人工智能之父”约翰·麦卡锡(John McCarthy)。在1955年，约翰·麦卡锡与另一位人工智能先驱马文·明斯基以及“信息论”创始人克劳德·香农一道作为发起人，邀请各路志同道合的专家学者在达特茅斯学院共同讨论人工智能。会上，正是约翰·麦卡锡说服大家使用人工智能这一术语，参会人员也热烈讨论了自动计算机、自然语言处理和神经网络等经典人工智能命题。

而一个关键地点，便是上述会议的举行地达特茅斯学院。达特茅斯会议正式确立了AI这一术语，并且开始从学术角度对AI展开了严肃而精专的研究。在那之后不久，最早的一批人工智能学者和技术开始涌现。达特茅斯会议被广泛认为是人工智能诞生的标志，从此人工智能走上了快速发展的道路。

从诞生之日至今天，人工智能一方面被视作一颗冉冉升起的新星，受人追捧而蓬勃发展，另一方面也备受批评，且遭受过两次严重挫折，史称“两次人工智能寒冬”。

其中，1956年至1974年是人工智能发展的第一个黄金时期。在这期间，“通用解题机”(GPS)被制造出来，而约翰·麦卡锡发明了重要的LISP人工智能语音，这种语音直至今天仍有许多程序员在使用。人工智能程序在问题求解、语言处理方面取得了一些进展，而美国ARPA(即后来的DARPA，国防高等研究计划局)每年也为人工智能研究提供至少300万美元的经费。然而，民众和当局似乎对人工智能期待过高，当研究成果不尽人意的时候，人们开始丧失对人工智能的兴趣。另一方面，当时作为神经网络先进成果的感知器受到强烈批评，人工智能的研究遭遇瓶颈。从1974年开始，人工智能遭遇第一次寒冬，投资者和政府对AI研究的资金投入骤减。

直到1980年，人工智能中专家系统的商用价值被广泛接受，企业订单增多，人工智能研究才开始复苏。这主要归功于符号逻辑学派的发展，神经网络的突破性进展则是80年代末的事情。然而这种复兴未能持续太久，从1987开始Apple和IBM生产的个人电脑性能不断提升。这些计算机没有用到AI技术但性能上却超过了价格昂贵的LISP机。人工智能硬件的市场急剧萎缩，科研经费随之又被削减，AI经历了第二次寒冬。

而从20世纪90年代中期开始，随着AI技术尤其是神经网络技术的逐步发展，以及人们对AI开始抱有客观理性的认知，人工智能技术开始进入平稳发展时期。1997年5月11日，IBM的计算机系统“深蓝”战胜了国际象棋世界冠军卡斯帕罗夫，又一次在公众领域引发了现象级的AI话题讨论。

2006年，Hinton在神经网络的深度学领域取得突破，人类又一次看到机器赶超人类的希望。这次标志性的技术进步，在最近三年引爆了一场商业革命。谷歌、微软、百度等互联网巨头，还有众多的初创科技公司，纷纷加入人工智能产品的战场，掀起又一轮的智能化狂潮，而且随着技术的日趋成熟和大众的广泛接受，这一次狂潮也许会架起一座现代文明与未来文明的桥梁。

(摘编自刘兴亮《人工智能的早期简史》)

问题：

(1)在人工智能发展的三个阶段，分别有怎样的重要进步？请根据文本，简要概括。(4分)

(2)人们应该如何理性地看待人工智能发展？请结合文本，简要分析。(10分)

三、写作题(本大题1小题，50分)

33. 阅读下面的材料，按要求作文。

每人都有一块必须得由自己来耕种的土地。贫瘠、肥沃或许无法选择，荒芜、繁茂将由自己来决定。

综合上述材料所引发的联想和感悟，写一篇论说文。

要求：

用规范的现代汉语写作；角度自选，立意自定，标题自拟；不少于1000字。

机密★启封前　　　　　　　　姓名____________　准考证号____________

国家教师资格考试预测试卷(十八)

综合素质(中学)

注意事项:

1. 考试时间为120分钟,满分为150分。
2. 请按规定在答题卡上填涂、作答,在试卷上作答无效,不予评分。

一、单项选择题(本大题共29小题,每小题2分,共58分)

在每小题列出的四个备选项中只有一个是符合题目要求的,请用2B铅笔把答题卡上对应题目的答案字母按要求涂黑。错选、多选或未选均无分。

1. 我国自改革开放以来,党和国家始终把提高全民族的素质作为关系社会主义现代化建设全局的一项根本任务。下列选项中,不属于素质教育的任务的是(　　)

A. 培养学生的身体素质　　B. 培养学生的心理素质

C. 培养学生的道德品质　　D. 培养学生的社会素质

2. 教师能够灵活、巧妙地处理好课堂上的意外情况,这说明教师具有较强的(　　)

A. 专业知识　　B. 心理素质　　C. 教育机智　　D. 教学技巧

3. 语文课上,李老师讲到《鸿门宴》这篇课文时,突然有学生说道:"项羽将刘邦放虎归山,真是个大傻瓜!"于是,班里同学都开始争论起来。如果你是李老师,会采取的正确做法是(　　)

A. 因势利导,组织学生展开讨论　　B. 及时制止,继续讲课

C. 告诉学生不要胡思乱想　　D. 批评这位学生废话真多

4. 某班学生做完早操回到教室,忽然有人发出"哎哟"的叫声,老师发现原来有人在班干部的凳子上反钉了几个钉子。下列处理方式中,最恰当的一项是(　　)

A. 立即查找肇事者

B. 让学生把钉子敲平,开始上课,课后处理

C. 幽默带过,开始上课

D. 让班干部自我反思

5. 因追查刑事犯罪的需要,A县公安局要求当地邮局提供某犯罪嫌疑人的信件收寄记录。根据我国《宪法》关于公民基本权利的规定,下列说法正确的是(　　)

A. 公安机关无论何时都可以检查任何人的信件收寄记录

B. 邮局在任何情况下都应保护公民的通信秘密

C. 该公安局有权要求该邮局提供相关信息

D. 邮局信件收寄记录不属于通信秘密

6. 初中生小强在放学回家的路上,与同学发生口角,并动手把同学打伤。在此事故中,应承担赔偿责任的是(　　)

A. 学校　　B. 小强的家长

C. 班主任　　D. 与小强发生口角的同学

7. 国务院和地方各级人民政府用于实施义务教育财政拨款的增长比例应当(　　)财政经常性收入的增长比例。

A. 高于　　B. 低于　　C. 等于　　D. 无关于

8. 根据《中华人民共和国教师法》规定,下列属于教师义务的是(　　)

A. 参加进修或者其他方式的培训

B. 不断提高思想政治觉悟和教育教学业务水平

C. 对学校教育教学、管理工作和教育行政部门的工作提出意见和建议

D. 从事科学研究、学术交流,参加专业的学术团体,在学术活动中充分发表意见

9. 某初中违反国家有关规定向学生收取补课费,依据《中华人民共和国教育法》的相关规定,有权责令该校退还所有费用的是(　　)

A. 教育行政部门　　B. 纪检部门

C. 公安机关　　D. 物价部门

10. 根据相关法律的规定,我国义务教育学校的内部管理体制为(　　)

A. 教师负责制　　B. 校务委员会负责制

C. 家长委员会负责制　　D. 校长负责制

11. 张老师经常向校长反映学校存在的问题,有的人理解,有的人则认为张老师是在打小报告,其实张老师是在(　　)

A. 履行教师义务　　B. 履行教师职责

C. 行使教师权利　　D. 行使公民权利

12. 教师李某信仰宗教,为了鼓励他人信仰宗教,他在办公室公开向其他老师宣教,影响了学校的正常教学秩序。李某的做法(　　)

A. 正确,公民有信仰宗教的自由　　B. 正确,他没有向学生宣教

C. 不正确,他可以私下宣教　　D. 不正确,我国实行教育与宗教相分离

13. "见贤思齐焉,见不贤而内自省也。"这说明(　　)是教师职业道德修养的重要办法。

A. 坚持知行统一　　B. 开展批评与自我批评

C. "慎独"　　D. 向先进人物学习

14. 晓光多次在钢琴比赛中获奖,但不愿意学习文化课程。方老师说道:"特长需要保持,可是只有打好文化基础,你才能在音乐道路上走得更远。"方老师的做法(　　)

A. 不合理,不利于学生发展特长

B. 不合理,扼杀了学生的兴趣爱好

C. 合理,学生必须在各个学科领域平均发展

D. 合理,教师应该关注学生的全面发展

15. 福勒和布朗根据教师的需要和不同时期所关注的焦点问题，把教师的成长划分为三个阶段。下列选项中不属于其分类的是(　　)

A. 关注生存阶段　　B. 关注情境阶段

C. 业务精干阶段　　D. 关注学生阶段

16. 每年王老师都给自己制订读书计划，并严格执行。这体现了王老师注重(　　)

A. 团结协作　　B. 教学创新　　C. 循循善诱　　D. 终身学习

17. 我国古代很多诗句中都包含有节日，例如“每逢佳节倍思亲”中的“佳节”说的就是(　　)

A. 元宵节　　B. 端午节　　C. 中秋节　　D. 重阳节

18. 在洋务运动中培养出了中国第一批近代海军军官和中国近代海军工程技术人才的学校是(　　)

A. 大连船政学堂　　B. 威海船政学堂

C. 青岛船政学堂　　D. 福州船政学堂

19. 在我国古代医学史上，医学家们在自己的领域努力发展自己的才能，造福人民。下列医学家与其著作对应不正确的一项是(　　)

A.《本草纲目》——李时珍　　B.《肘后备急方》——葛洪

C.《伤寒杂病论》——张仲景　　D.《金匮要略》——扁鹊

20. 我国拥有众多的岛屿和港湾，是一个海陆兼备的国家。其中我国的两个内海是(　　)

A. 渤海和黄海　　B. 渤海和琼州海峡

C. 黄海和东海　　D. 东海和南海

21. 世人将颜真卿与柳公权的书法称为“颜筋柳骨”，下列属于颜真卿的作品的是(　　)

A.《多宝塔碑》　　B.《玄秘塔碑》

C.《神策军碑》　　D.《冯宿碑》

22. 节气是指二十四个时节和气候，是中国古代订立的一种用来指导农事的补充历法，是中华民族劳动人民长期经验的积累成果和智慧的结晶。下列四个节气所表示的含义错误的是(　　)

A. 处暑：炎热夏季即将到来

B. 惊蛰：天回暖，春雷始鸣

C. 冬至：北半球各地一年中白昼最短、黑夜最长的一天

D. 小满：夏熟作物籽粒开始灌浆饱满但未成熟

23. 尽管白天阳光有时不能照到房间里，但房间仍然很亮，其主要原因是(　　)

A. 光的衍射　　B. 光的反射　　C. 光的放射　　D. 光的折射

24. 温室效应是造成气候异常的主要原因。下列气体中不是温室气体的是(　　)

A. 甲烷　　B. 氮气　　C. 二氧化碳　　D. 臭氧

25. 剧烈运动后，人们常常满脸通红，大汗淋漓，这主要是因为皮肤的什么功能(　　)

A. 保护和排泄　　B. 排泄和调节体温

C. 排泄和感受外界刺激　　D. 保护和感受外界刺激

26. 可将正在编辑的 Word2010 文档另存为扩展名为(　　)的文档。

A. JPG　　B. MP4　　C. PDF　　D. MKV

27. 在 Excel 中，将内容为“1”的单元格拖放填充 6 个连续的单元格，其内容为(　　)

A. 连续 6 个“1”　　B. 连续 6 个空白

C. 2、3、4、5、6、7　　D. 以上都不对

28. 下列选项中，与“畅通——拥堵”逻辑关系相同的是(　　)

A. 结实——坚韧　　B. 详尽——简略

C. 踏实——忧虑　　D. 男性——女性

29. 桌子上放了四个杯子，每个杯子上都贴了标签。第一个杯子上写着：“所有的杯子中都有水果糖。”第二个杯子上写着：“本杯中有苹果。”第三个杯子上写着：“本杯中没有巧克力。”第四个杯子上写着：“有的杯子中没有水果糖。”四个标签中只有一句是真的。据此可以推出下列哪项一定是真的(　　)

A. 所有的杯子中都有水果糖　　B. 第二个杯子中有苹果

C. 第三个杯子中有巧克力　　D. 有的杯子中没有水果糖

二、材料分析题(本大题共 3 小题，每小题 14 分，共 42 分)阅读材料，并回答问题。

30. 材料：

科学课上，张老师指着实验仪器说：“每个杯子底部都有一团纸，谁能将杯子放入水中而纸不湿呢?”

学生马上投入到实验中。他们要么将水槽中的水倒出一些，要么给杯子加上个盖，要么在杯中塞些异物。

对学生给予肯定后，张老师故弄玄虚地说：“不添加辅助材料，把杯子倒着放入水中，纸也不会湿。你们信吗?”同学们个个惊得睁大了眼睛。

学生疑惑道：“倒着放还能不湿?”

张老师：“能！”

学生又动了起来。第一次失败了，第二次失败了……大家再次将疑惑的目光投向张老师，张老师回以肯定、鼓励的目光。

突然，一个男生喊了起来：“老师，我成功了！没湿！纸真的没湿！”

“老师，我也成功了！”

“我也成功了！”

……

趁着大家那股高兴劲儿，张老师话锋一转：“你们还有什么疑问吗?”

“当然有了，为什么杯子倒扣在水中，杯子都被水淹没了，而纸却不湿?”有学生急迫地问。张老师启发道：“大家想一想，你们最初的实验，纸为什么湿了？后来又为什么不湿呢？再动手试一试，仔细观察。”同学们歪着身，瞪大眼，聚精会神地反复实验着：竖着将杯子倒扣在水中纸不湿；倾斜着将杯子放入水中纸变湿；先竖着将杯子倒扣在水中，再将杯子倾斜时有气泡产生，纸变湿。

同学们跳跃起来：“原因找到了。有气泡产生说明杯中有空气，有空气占据着空间，纸才不湿。”

……

张老师后来在备课本中写道:“学生对科学探究的过程,就是在老师的引导下,充分地思考、质疑,主动获得知识的过程。”

问题:

请结合材料,从教师观的角度,评析张老师的教学行为。

31. **材料:**

初中二年级时,学校给我们换了一位数学老师。这位老师生活条件很好,几乎每天都换新衣服。可她对每节课的内容都不进行深入讲解,总是敷衍了事。我向她请教“奥校”作业题中的疑难问题时,她也经常借口推辞,不予回答。平时她不好好教学,可有时,她还会显摆一下自己的学识。在一次数学课上,她突然一反常态,给我们出了一道很难的应用题。经过很长时间的思考,我终于将这道难题做出来了。不一会儿,她改完作业,就开始讲了。我认真听着,我做错了?不会错的啊,我在习题书上见到过类似的题。我盯着作业本上的红叉,委屈得快哭出来了。我拿着作业本去问老师,想让她承认我的是正确的。“老师,这道题应该是我做的这样,你看……”还没等我将理由说出来,她就高声对我说:“你是老师,还是我是老师?我吃过的盐比你吃过的饭还多。怎么,好学生就能反驳老师?自己也不想想自己那点儿能耐,显什么显?”她将我的作业本狠狠地甩给我,作业本都摔裂了,还让我第二天叫家长来,我哭了,忍着委屈求了好半天,她才肯罢休。当时,同学们都嘲笑我的不智之举。那年的数学期末考试,卷子上的最后一道题正是这道题,为了证明我没错,我固执地写下了自己当初认为正确的答案。卷子是由教导处判的,卷子上的红色大勾证明我对了,我是全班唯一一个做对这道题的,唯一一个!

问题:

请结合材料,从教师职业道德的角度,评析数学老师的教育行为。

32. **材料:**

宽容,生活中的一门技巧,宽容一点,我们的生活或许会更加美好。胡适在一篇题为“宽容与自由”的文章里这样说:“我自己也有‘年纪越大,越觉得宽容比自由更重要’的感想。有时我竟觉得宽容是一切自由的根本,没有宽容,就没有自由。”胡适把宽容看得比自由更重要,而骂死人的女护士,事件发生后被刑事拘留,在社会造成很大影响,被巨大的社会舆论压得抬不起头来,工作也辞掉了,并赔偿了死者家属二十五万元。这不是验证了没有宽容,就没有自由这句话吗!

但是鲁迅却对宽容有另一种看法,他在一篇《死》的文章里是这样说的:“损着别人的牙眼,却反对报复,主张宽容的人,万勿和他接近。”鲁迅还说:“只还记得在发热时,又曾想到欧洲人临死时,往往有一种仪式,是请别人宽恕,自己也宽恕了别人。我的怨敌可谓多矣,倘有新式的人问起我来,怎么回答呢?我想了一想,决定的是让他们怨恨去,我也一个都不宽恕。”

哲学家康德说:“生气,是拿别人的错误惩罚自己。”宽容永远是人际关系的调和剂。人非圣贤,孰能无过。用宽容来对待别人无意或有意的伤害,有如春风化雨,冰释前嫌,对方定会投桃报李。因此,人生处世,当学会宽容。在现实生活中,有许多事情,当你打算用愤恨去实现或解决时,你不妨用宽容去试一下,或许它能帮你实现目标,解决矛盾,化干戈为玉帛。生活中我们也不能一味地把退让、迁就当作是一种宽容,当作是与人相处的最好方法,现实生活中,处处退让、迁就,就把自己的地位与做人标准都放弃了,是一种无原则和懦弱的表现。我们对别人的错误一味地迁就,会导致更大的错误发生,同时,我们也就失去了主宰自己的能力。这样的宽容是对别人和自己最不负责的表现,也是一种心理上的犯罪;这样的行为也不能视为是宽容。

(摘编自鲁公青夫《谈宽容》)

问题:

(1)结合材料谈谈胡适和鲁迅对宽容的看法。(4分)

(2)文章认为应如何正确对待宽容?请简要分析。(10分)

三、写作题(本大题1小题,50分)

33. 阅读下面的材料,按要求作文。

美国华盛顿儿童博物馆墙上有句格言:“我听见了就忘记了,我看见了就记住了,我做过了就理解了。”

根据以上文字所引发的联想和思考,写一篇论说文。

要求:

用规范的现代汉语写作,角度自选,立意自定,题目自拟,不少于1000字。

机密★启封前　　姓名____________　准考证号____________

国家教师资格考试预测试卷(十九)

综合素质(中学)

注意事项:

1. 考试时间为120分钟,满分为150分。
2. 请按规定在答题卡上填涂、作答,在试卷上作答无效,不予评分。

一、单项选择题(本大题共29小题,每小题2分,共58分)

在每小题列出的四个备选项中只有一个是符合题目要求的,请用2B铅笔把答题卡上对应题目的答案字母按要求涂黑。错选、多选或未选均无分。

1. “鸡不吃米强按头,到头来它也是不吃的。”这句话反映了(　　)

A. 学生是发展中的人　　B. 学生是独特的人

C. 学生是自我教育和发展的主体　　D. 学生是教育的对象

2. 张丽莉老师在一次交通事故中为救学生而受重伤,致使双腿截肢。张丽莉老师的行为体现了她(　　)

A. 终身学习,爱国守法　　B. 关爱学生,行为世范

C. 因材施教,为人师表　　D. 作风正派,关心集体

3. 李老师正在上数学课,陆同学却在悄悄看课外书并没有听课,李老师发现后提醒他认真听课,但他反驳道:“我不用听课,你讲的内容我都会。”如果你是李老师,下列做法合适的是(　　)

A. 直接将陆同学的课外书扔进垃圾桶以示你对他的不满

B. 向陆同学讲解“骄傲使人落后”的道理,引导他要虚心学习

C. 发现如果真如陆同学所说,便不再强迫他听课

D. 告诉陆同学:“你没有什么了不起的,必须听课。”

4. 教师专业发展是指教师在其职业生涯中,基于个体经验,依据职业发展规律不断提升、改进自我,以顺应职业发展需要的过程。教师专业发展的核心以及最终体现就在于(　　)

A. 教师的专业理想　　B. 教师的专业能力

C. 教师群体的专业发展　　D. 教师个体的专业发展

5. 教职工行使民主权利,参与学校民主管理和监督的基本组织形式是(　　)

A. 工会　　B. 教职工代表大会

C. 党组织　　D. 学校管理委员会

6. 邻居张阿姨发现小明浑身是伤,询问过后才知是醉酒的父亲将其打完后撵出家门,张阿姨气不过,敲门劝阻,而小明父亲以家事不需外人过问为由将其痛骂一顿。以下说法正确的是(　　)

A. 保护未成年人是监护人的职责,其他人无权过问

B. 小明可提出诉讼,父亲应负刑事责任

C. 学校没有做到教育与保护相结合

D. 针对侵犯未成年合法权益的行为,张阿姨有权劝阻

7. 初二(3)班的班主任梁老师为了更好地促进学生发展,提高学生成绩,根据全班学生的不同水平和接受能力,尝试进行分层教学。梁老师的做法(　　)

A. 正确,教师享有教育教学权　　B. 正确,教师享有学术研究权

C. 错误,不利于学生的全面发展　　D. 错误,没有做到因材施教

8. 14岁的张某就读于某寄宿制学校,某晚就寝时头朝无护栏的方向(床具等符合国家标准)。宿舍老师巡逻时多次口头提醒张某头应朝向有护栏的方向睡觉,但其并未听从。次日凌晨,张某从上铺无护栏处摔下,造成左眼失明。该校方应(　　)

A. 承担全部责任　　B. 无责任

C. 承担次要责任　　D. 承担主要责任

9. 某中学为遏制学生违纪,要求各班主任“重点关照”那些有不良行为的学生,对他们的违纪行为要与其他违纪学生的行为区别对待、从重处罚。该校的做法(　　)

A. 合法,学校有教育管理未成年学生的权利

B. 合法,学校有预防未成年学生犯罪的义务

C. 不合法,学校不得侵犯未成年学生的教育自由

D. 不合法,学校不得歧视有不良行为的未成年人

10. 某公安机关让犯罪嫌疑人进行电视认罪,这侵犯了公民的哪项权利(　　)

A. 人格尊严　　B. 文化权利　　C. 人身自由　　D. 迁徙自由

11. 学校违反国家规定收取费用的,由县级人民政府教育行政部门(　　)所收费用。

A. 责令退还　　B. 双倍退还　　C. 没收　　D. 追缴

12. 根据《中华人民共和国教育法》的规定,明知校舍或者教育教学设施有危险,而不采取措施,造成人员伤亡或者重大财产损失的,对直接负责的主管人员和其他直接责任人员,依法追究(　　)

A. 经济责任　　B. 民事责任　　C. 刑事责任　　D. 行政责任

13. 初三学生王洋经常迟到、旷课、上游戏厅,甚至打架、勒索同学。尽管班主任老师多次教育,仍不见好转,以致班主任老师对他失去了信心。该老师的做法不符合教师职业道德规范中的(　　)

A. 爱国守法　　B. 爱岗敬业

C. 教书育人　　D. 终身学习

14. 学校新入职了几位青年教师,作为导师的江老师手把手地对青年教师进行“传、帮、带”。这体现了江老师(　　)

A. 廉洁从教,勤恳敬业　　B. 因材施教,乐于奉献

C. 团结协作,甘为人梯　　D. 治学严谨,勇于创新

15. 教育不是工程师进行的设计和加工,用什么样的图纸出什么样的产品;教育也不是园丁培育花草,栽培什么花就开什么花。因此,教师在教育中要扮演好(　　)的角色。

A. “传道者”　　B. “说教者”　　C. “引导者”　　D. “服务者”

16. 叶圣陶指出:“教师以身作则,教师本身的行为就是标准和规范,也是一种及时有效的‘不言之教’。”这句话体现了教师劳动的(　　)

A. 复杂性　　B. 创造性　　C. 长期性　　D. 示范性

17. 纳米科技是90年代初迅速发展起来的新兴科技,其最终目标是人类按照自己的意识直接操纵单个原子、分子,制造出具有特定功能的产品。下列关于“纳米”的表述,正确的是(　　)

A. 纳米是一种新的生物　　B. 纳米是一种长度单位

C. 纳米是一种新型材料　　D. 纳米是一种新的空间

18. 这部著作是我国古代第一部纪传体通史,记述了从传说中的黄帝到汉武帝时约3000年的历史。这部著作是(　　)

A.《史记》　　B.《吕氏春秋》　　C.《左传》　　D.《资治通鉴》

19. 在我国科举制度中,殿试考上者称为(　　),第三名称为(　　)

A. 进士　榜眼　　B. 贡士　探花　　C. 院士　榜眼　　D. 进士　探花

20. (　　)又名白果树、公孙树,是现存种子植物中最古老的孑遗植物,被称为“活化石”。

A. 银杉　　B. 银杏　　C. 珙桐　　D. 人参

21.《人间喜剧》被誉为“资本主义社会的百科全书”,其作者是(　　)

A. 雨果　　B. 司汤达　　C. 莫泊桑　　D. 巴尔扎克

22. 晴朗的天空看起来是蓝色的,这是因为光的(　　)作用。

A. 散射　　B. 衍射　　C. 反射　　D. 折射

23. 刺绣是中国古老的手工技艺之一,中国的手工刺绣工艺,已经有2000多年历史了。“百鸟朝凤”是刺绣中(　　)的精品。

A. 蜀绣　　B. 粤绣　　C. 湘绣　　D. 苏绣

24. 下列著名建筑中,其建筑风格属于哥特式的是(　　)

A. 巴黎圣母院　　B. 故宫

C. 麦加清真寺　　D. 罗马圆形大剧场

25. 有100人参加考试,其中判断题的第5小题有32人答对了,则此题的难度值为(　　)

A. 0.25　　B. 0.60　　C. 0.32　　D. 0.3

26. 在Word的编辑状态下,单击“粘贴”按钮,产生的操作结果是(　　)

A. 将文档中被选内容移动到当前插入点　　B. 将文档中被选择的内容复制到剪贴板

C. 将剪贴板的内容移动到当前的插入点　　D. 将剪贴板的内容复制到当前的插入点

27. 在Excel中,在打印学生成绩单时,对不及格的成绩用醒目的方式表示(如用红色表示),当要处理大量的学生成绩时,利用(　　)命令最为方便。

A. 查找　　B. 条件格式　　C. 数据筛选　　D. 定位

28. 下列选项中,与“自信——心理”逻辑关系相同的是(　　)

A. 动物——蜜蜂　　B. 矿泉水——饮料

C. 自满——失败　　D. 啤酒——粮食

29. 下列选项中,最适合填在问号处,从而能够使图形序列呈现一定规律性的是(　　)

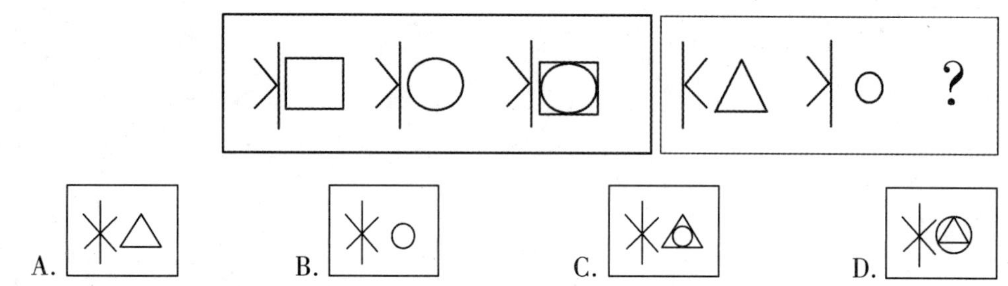

A.　　B.　　C.　　D.

二、材料分析题(本大题共3小题,每小题14分,共42分)阅读材料,并回答问题。

30. 材料:

那年由于工作调动,我到新的学校报到时,已经开学一个多月了。可我接手的是怎样的一个班级呀,课堂上总是乱哄哄的,搞小动作交头接耳的,坐立不安的……令人应接不暇。下课铃一响,几十个孩子纷纷从座位上弹起来,争先恐后地冲向门口。我从事教学已有十六年了,在那段时间,几乎试过了我所知道的一切方法,就是不能把这个班搞好。我暗暗地等待着时机,准备“杀一儆百”。功夫不负有心人,机会终于来了。号称“大圣”的孙琦,课间把一块快要融化的雪糕,扔在邻班一个男生的身上,来了个漂亮的“仙女散花”。先是其班主任气咻咻地跑来告状,下午其父母又来讨说法。我带着满腔的怒气,让孙琦写了一份2000字的检查。在一次班会课上,我把孙琦叫到讲台上,让他当众读自己的检查,并让其他同学来指出他的错误,希望别的同学能够引以为鉴。

问题:

请结合材料,从学生观的角度,评析材料中老师的教育行为。

31. **材料：**

某重点大学的毕业生小李，在教师公开招聘中以优异的成绩被聘为某初中老师。刚上班时，他虚心向同事请教，认真备课，努力把握课堂教学的每个环节，工作高度负责，教学效果好，在期末的评定中成绩优异。但随着对工作的熟悉与社会交往的增多，小李越来越不重视备课和对教学环节的把握，开始变得浮躁，他认为："教师上课就那么回事，我备好一遍课可以用好多年！"

上学期学生评教，小李排名倒数。校长找其谈话，他还不以为然："我是重点大学的毕业生，难道还教不了初中生？"之后，他把对校长和学生的不满都撒到学生身上，上课时对不专心听讲或成绩差的学生或挖苦讽刺或罚站，甚至赶出教室。

问题：

请结合材料，从教师职业道德的角度，评析小李老师的教育行为。

32. **材料：**

五四运动出现了一批狂飙突进的猛将，如陈独秀、胡适、钱玄同、蔡元培、李大钊、鲁迅和周作人等。这些人站在时代的前列，高举文化批判的旗帜，面对中国系统而顽固的旧文化和旧礼教，指出它阻碍中国前进的保守性，以惊电迅雷的气势进行扫荡，从而开辟出一条通往光明的道路。他们的勇气和激情，产生于中国内忧外患的现实，产生于现实中的污垢和血腥。他们是登高一呼从者如云的英雄式人物。他们的胆略和气魄，至今尚使我们为之气壮！这些先行者，给中国社会送来一剂疗救病症的"药"，这药是治"心"的，是"醒魂药"。他们继承了前人奋斗的遗产，这里有戊戌变法和辛亥革命的遗产。但他们推出的新文化和新文学，却是他们的前人所未曾造出的成功。

冰心不是这类英雄式的人物，她更"平常"。但她响应和参与了这种英雄业绩的创造和建设。她和五四那一代人有一种共同的性格，那就是反抗和批判。他们同样是新时代和新潮流的推动者。他们共同完成了中国20世纪伟大的精神革命。伟大的五四精神其实质在于对旧文化和旧礼教的抗争。但五四并非一味地"破坏"，它有鲜明的建设精神；五四也并非一味地"激烈"，它的本质是温情的和人性的。这些本质在那些猛将身上，是隐藏着和潜伏着的，而在另一类"非猛将"如冰心这样的人身上，则成为一种非常明显确定的品质。

这是充满幻想和想象力的一代人。他们从中国悠久的传统中走来，而又不满并质疑那一切。但在他们的创造中却又融进并更新了其中有益的养分。他们未曾因批判和反抗而造成文化的"断裂"，相反，他们更生了中国文化，他们使自己成为中国最丰富和最有创造力的一代人。

这个让人景仰的队伍中，走着我们的冰心先生。她是最先觉悟的那些女性中的一位。她接受中国传统文化的熏陶，她又接受了教会的和美国式的教育。中西、古今文化的交汇和融合，在她那里造出了奇迹。她起步于"问题小说"的写作，成为"文学研究会"的中坚，她的创作服膺于"为人生"的理想；她受泰戈尔的启发，首创"随感式"的无题小诗，发起和倡导了中国新诗史的"小诗运动"；她用通讯的方式写散文，她的《寄小读者》开辟了散文的新天地，一种崭新的抒情文体在她的笔下诞生；冰心还是新文学中儿童文学元老式的人物，也是儿童文学热情的支持者和实践者。

冰心毕生都在这样辛勤地创造着，直到生命的晚景，她都没有放下她所钟情的手中的笔。而且愈到晚年，她性格中潜藏的刚烈之气愈为显扬。身居郊野，不忘天下，正气凛然，疾恶如仇。所作短文，如《万般皆上品》《无士则如何》等，竟有匕首般的犀利！让人不敢相信这些文章竟出自年近百岁的老人之手！

斗转星移，岁月不居，冰心走完她的百年人生长途，离我们去了。但她在我们的心目中始终是一颗不倦地燃烧着的星，这颗星已燃烧了一百年！她留给我们的是一种我们永远无法企及的高雅文采、凛然不可侵犯的尊严的精神财富。

（选自谢冕《这颗心燃烧了一百年》，有删改）

问题：

(1)第3自然段中说"他们更生了中国文化"，"更生"在文中的含义是什么？(4分)

(2)文中比较了冰心先生和陈独秀等人的异同，请你加以概括。(10分)

三、写作题（本大题1小题，50分）

33. 阅读材料，根据要求完成作文。

教师的宽容，像春风化雨润物细无声，其气氛比起疾风骤雨更见效。它可以净化学生的心灵，营造出宽松和谐的课堂氛围，促使学生无拘无束，更好地发挥创造力。教师宽容地对待自己的学生，就是科学地看待教育过程。正如陶行知先生说的："你的教鞭下有瓦特，你的冷眼里有牛顿，你的讥笑里有爱迪生。"

综合上述材料所引发的联想和感悟，写一篇论说文。

要求：

用规范的现代汉语写作；角度自选，立意自定，标题自拟；不少于1000字。

机密★启封前　　　　　　　　　　姓名＿＿＿＿＿＿ 准考证号＿＿＿＿＿＿

国家教师资格考试预测试卷(二十)

综合素质(中学)

注意事项:

1. 考试时间为120分钟,满分为150分。
2. 请按规定在答题卡上填涂、作答,在试卷上作答无效,不予评分。

一、单项选择题(本大题共29小题,每小题2分,共58分)

在每小题列出的四个备选项中只有一个是符合题目要求的,请用2B铅笔把答题卡上对应题目的答案字母按要求涂黑。错选、多选或未选均无分。

1. 张老师在某班级授课的过程中,发现总有几名学生喜欢上课的时候乱接和课堂无关的话,逗得其他同学哈哈大笑,影响教学秩序,影响教学效果。遇到这种情况,张老师的最佳处理方法是(　　)

A. 接过话茬并借题发挥对乱接话的几名学生冷嘲热讽

B. 先幽默地将话题引回课堂,课后再找相关学生谈心

C. 当着全班学生的面直接对接话的几名同学展开教育

D. 课后跟班主任反馈几名学生上课时乱接话的这一情况

2. 新学期竞选班干部,学习成绩一向不好的吴鹏竞选体育委员,班里许多同学反对,并告诉班主任:"吴鹏成绩不好,不配当班干部。"如果你是班主任,会采取的正确做法是(　　)

A. 告诉其他同学,学习成绩不是衡量一个人的唯一标准

B. 认为其他同学说得有道理,否决吴鹏的竞选

C. 训斥其他同学:"你们心胸狭窄,才不配当班干部"

D. 忽略其他同学的意见,执意让吴鹏担任体育委员

3. "其身正,不令而行;其身不正,虽令不从"反映了教师劳动的(　　)

A. 主体性　　B. 创造性　　C. 长期性　　D. 示范性

4. 小明的书桌抽屉像个垃圾堆,作业本或练习册一发下去他就塞在抽屉里。平时他总是要花去很多时间寻找他所需要的东西,重做丢失的作业。他胡乱翻找书桌抽屉的行为,往往也打乱了整个班级的秩序。对此,最不恰当的处理方式是(　　)

A. 每周留出固定时间让学生整理他们的书桌

B. 不定时检查学生的书桌

C. 对小明的书桌进行展示,以示惩戒

D. 把清理书桌当作一项作业

5. 教师的医疗同当地国家公务员享受同等的待遇;(　　)对教师进行身体健康检查,并因地制宜安排教师进行休养。

A. 定期　　B. 不定期　　C. 每两年　　D. 每年

6. 某学校学生王某沉迷网络,无心学习,经常旷课、逃学去网吧打游戏,后来甚至发展到偷盗同学的财物。王某的上述行为中,属于未成年人严重不良行为的是(　　)

A. 沉迷网络　　B. 经常旷课　　C. 进出网吧　　D. 偷窃财物

7. 李老师是高二(3)班的班主任,他一直信奉严师出高徒,常常对冥顽不灵的小明同学实施体罚,督促其学习。以下表述正确的是(　　)

A. 李老师因材施教,遵循尊重学生与严格要求相结合的教学原则

B. 李老师依法实施其指导评价权

C. 学校可依法将小明同学送至专门学校继续接受教育

D. 小明的合法权益受到了侵犯

8. 国家历来重视教育问题,尤其是农村的教育问题,很早就出台了一系列教育补贴政策,比较有代表性的是九年义务教育政策,该政策规定实施义务教育,不收(　　)

A. 学费、书费　　B. 学费、杂费　　C. 书费、杂费　　D. 学费、书费、杂费

9. 未经父母同意,15岁的小张利用课余时间在学校食堂打工。食堂的做法(　　)

A. 合法,给学生提供了勤工俭学的机会

B. 合法,校园食堂里的工作很安全

C. 不合法,违反了《中华人民共和国未成年人保护法》

D. 不合法,食堂应先征得小张父母的同意

10. 某班主任在填写期末成绩单时,为了节约时间,仅凭自己的主观喜恶快速填写成绩单。该教师的做法(　　)

A. 正确,教师有评定学生成绩的权利

B. 正确,体现了教师的教育教学管理权

C. 错误,侵犯了学生的人格权

D. 错误,侵犯了学生在学业成绩上获得公正评价的权利

11. 李老师向校领导反映学校考评考核制度中存在的问题,有的同事却说李老师不自量力。其实李老师是在(　　)

A. 履行教师职责　　B. 履行教师义务

C. 行使公民权利　　D. 行使教师权利

12. 根据《中华人民共和国未成年人保护法》的规定,学校不得使未成年学生在(　　)校舍和其他教育教学设施中活动。

A. 危及人身安全、健康的　　B. 简陋的

C. 临时修建的　　D. 私人的

13. 汪老师在班级设立“坏学生”榜，那些爱打闹、不能按时交作业的学生都榜上有名。汪老师的做法(　　)

A. 不合理，没有认真备课上课　　B. 不合理，没有尊重学生人格

C. 合理，体现了对学生的严格要求　　D. 合理，有助于维护教师权威

14. 苏霍姆林斯基认为：“教师成为学生道德上的指路人，并不在于他时时刻刻都在讲大道理，而在于他对人的态度，能为人师表，在于他有高度的道德水平。”这句话说明教师职业道德应具有(　　)

A. 鲜明的继承性　　B. 强烈的责任性

C. 独特的示范性　　D. 严格的标准性

15. 作为家中独子的王明在校横行霸道，因此逐渐受到冷落，为引起其他人注意，他就经常扰乱课堂纪律。以下矫正王明行为的方式，最恰当的是(　　)

A. 教师要多关心王明，消除学生的疑惧心理和对立情绪，使学生相信教师的真心善意

B. 提高学生辨别是非的能力，形成是非观念，让王明认识到自己行为的不对

C. 考虑学生的个别差异，运用教育机智

D. 当众批评他的行为

16. 作为班主任的李老师隔三岔五给学生家长打电话，每次都把学生家长狠狠地批评一顿，还经常让家长到学校听他训话。李老师的做法(　　)

A. 错误，教师应该与学生家长平等　　B. 错误，教师应对学生发展负全责

C. 正确，家长要配合学校教育学生　　D. 正确，教师应主动寻求家长支持

17. 张仲景是东汉名医，被后人尊称为“医圣”，他的著作(　　)中记载有“人工呼吸法”，奠定了中医治疗学的基础。

A.《景岳全书》　　B.《脉经》

C.《伤寒杂病论》　　D.《神农本草经》

18. 黄金分割是由公元前6世纪古希腊的数学家毕达哥拉斯发现的，被公认为是最能引起美感的比例。其比例是(　　)

A. 1∶0.418　　B. 1∶0.518　　C. 1∶0.618　　D. 1∶0.718

19. 诗句“忽如一夜春风来，千树万树梨花开”采用的修辞手法是(　　)

A. 比喻，夸张　　B. 比拟，夸张

C. 比喻，借代　　D. 借代，比拟

20. 朦胧诗兴起于20世纪70年代末80年代初，是伴随着文学全面复苏而出现的一个新的诗歌艺术潮流。下列属于“朦胧诗”代表诗人的是(　　)

A. 舒婷和顾城　　B. 北岛和莫言

C. 马原和格非　　D. 池莉和方方

21. 明朝隆庆年间，有人醉酒评论“宋四家”，下列说法明显错误的是(　　)

A.《黄州寒食帖》被誉为天下第一行书　　B. 黄庭坚的书法重“韵”尚“意”

C. 米元章篆、隶、行、草、楷无一不精　　D.《澄心堂纸帖》为蔡襄传世书法作品

22. 在电影《英雄》中，为了表现出电影的古老韵味，导演大胆采用了古琴这种乐器。古琴属于下列哪种乐器(　　)

A. 拉弦乐器　　B. 吹管乐器

C. 弹拨乐器　　D. 打击乐器

23. 中日两国“一衣带水，一苇可航”，两国间文化交流的历史悠久。唐朝时，中日文化交流最杰出的使者是(　　)

A. 张骞　　B. 玄奘　　C. 鉴真　　D. 甘英

24. 为了方便记忆我国古时历法中的二十四节气，我国古代劳动人民编有二十四节气歌。第三句“秋处露秋寒霜降”中“处”的意思为(　　)

A. 秋季结束　　B. 正当秋季

C. 霜降之际　　D. 暑天结束

25. 中国实行的是有中国特色的社会主义制度，我国社会主义制度基本建立的标志是(　　)

A. 新中国的成立　　B. 三大改造的完成

C.“一五”计划的完成　　D. 第一部社会主义宪法的颁布

26. 在Word中，下列操作中不能实现的是(　　)

A. 在页眉中插入日期　　B. 建立奇偶页内容不同的页眉

C. 在页眉中插入分页符　　D. 在页眉中插入剪贴画

27. 在Excel中，如果没有预先设置整张工作表的对齐方式，则字符型数据和数值型数据分别默认以(　　)方式存放。

A. 左对齐、右对齐　　B. 右对齐、左对齐

C. 中间对齐　　D. 视具体情况而定

28. 下列选项中，与“影星——江西人”逻辑关系相同的是(　　)

A. 蔬菜——种植　　B. 专家——军人

C. 鼓手——乐队　　D. 社会——自然

29. 从所给的四个选项中，选择最合适的一个填在问号处，使之呈现一定的规律性(　　)

06:90　　18:81　　32:?

A. 53　　B. 23　　C. 5E　　D. 2E

二、材料分析题(本大题共3小题,每小题14分,共42分)阅读材料,并回答问题。

30. 材料:

李强是一个对上网非常痴迷的孩子。他爸爸由于工作需要买了一台电脑在家中上网,起初他同爸爸一起玩,父母也没有表示反对。到后来,他发展到每天起床后就去上网,连中午、晚上休息时间也都用来上网。李强俨然成了一个名副其实的"网虫",沉迷于互联网上紧张、激烈的游戏和无拘无束的网上聊天而无法自拔,结果其学习成绩一落千丈。

班主任张老师了解这一情况后并没有全盘否定李强的上网行为,而是与他聊了互联网,聊了比尔·盖茨,充分肯定了他对于网络这种新技术的掌握程度,并通过交流进一步了解了他的内心世界。针对他的情况,张老师采取了一系列措施:第一,鼓励他多参加集体活动,加强与同学的交流。例如,让他担任小组长,每天收发、检查作业,在劳动值日中与同学协同合作,建立互帮互助的关系。第二,针对他喜欢上网的特点,成立了计算机兴趣小组,并让他担任组长,定期给其他同学讲解互联网知识。第三,利用各种机会表扬他,与他沟通,拉近师生之间的距离,并在学习上给予他辅导。

慢慢地李强对自己有了信心,在各方面都有了明显的进步:课堂上认真听讲,积极思考,大胆发言,提出自己的见解;在班级工作中为老师出谋划策,有活抢着干。任课老师都反映李强像变了一个人似的,精神面貌焕然一新。

问题:

请结合材料,从学生观的角度,评析张老师的教育行为。

31. 材料:

小威和小蕊是蒋老师班内的一对孪生兄妹,可是,他们兄妹二人的关系却并不那么融洽,在一篇题为《我的烦恼》的作文中,妹妹小蕊这样写道:"我最大的烦恼,便是一直和哥哥在同一个班,在家里的情形已经让我难以忍受了,没想到在学校还是这样!"

看到这段话,蒋老师很是疑惑,找小蕊谈心,才明白事情的来龙去脉。因为家里有两个孩子,父母便对他们时时进行比较,引导两人凡事必竞争。每次考试后,成绩好的可以得到表扬和奖励,而落后者却一无所有。小蕊一直很努力,成绩也不错,但大多数时候总落后一点儿。看着哥哥时常获得奖励,而自己却只能生活在哥哥的光环之下,嫉妒开始滋长,并对哥哥产生了一肚子怨气。她固执地认为,如果不是哥哥的存在,所有的好事都是她一个人的,哥哥简直太可恶了!

因为嫉妒,无论在家里还是学校,小蕊都变着法子与小威作对,经常搞一些恶作剧。例如,把小威写完的作业撕掉,偷偷把他的课本、文具藏起来,在同学中说小威的坏话,等等。久而久之,两人的关系越来越紧张。看到这对孪生兄妹整天像仇人一样,他们的父母也感到非常苦恼。

蒋老师该怎么做呢?

问题:

请结合材料,根据教师职业道德的要求,为蒋老师出谋划策。

32. 材料:

作家有三种死法。一曰自然的死,二曰痛苦的死,三曰快乐的死。自然的死属于心脏停止跳动,是一种普遍的死亡形式,没有特色,可以略而不议。快乐的死和痛苦的死不属于心脏停止跳动,是人还活着,作品已经或几乎是没有了!

作家没有了作品,可以看作个人艺术生命的死亡、职业的停顿。其中,有些人是因为年事已高,力不从心。这不是艺术的死亡,而是艺术的离休,他自己无可自责,社会也会尊重他在艺术上曾经做出的贡献。痛苦的死亡却不然,即当一个作家的体力和脑力还能胜任创作的时候,作品已经没有了,其原因主要是各种苦难和折磨(包括自我折磨)。折磨毁了他的才华,苦难消沉了意志,作为人来说他还活着,作为作家来说他却正在或已经死亡。这种死亡他自己感到很痛苦,别人看了心里也很难受。快乐的死亡却很快乐,不仅他自己感到快乐,别人看来也很快乐。昨天看见他在大会上做报告,下面掌声如雷;今天又看见他参加宴会,为这为那地频频举杯。昨天看见他在高朋中大发议论,语惊四座;今天又看见他在那些开不完的座谈会上重复昨天的意见。昨天看见他在北京的街头;今天又看见他飞到了广州……只是看不到或很少看到他的作品发表在哪里。

我不害怕自然的死亡,因为害怕也没用,人人不可避免。我也不太害怕痛苦的死亡,因为那时

代已经过去。我最害怕的就是那快乐的死亡，毫无痛苦，十分热闹，甚至还有点轰轰烈烈。自己很难控制，即很难控制在一定的范围之内。因为我觉得喝酒不一定完全是坏事，少喝一点可以舒筋活血，据说对心血管也是有帮助的。作家不能当隐士，适当的社会活动和文学活动可以开阔眼界、活跃思想，对创作也是有帮助的。可是怎么才能不酗酒、不做酒鬼，这有益的定量究竟是多少呢？怕只怕三杯下肚，豪情大发，嘟嘟嘟，来个瓶底朝天，而且一顿喝不上便情绪不高，颇有怨言，甚至会到处去找酒喝。呜呼，快乐地死去！

（摘自陆文夫的《快乐的死亡》）

问题：

(1)作者对三种死亡所持的态度是什么？(4分)

(2)本文"快乐的死亡"是单对作家而言的吗？对其他人有什么启迪作用？(10分)

三、写作题(本大题1小题,50分)

33. 阅读下面的材料，按要求作文。

兔子是短跑冠军，但是不会游泳。松鼠是爬树冠军，也不会游泳。鸭子教练却逼着兔子和松鼠学游泳，费了九牛二虎之力，但成效不大。鸭子教练还不明原因地嚷嚷："成功来自90%的汗水。加油！加油！"

综合上述材料所引发的联想和感悟，写一篇论说文。

要求：

用规范的现代汉语写作；角度自选，立意自定，标题自拟；不少于1000字。